继往开来　求实创新

浙江省建筑装饰行业协会成立三十周年

The 30th Anniversary of the Founding of Zhejiang Building Decoration Industry Association

（1992—2022）

浙江省建筑装饰行业协会　编

中国建筑工业出版社

图书在版编目（CIP）数据

继往开来　求实创新：浙江省建筑装饰行业协会成立三十周年 = The 30th Anniversary of the Founding of Zhejiang Building Decoration Industry Association : 1992–2022 / 浙江省建筑装饰行业协会编 . —北京：中国建筑工业出版社，2022.9
ISBN 978-7-112-27855-8

Ⅰ.①继… Ⅱ.①浙… Ⅲ.①建筑装饰业—行业协会—概况—浙江—1992—2022 Ⅳ.①F426.9

中国版本图书馆CIP数据核字（2022）第161635号

责任编辑：费海玲
文字编辑：汪箫仪
责任校对：赵　菲

继往开来　求实创新
浙江省建筑装饰行业协会成立三十周年（1992—2022）
The 30th Anniversary of the Founding of Zhejiang Building Decoration Industry Association
浙江省建筑装饰行业协会　编
*
中国建筑工业出版社出版、发行（北京海淀三里河路9号）
各地新华书店、建筑书店经销
北京锋尚制版有限公司制版
临西县阅读时光印刷有限公司印刷
*
开本：880毫米×1230毫米　1/16　印张：16¼　插页：1　字数：594千字
2022年9月第一版　　2022年9月第一次印刷
定价：**188.00**元
ISBN 978-7-112-27855-8
（39909）

版权所有　翻印必究
如有印装质量问题，可寄本社图书出版中心退换
（邮政编码100037）

《继往开来　求实创新　浙江省建筑装饰行业协会成立三十周年（1992—2022）》编委会

主　编： 贾华琴

副 主 编：（按姓氏笔画排序）

丁为民　丁民坚　丁泽成　丁海富　王文广　王贤权　王建国　方忠良　叶友希　朱　快
朱军岷　许水木　寿国先　李　健　杨越嶂　吴文奎　吴　伟　何永富　张丰义　张良武
张根坚　张跃迅　陆东辉　陆铜华　陈　坚　陈志福　陈杭闽　陈建录　陈耀光　金建祥
周世安　周连华　周国洪　周海天　周培永　单玉川　封福良　祝旭慷　贺叶江　骆水根
夏卫荣　夏仁宝　倪六顺　徐海峰　高利明　黄国兴　章建平　斯杭东　童林明　廖　原

委　员：（按姓氏笔画排序）

韦文标　刘飞龙　刘栋华　李文龙　何　石　何金道　沈志红　沈怡强　沈忠达　张　轲
张一良　陈　波　陈双汪　陈亦根　赵建忠　胡宙波　周　帅　俞永方　姚建国　徐玉贵
徐先锋　徐建华　高华军　缪利琴　颜伟阳　潘金龙

文字统筹： 吴建挺　陈　超　袁海泉　李依蔚　沈筱红　朱　良　房树仁

协　调： 张　琦　叶　琳　李　楠　韩章微　林青春　魏秋仙　朱　昊　曾　威

贺 信

浙江省建筑装饰行业协会：

  欣闻浙江省建筑装饰行业协会成立三十周年，谨致以最热烈的祝贺和最诚挚的问候。

  三十年来，你会作为在全国建筑装饰行业成立最早的协会之一，紧紧围绕省委省政府各个时期的中心工作，充分发挥桥梁纽带作用，积极参与行业治理，有力促进了我省建筑装饰业的健康发展和整体跃升。

  三十年来，在你会的带领下，我省涌现出了一批全国知名的百强装饰、幕墙、材料、家装企业，培育出了一批建筑装饰业的能工巧匠，有力加快了我省建筑装饰业从传统手工作业向装配化、工业化、数字化转型蝶变的步伐，打响了浙江品牌，走在了全国前列。

  三十年来，你会积极发挥引领推动作用，带领会员企业出色地完成了G20杭州峰会、杭州2022年亚运会场馆等重大工程的装饰装修任务，为浙江打造建筑装饰业大省、强省作出了积极贡献。2021年，你会荣获"全国先进社会组织"称号，实至名归、可喜可贺。

  当前，全省上下正深入学习贯彻习近平总书记对浙江工作的系列指示精神，按照"八八战略"指引的道路和省第十五次党代会擘画的宏伟蓝图，奋力推进"两个先行"建设。希望你会以成立三十周年为契机，坚持以习近平新时代中国特色社会主义思想为指导，紧紧围绕"十四五"时期主要目标，全面贯彻落实《浙江省人民政府办公厅关于进一步支持建筑业做优做强的若干意见》，下大力气做好工业化、绿色化、标准化、数字化、品牌化的文章，全面推进建筑装饰业高质量发展，奋力打造"中国建造"重要窗口，努力在推进"两个先行"新征程上谱写更加精彩篇章，以更加优异的成绩迎接党的二十大胜利召开。

2022年7月22日

序一

建筑装饰是建筑业的重要板块，是营造优美环境、创造美好生活、提升群众获得感的重要载体。今年，幸逢浙江省建筑装饰行业协会成立三十周年，协会专门编撰《继往开来　求实创新　浙江省建筑装饰行业协会成立三十周年（1992—2022）》，对启鉴浙江省建筑装饰行业发展具有重要意义。

浙江省建筑装饰行业协会是浙江省住房和城乡建设系统的品牌社会组织之一，三十年来特别是党的十八大以来，在各级主管部门和中国建筑装饰协会的关心指导下，以服务政府、服务行业、服务会员为宗旨，在加快行业转型升级、促进建筑业高质量发展等方面发挥积极作用。

三十年耕耘实践呈现新气象。随着建筑业的发展和人们对美好生活的追求，建筑装饰业从粗放式装饰装修，逐步转变为集技术与艺术于一体的新时代智能型行业，有效提升了生产生活环境空间品质。三十年来，营商环境不断优化，公共建筑、民用建筑、住宅居室等领域装饰装修快速增长，社会效应和社会价值不断凸显。

三十年创新实践赢得新发展。坚持改革创新，深化融合发展，涌现了亚厦装饰、中南幕墙、武林装饰等一批行业领军企业。企业足迹遍布大江南北，出色承建了北京雁栖湖APEC峰会、G20杭州峰会、亚运场馆等一大批装饰装修项目，专业细分领域成就了一个又一个精品力作，优质装饰工程不断涌现，用辛勤和智慧谱写了建筑装饰行业的最美音符。

征程万里风正劲，重任千钧再奋蹄。站在共同富裕先行和省域现代化先行的新起点上，在"提升建筑业竞争力"促进高质量发展的新征程中，建筑装饰行业任重道远。**要更加注重绿色化发展**，完整、准确、全面贯彻新发展理念，积极推行绿色设计、绿色建材、绿色施工和绿色运营，全面提升绿色低碳发展水平；**要更加注重工业化发展**，加快推进标准化设计、工厂化生产、装配化施工、一体化装修、信息化管理、智能化应用，大力推动装配化装修；**要更加注重数字化发展**，加快推进建筑业数字化变革，积极推广数字设计、数字建造、数字监管、数字运维和智能建造，加快数字化步伐；**要更加注重标准化发展**，从百年大计出发，切实加强行业标准化建设，严格推进标准化施工、标准化管理，全面提升安全生产标准化水平；**要更加注重品牌化发展**，大力弘扬工匠精神，以匠心筑精品、造名品，引导创建一批水平高、质量优、效益好的示范装饰工程项目，培育一批具有核心竞争力的装饰工程公司，进一步展现"装饰之美"。

三十年栉风沐雨，三十年不懈追求，三十年沉淀积累，凝聚了发展力量，吹响了进军号角。祝愿浙江省建筑装饰行业协会及会员企业唯实惟新、实干争先，精益求精、再创辉煌，在"两个先行"新征程中奋力开创建筑装饰行业崭新局面！

2022年7月

序二

岁月不居，时节如流。三十之年，忽焉已至。

栉风沐雨，春华秋实

四十多年的改革开放，是一个逐步突破计划经济体制并最终建立社会主义市场经济体制的进程，市场化改革不仅需要重塑政府和市场的关系，更要重塑政府与社会、与社会组织的关系。浙江是改革开放的先发地，民营经济的先发也推动了具有浙江特色的行业协会商会的蓬勃发展。作为市场化改革进程中发展最快、最好的社会组织形态，行业协会正逐步走上公共治理的前台，成为政府不可或缺的"伙伴"。在浙江省民政厅主管社会组织建设和管理工作十年，我曾见证和参与了浙江行业协会发展的一系列重大改革：与政府机关的五脱钩五分离、市场化探索实践、助力脱贫攻坚、疫情防控、乡村振兴的作用发挥等。在这场接续的变革重塑自我革命大浪淘沙的市场角逐中，成立于1992年的浙江省建筑装饰行业协会始终站在舞台的中央，勇立潮头，成为浙江7万多家社会组织、6千多家行业协会商会中的佼佼者。卅年回首，协会的成长历程已然成为浙江省社会组织，尤其是行业协会商会发展的一个缩影。

千帆竞发，奋楫者先

从最初的59家到今天的926家会员单位，7个专业性分会，1个专家委员会，浙江省建筑装饰行业协会历届理事会和全体会员的智慧和汗水，成就了今日协会的璀璨和光芒。三十年来，协会不断传承创新，规范发展，先后获评"全国住宅装饰装修行业先进协会""浙江省品牌社会组织""全国先进社会组织""5A级社会组织"等荣誉称号。政社脱钩进程中，协会积极适应管理体制调整，第一时间组建了基层党组织，并被吸收为浙江省社会组织综合党委的委员单位。协会党支部引领行业900多家党组织和8000余名党员，积极履行服务国家、服务社会、服务行业、服务群众的社会责任，围绕党委政府中心工作，援建青川"青少年活动中心"、支持阿克苏尤喀日克阔什艾日克村建立牛羊合作社并带动招商、倡导行业企业捐钱捐物选派志愿者助力疫情防控和复工复产等。2021年，协会党支部被中共浙江省委直属机关工作委员会授予"先进基层党组织"荣誉称号。立身市场经济浪潮，协会凝聚近千家会员企业奋发进取，响应"创新、协调、绿色、开放、共享"的发展理念，创高质量工程示范，树立行业标杆，开展信用评价，规范竞争市场，倡导绿色环保装饰理念，引导行业发展新方向，倾力打造浙江省"装饰之美"建筑装饰业品牌，为浙江经济社会发展作出了积极贡献。

启航新程，扬帆之江

今年是党的二十大和浙江省第十五次党代会召开之年，也是共同富裕示范区建设机制创新年、改革探索年、成果展示年。浙江承载着中国特色社会主义共同富裕先行和省域现代化先行的重大历史使命，这也赋予了浙江的社会组织新的期许和展望，关键的历史节点上，机遇和挑战前所未有。期待浙江省建筑装饰行业协会，继续沿着总书记的足迹奋楫笃行，守护好红色根脉，打造社会组织党建高地和清廉建设高地；期待协会唯实惟先，聚焦规范提升，积蓄发展动能，以"没有走在前列也是一种风险"的担当和责任，创新制胜，更大范围调动建筑装饰行业参与社会治理的积极性；期待协会以数字化理念，赋能加速，激发活力，链接资源，打造在全省全国具有辨识度、影响力的行业协会商会服务品牌，在浙江省奋力推进"两个先行"的新征程中展示浓墨重彩的新篇章。

2022年7月

前言

为全面总结回顾浙江省建筑装饰业与行业协会发展历程，应广大会员要求，协会秘书处联合广大理事单位，主持编撰了《继往开来　求实创新　浙江省建筑装饰行业协会成立三十周年（1992—2022）》。本书以六届理事会工作发展为主要脉络，以改革开放以来协会会员单位的工作里程碑事件为主要内容，同时对浙江省经济社会发展做出突出贡献的企业、行业前辈、企业家、行业从业者进行宣传，总结三十年来的建筑装饰业的经验教训，为浙江省建筑装饰业高质量发展提供对策与建议。

2022年7月，在协会成立三十周年之际，浙江省人民政府副省长高兴夫发来贺信，向协会表示热烈的祝贺和诚挚的问候。高兴夫副省长对浙江省建筑装饰业和协会发展取得的荣誉给予了充分肯定，对行业企业未来的发展提出了殷切希望。他要求协会以成立三十周年为契机，坚持政治思想引领，紧紧围绕"十四五"时期主要目标，全面贯彻落实《浙江省人民政府办公厅关于进一步支持建筑业做优做强的若干意见》，下大力气做好工业化、绿色化、标准化、数字化、品牌化的文章，全面推进建筑装饰业高质量发展，奋力打造"中国建造"重要窗口，努力在推进"两个先行"新征程上谱写更加精彩的篇章。我们将高兴夫副省长的贺信精神传达给全体会员代表和秘书处同志，大家备受鼓舞，信心满怀。这封贺信将一直鞭策我们踔厉奋发，砥砺前行。

特别感谢浙江省住房和城乡建设厅、浙江省民政厅及相关单位领导的悉心指导，各位领导自协会成立以来一直关心和支持建筑装饰业和协会发展，无论是酷暑还是严冬，他们都会抽出宝贵的时间到项目现场，看望慰问建设一线、抗疫一线的广大装饰从业者和协会秘书处的同志。他们鼓励协会秘书处，认为本书的出版是对浙江省建筑装饰行业三十年来的总结与纪实，对启鉴浙江省建筑装饰行业企业今后的发展，具有深远的意义。省住房和城乡建设厅应柏平厅长为本书作序。应厅长在序言中指出，建筑装饰是建筑业的重要板块，是营造优美环境、创造美好生活、提升群众获得感的重要载体。浙江省建筑装饰行业协会是浙江省住房和城乡建设系统的品牌社会组织之一，三十年来特别是党的十八大以来，协会耕耘实践呈现新气象，创新实践赢得新发展，在加快行业转型升级、促进建筑业高质量发展等方面发挥积极作用。应厅长在序言中勉励浙江省建筑装饰从业者，站在共同富裕先行和省域现代化先行的新起点上，要更加注重绿色化、工业化、数字化、标准化、品牌化发展，大力弘扬工匠精神，引导创建一批水平高、质量优、效益好的示范装饰工程项目，培育一批具有核心竞争力的装饰工程公司，进一步展现"装饰之美"。

本书汇总了浙江省建筑装饰行业协会历届理事会提出的"行业发展指导意见"，取得了"建筑装饰行业信用评价AAA等级（家装企业五星）""建筑装饰行业综合数据统计装饰类百强、幕墙类百强、设计类五十强"的协会会员企业名录，协会近十年着手编制的地方标准、团体标准和著作书籍，广大会员企业积极参与编制工作，将技术积累与行业经验奉献给社会。浙江是改革开放的先发地，民营经济的先发也推动了具有浙江特色的行业协会商会的蓬勃发展。省民政厅江宇副厅长见证和参与了浙江行业协会发展的一系列重大改革，欣闻协会编撰发展纪实，为鼓励行业协会规范科学发展特为本书作序。江厅长在序言中指出，浙江省建筑装饰行业协会坚持不断传承创新、规范发展，成为浙江省社会组织中的佼佼者。协会围绕党委政府中心工作，积极履行社会责任，立身市场经济浪潮，凝聚近千家会员企业奋发进取，贯彻落实新发展理念，倾力打造浙江省"装饰之美"建筑装饰业品牌，为浙江经济社会发展作出了积极贡献。江厅长对协会未来的发展满怀期待，鼓励我们在新时期的机遇和挑战面前，努力打造全省全国具有辨识度、影响力的行业协会服务品牌。我们一定将领导与社会各界朋友的关心和期待转化为工作的不竭动力，进一步完善发展思路和工作举措，努力开创装饰发展新局面。

浙江省建筑装饰行业协会是由全省建筑装饰行业设计、施工、科研、教育、生产及流通领域的企事业单位自愿组成的非营利性、全省行业范围内的社会团体组织。协会现有工程装饰与全装修产业化分会、建筑幕墙分会、设计分会、住宅和家庭装饰分会、材料分会、节能环保与智能化分会、建筑加固改造装饰分会、专家委员会和标准技术发展办公室。协会积极响应"创新、协调、绿色、开放、共享"的发展理念，夯实开展组织建设、业务发展、服务协调等方面建筑装饰业发展工作，发挥政府与企业之间的桥梁和纽带作用。2018年被浙江省民政厅评定为中国社会组织评估5A等级。先后荣获"全国先进社会组织""浙江省品牌社会组织"荣誉称号。

本书旨在展示"浙里"装饰风采，借协会成立三十周年之际将我们的喜悦与大家分享，但编写组因时间仓促，编写经验欠缺、学识所限，本书中有很多值得商榷之处。虽然协会领导一再鼓励，各位参编人员努力修改提升，但难免有错漏之处，因此本书只是一块璞玉，未能尽显企业家的优秀和企业的努力。

在此感谢中国建筑装饰协会、浙江省社会组织总会、各省市地方协会、各兄弟友好协会以及社会各界的朋友们！感谢所有为本书出版做出贡献的同仁们！

希望社会各界人士能够喜欢本书，也希望大家提出宝贵的建议与意见。本书也许未能面面俱到，我们也非常乐意在协会网站、公众号等平台对浙江省装饰企业及广大行业从业者进行宣传报道，欢迎大家来电、来信。

本书编委会

- 2022年1月12日　民政部授予浙江省建筑装饰行业协会"全国先进社会组织"荣誉称号
- 2021年10月27日　浙江省民政厅授予浙江省建筑装饰行业协会"浙江省品牌社会组织"
- 2018年12月25日　浙江省建筑装饰行业协会被评为5A级社会组织

2018年1月11日　中共浙江省建筑装饰行业协会支部委员会成立

2019年6月6日　浙江省建筑装饰行业协会工会成立

2021年6月22日　庆祝中国共产党成立100周年歌咏大会在杭州举办

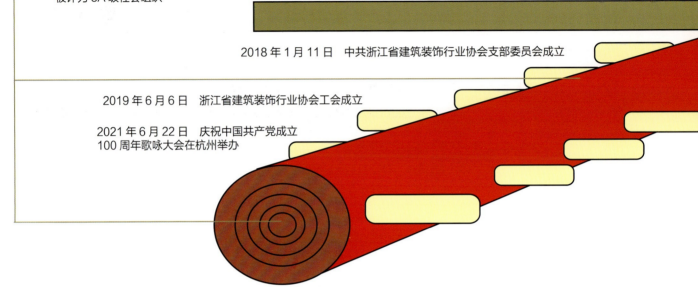

目录

第一章	继往开来　求实创新　浙江省建筑装饰行业协会成立三十周年	002
	探索·激活：浙江装饰　应运而生	006
	变革·发展：栉风沐雨　砥砺前行	007
	开拓·创新：致知力行　继往开来	008
	凝聚·奋进：根深叶茂　本固枝荣	009
	转型·厚植：绿色先行　装饰之美	010
	共富·共享：乘风破浪　勇毅前行	020

第二章	凝聚装饰奋进力量　增强先行示范使命　"浙里"美好装饰三十年	022
	浙江装饰三十年——浙江省建筑装饰行业协会工作纪实	026

1992年7月24日 浙江省建筑装饰协会成立

1995年12月12日 浙江省建筑装饰协会第二届理事会产生

1999年11月 浙江省建筑装饰协会家装委成立

1994年5月5日 浙江省建筑装饰协会工程委成立

1995年12月12日 浙江省建筑装饰协会材料委成立

2003年1月6日 浙江省建筑装饰协会第三届理事会产生

2004年1月8日 浙江省建筑装饰协会设计委成立

2004年3月4日 浙江省建筑装饰协会更名为浙江省建筑装饰行业协会

2004年7月28日 浙江省建筑装饰行业协会幕墙委成立

2007年7月6日 浙江省建筑装饰行业协会第四届理事会产生

2008年7月2日 浙江省建筑装饰行业协会加固委成立

2011年3月26日 浙江省建筑装饰行业协会节能环保与智能化委成立

2012年9月28日 浙江省建筑装饰行业协会第五届理事会产生，协会各专业委员会更名为工程分会、材料分会、家庭装饰分会、设计分会、建筑幕墙分会、节能环保与智能化分会、加固改造装饰分会

2017年10月27日 浙江省建筑装饰行业协会第六届理事会产生

2019年5月26日 浙江省建筑装饰行业协会专家委员会成立

第三章	风雨同舟　勇立潮头　浙江省建筑装饰行业特殊功勋人物篇	038
	装饰业百花齐放　迈入数字化工厂化装配化新时代	040
	勇立潮头逐浪高　奋楫笃行向未来	042
	厚积薄发创基业　推诚布信展宏图	044
	守建设初心　扬鲁班传人之名	046
	铜就是我　我就是铜	048
	当代瓯塑代表性传承人	050
	击楫勇进　在机遇与挑战中破浪前行	052

第四章	好风凭借力　送我上青云　浙江省建筑装饰行业创新人物篇	054
	擘画未来　无愧使命	056
	开拓创新谋发展　行稳致远向未来	058
	他要让铜重回百姓生活里　将铜雕技艺发扬光大	060

XI

第五章　同心同行　凝心聚力　浙江省建筑装饰行业开拓人物篇　062

- 建筑装饰行业的理念先锋　064
- 设计，让我更超脱　065
- 建筑装饰是技术与艺术相结合的新兴行业　066
- 装饰　未来属于你们　067
- 不忘初心　开创装饰新局面　067

第六章　乘风破浪　长风领航　浙江省建筑装饰行业功勋人物篇　068

- 企业高质量发展在于人才培养和不断创新　070
- 逐光而诗　见证浙江建筑装饰三十年　071
- 以问题为导向的设计管理和设计创新　072
- 以不息为体　以日新为道　073
- 弘扬企业家精神　书写时代新篇章　074
- 初心如磐担使命　砥砺奋进续华章　075
- 十年深耕内装工业化　百舸争流勇立潮头　076
- 创高质量发展　做小而美企业　077
- 诚信立业　实力创造辉煌　078
- 以质量求生存　以信誉促发展　079
- 传承红色基因　再现国企辉煌　080
- 转型10年　为客户创造价值　081
- 以"诚信、创新、用心"铸就企业品牌　082
- 口碑相传　永续经营　083
- 变则通　肆无忌惮去设计　084
- 深耕大浙江　坚持稳中求进　085
- 诚信重诺做人做事　086
- 致中和　奋进新时代　087
- 之江潮起　绿水青山　088
- 台州建筑装饰和城市美化的先行者　089
- 与时俱进　守正创新　090
- 加快科技创新　推动转型升级　聚力开创新格局　091
- 人生有梦　筑梦踏实　092
- 宏才匠心　至精泽厦　093

	博观而约取　厚积而薄发	094
	初心不改　奋楫笃行	095
	匠心"夺天工"	096
	守正创新担使命　砥砺奋进书华章	097
	道虽迩　不行不至　事虽小　不为不成	098
	锻造红色引擎　彰显国企担当	099
第七章	**蓄力笃行　共创未来　浙江省建筑装饰行业贡献人物篇**	**100**
	心有猛虎　细嗅蔷薇　于我　过去　现在以及未来	102
	不忘初心　方得始终	103
	以"工匠之路"铸就企业品牌	104
	以红色信仰　走绿色发展之路　创企业金色信誉名片	105
	匠心匠铸　深耕不辍	106
	见证城市发展　书写新时代	107
	道阻且长　行则将至　行而不辍　未来皆可期	108
	情怀酬远志　碧血写赤诚	109
	元润东方　和创未来	110
	经营从心开始　品质为先，向善而行	111
	初心不改真善举　砥砺奋进展雄心	112
	"三立"治企　用实干成就未来	113
	君子如玉　君子如龙	114
	初心不改　奉献行业的二十载　铸就新时代放心装企	115
	浪潮中的长期主义　难而正确的家装之路	116
	中流击水　更创辉煌	117
	目标百年企业　我们仍在路上	118
第八章	**不忘初心　砥砺前行　浙江省建筑装饰行业领军企业篇**	**120**
	以匠心和创新创造美好人居　做城市建设的贡献者和行业升级的引领者	122
	诚信立业　创新发展　自强不息　开创未来	124
	砥砺奋进　铸造精品　建工建乐　筑梦前行	126
	守诚以薄己　取信而厚人	128

XIII

集思"广艺" 装点未来	130
筑厦建楼一路歌	132
"稳"健凝心聚力，奋"进"迎势启航 以勇毅前行的拼搏姿态推动企业高质量发展	134
传承红色基因 步步争先引领装饰品质标杆	136
锻造红色引擎 彰显国企担当	138
创新引领高质量发展 专注成就小而美成长	140
以红色信仰 走绿色发展之路 创企业金色信誉名片	142
广信智创 诚信拓新	144
致力于开创智能建造新纪元	146
让房子越住越幸福 百合盛华人一直在努力	148
传承千年精工 缔造龙邦品质	150
转型变革 砥砺前行	152
闪烁银建 高品质酒店装饰引领者	154
乐享天工之美	156
装饰精彩 铸就品质 传承文化	158
诚信为本 质量兴企	160

第九章	传承创新 和谐发展 浙江省建筑装饰行业品牌企业篇	162
	开拓创新 务实求精 国际视野 一流审美	164
	做有强烈人文关怀勇于承担社会使命的企业	166
	筑千年建筑传承 创一世铜艺巅峰	168
	走"专精特新"发展之路 不忘初心共筑科技梦	170
	重塑融合再出发 展现国企新作为	172
	智慧城市的建设者 节能减排的急先锋	173
	以雅心做人 以初心为民	174
	做国际领先的工程（生态）改造修复服务商	176
	坚持诚信经营 传承中天精神 坚守匠心精神 缔造美好家园	178
	改变传统装修模式的践行者 秉承匠心于工精神的传播者	180
	成就百年基业 树立百年品牌	182
	展辽阔视野 创文化多娇	184
	用匠心 筑一方	186
	追星逐月 风雨兼程	188

	百年宏业　质量为基	190
	以精心专注每一个细节　以匠心雕琢每一寸空间	191
	以文化引领企业　以质量筑造伟业	192
	敢于强者竞争　勇于巅峰攀登	194
	稳步健康发展　建优质工程　创装饰之美	196
	打造精琨创新企业　建设共同富裕时代	198

第十章	和美装饰　美好生活　浙江省建筑装饰行业明星企业篇	200
	北新建材　绿色建筑未来	202
	带你认识一个不一样的方太	204
	塑造无限可能	206
	恪守卓越品质，传承工匠精神	208
	细节决定品质	210
	由精而深，由博而大	212
	大道弥坚　履而后宽	214
	立足数字化改革　于新时代谋新发展	215
	深耕大浙江　坚持稳中求进	216
	砥砺前行　谱写百年篇章	217
	一张好板，装配未来	218
	高质量标准做装修　以放心家装赢未来	219
	重塑家装行业　做难而正确的事	220
	践行双碳政策　服务美好生活	221
	倾注坚持　追寻家装环保梦想	222
	全球领先的高端装饰材料系统服务商	224
	新无止境　别有洞天	225
	精琢人居佳境　融汇百年梦想	226
	装饰风采展示　系统赋能管理	227

附录	致力服务行业　建和谐之家	228
后记		242
特别感谢		244

XV

浙江省建筑装饰行业协会成立三十周年
The 30th Anniversary of the Founding of Zhejiang Building Decoration Industry Association

和美装饰　美好生活

第一章

继往开来　求实创新

浙江省建筑装饰行业协会成立三十周年

浙江装饰　应运而生
栉风沐雨　砥砺前行
致知力行　继往开来
根深叶茂　本固枝荣
绿色先行　装饰之美
乘风破浪　勇毅前行

浙江省建筑装饰行业协会自1992年成立以来，坚持党建引领，以章程为核心，积极响应"创新、协调、绿色、开放、共享"的发展理念，着力打造浙江省"装饰之美"建筑装饰行业品牌，在推动行业发展建设与改革创新，服务行业、服务社会、服务群众，参与社会治理，履行社会责任，以及保障民生、亚运攻坚、抗疫聚力、复工复产、产教融合等方面积极作为，发挥新时代社会组织的桥梁纽带作用，以实际行动为浙江省建设"重要窗口"，推进共同富裕先行和省域现代化先行贡献力量。协会先后获评"全国先进社会组织""浙江省品牌社会组织"等荣誉称号，为5A级社会组织。

继往开来　求实创新
浙江省建筑装饰行业协会成立三十周年

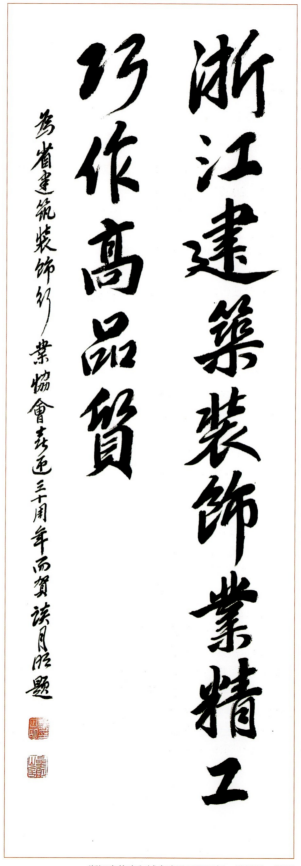

浙江省住房和城乡建设厅原厅长　谈月明　题词

绿色先行　装饰之美
三十年栉风沐雨　春华秋实
三十年奋发进取　砥砺前行

而立之年，奋楫前行。建筑装饰是营造优美环境、创造美好生活、提升群众幸福感的重要载体。2022年是浙江省建筑装饰行业协会成立30周年。值此之际，全行业回顾装饰发展历程，展望装饰美好未来。这三十年，是我国市场经济不断发展、建筑装饰行业蓬勃发展的三十年，是为浙江省建筑装饰行业持久发展奠定坚实基础的三十年。

三十个春夏秋冬，建筑装饰行业的建设者们回顾奋斗历程，心潮激荡，百感交集。站在这个重要的时间点上，真切感受到当年的意气风发与跌宕起伏。

三十年砥砺前行，在行业发展的征程中，协会坚持当好政府的参谋和助手，在会员之间搭建交流合作平台，充分发挥行业协会桥梁纽带作用。发扬浙商精神，干在实处，勇立潮头，推动了浙江乃至全国建筑装饰行业的健康持续发展。

浙江省建筑装饰行业协会是由浙江省建筑装饰行业设计、科研、教育、施工和材料生产等企事业单位自愿组成的全省性行业社会组织。现有会员单位926家，设有工程装饰与全装修产业化分会、材料分会、住宅和家庭装饰分会、设计分会、建筑幕墙分会、节能环保与智能化分会、建筑加固改造装饰分会、专家委员会和标准技术发展办公室。在历届理事会的带领下，会员单位千帆竞发、乘风破浪，成就了今天的璀璨和光芒。协会以高标准、严要求，不断加强自身建设，积极践行社会主义核心价值观，协同全体会员单位着力开展行业高质量发展工作。坚持党建引领，发挥党支部的战斗堡垒作用，提升党建引领整体效能。协会党支部先后荣获省委直属机关工作委员会、省社会组织综合党委"先进基层党组织""五星级基层党组织"等荣誉称号。协会先后获评民政部、省民政厅"全国先进社会组织""浙江省品牌社会组织""5A级社会组织"。2019年省社会组织总会授予协会"十佳社会组织""参与脱贫攻坚三年行动优秀组织奖"等荣誉称号。贾华琴会长荣获省民政厅"浙江省社会组织领军人物"荣誉称号。

2021年，荣获中共浙江省委直属机关工作委员会"先进基层党组织"

2020年，荣获中共浙江省社会组织综合委员会"五星级基层党组织"

2016年，荣获中国技能大赛全国住房城乡建设行业"陕建杯"职业技能竞赛优秀组织奖

2021年，荣获中华人民共和国民政部"全国先进社会组织"

2018年，荣获浙江省民政厅5A级中国社会组织评估等级

1992年7月24日,浙江省建筑装饰协会成立合影

探索·激活:浙江装饰 应运而生

伴随着改革开放的步伐,住房新政的推出,应内外建筑装饰施工工艺美化建筑的市场需求,唤醒了建筑装饰艺术与技术高度融合的建筑装饰行业。时任浙江省副省长叶荣宝提出建筑装饰业是一个新型产业、朝阳行业,要培育好,发展好。浙江省建设厅对省内外多方考察与综合调研,顺应行业发展趋势,决定成立建筑装饰协会。

1992年7月24日,经过长期的筹备,浙江省建筑装饰协会在省建设厅领导、中国建筑装饰协会和有关部门的支持下,在美丽的西子湖畔杭州成立,成立之初会员有59个。时任建设部副部长叶如棠、中国建筑装饰协会理事长张恩树为成立大会题词。

时任浙江省副省长柴松岳任名誉理事长,浙江建筑集团副总经理、党委副书记董宜君当选为首届理事会理事长,蒋敖树当选为首届秘书长。协会的成立对浙江省建筑装饰行业的发展产生了深远的影响,为浙江省城市建设与美好生活贡献了社会组织力量。

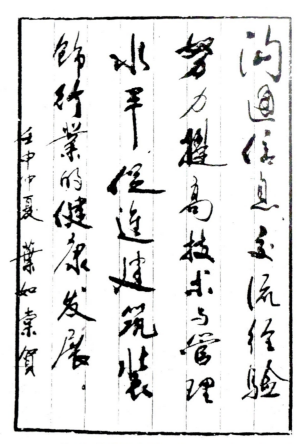

时任建设部副部长叶如棠给浙江省建筑装饰协会的题词

变革·发展：栉风沐雨　砥砺前行
（第一届、第二届、第三届理事会）

协会成立初期的工作以浙江武林装饰集团、温州云艺等国有单位带动中小型民营企业发展为主，积极为企业排忧解难，追求行业发展的整体效应与全面繁荣。协会在理事会的领导下，在会长董宜君和蒋敖树、陈孟坡两任秘书长的带领下，先行先试，协同各会员单位成立专业委员会。

1992年12月22日，浙江省建筑装饰协会在杭州之江饭店召开了第一次年会，会议要求进一步解放思想，探索行业协会工作适应社会主义市场经济新路子，支持会员单位深化改革、走向市场，立足国内、面向世界。

为促进浙江省建筑装饰行业的进一步发展，提高建筑装饰的设计与施工水平，1995年12月，浙江省建设厅发布了《关于评选一九九五年度浙江省优秀建筑装饰工程的通知》，这项活动对协会自身建设，以及装饰行业主体发展，具有举足轻重的意义。

2004年3月4日，浙江省建筑装饰协会正式更名为浙江省建筑装饰行业协会。这是协会发展史上的里程碑事件之一，拓展了协会工作方向。

在省建设厅指导下，省建设工程造价管理总站带领协会召开了"浙江省建筑装饰工程定额研讨会"，对建筑工程定额的制定及今后行业的发展起到了积极的推动作用。协会还先后开展了"让您用上放心材、帮您住上安居室"的大型义务咨询活动，召开了中国首届住宅产业高峰论坛等活动。

2004年4月15日，协会举行"中南杯"运动会，全行业共有48家单位、800余人次员工参加11个项目的比赛。本次比赛展示了行业和会员拼搏向上的精神风貌，加强了企业间的交流与互动，体现了行业的凝聚力。

浙江的装饰企业，无论是工程装饰、家庭装饰还是材料家居品牌、设计机构均名列全国前茅，这也是基于国家的重大发展机遇所带来的巨大利好。

2004年4月15日，协会举行"中南杯"运动会

中南建设吴建荣董事长为获奖选手颁奖

2007年7月6日，协会第四届会员大会召开

开拓·创新：致知力行　继往开来
（第四届理事会）

2007年7月6日，协会第四届会员大会在杭州召开，大会选举恽稚荣为第四届理事会会长、张秉强为秘书长。会议要求全行业以"真诚服务、开拓创新"为办会宗旨，提出了"拓展市场，延伸产业，以人为本，以质为基，两化融合，创新发展"的战略思路。

2007年2月，以长河第二工程队为起点的浙江中南建设集团取得了总承包特级资质，董事长吴建荣引领中南建设集团以建筑为龙头，深耕建筑装饰行业，在幕墙领域处于全国领先，打造了浙江中南的品牌。

2010年3月，浙江亚厦装饰董事长丁欣欣敲响"亚厦股份"在深交所的开市金钟，标志着亚厦发展实现新跨越，赋予新动能，引领新发展。

第四届理事会期间，协会举办了"庆祝新中国成立60周年红歌会暨企业家中秋联欢会"，抒发了企业家以及企业员工的爱国豪情；举行了"2009年杭州市助残献爱心、装修尽善举公益活动"；协会联合西湖区社会劳动保障局、西湖区总工会共同发起了"2000万让200名油漆工享受健康平安保险捐赠活动"。

根据省委省政府"走出去"的发展战略，用他山之石攻玉，以实现新市场的业务扩张和市场深化。积极组织材料生产企业、装饰企业代表实地参观学习装饰行业的名企，进行省内外工程市场和技术水平的考察活动，引导会员单位进行省内外企业间、国际承包商等多方面的合作，加强行业内各专业委员会之间的合作，达到合作共赢。

2010年3月，董事长丁欣欣为"亚厦股份"在深交所的开市敲钟

2014年3月25日，幕墙会员企业应邀参加德国门窗幕墙博览会

第一章　继往开来　求实创新　浙江省建筑装饰行业协会成立三十周年　　　凝聚·奋进

2012年9月28日，浙江省建筑装饰行业协会第五次会员代表大会召开

凝聚·奋进：根深叶茂　本固枝荣
（第五届理事会）

在第五届理事会期间，迎来了协会成立二十周年，应广大会员要求，协会在杭州举行了二十周年纪念会议，这次会议对全省建筑装饰行业的发展进行了一次历史性的回顾，较为全面地总结了二十年来浙江省建筑装饰行业发展的经验。中国建筑装饰协会会长马挺贵为大会题词，秘书长刘晓一出席会议。

"把初心根植于心，把使命厚植于行"是对会长恽稚荣协会工作的一个总结。他提出了协会发展的三个"心"："感恩之心""热忱之心""发展雄心"，引导行业企业发展走自主创新道路，把浙江建筑装饰业做精、做专、做大、做强。

2016年，G20峰会在杭州召开，峰会主场馆的装饰工程充分展示了浙江省装饰人的风采，呈现了中国经济水平、综合实力及大国风采，同时也是建筑及装饰行业发展水平、施工工艺与技术、科技创新与管理的一次集中展示与彰显。在省建设厅、杭州市建委的引领下，协会联合杭州市建筑装饰行业协会在G20杭州峰会后编制了《装饰之美·G20杭州峰会建筑装饰风采》画册，向社会各界积极推荐G20杭州峰会装饰相关企业和优秀建设工程，并于12月30日举行了表扬推介会，得到了各级相关主管部门的好评。

2012年12月25日，协会在杭州召开以"光辉二十年"为主题的20周年纪念会议，叶荣宝（左四）、李秉仁（左三）、赵克（右一）、梁星心（右二）、刘晓一（左二）、恽稚荣（左一）等领导出席会议

2016年12月30日，G20杭州峰会工程观摩交流会在杭州举行

2017年10月27日，协会第六届一次会员代表大会在杭州召开，省住房和城乡建设厅副厅长张清云出席会议并讲话

2017年10月27日，协会第六届一次会员代表大会在杭州召开，省民政厅副厅长江宇出席会议并讲话

2017年8月28日，协会第五届五次会长会议在嘉兴乌镇召开，省民政厅副厅长江宇出席会议并作指导

转型·厚植：绿色先行　装饰之美
（第六届理事会）

2017年10月27日，协会第六届一次会员代表大会在杭州召开，省委两新工委副书记、省民政厅党组成员、副厅长江宇，省住房和城乡建设厅党组成员、副厅长张清云等领导出席会议。会议选举贾华琴担任浙江省建筑装饰行业协会第六届理事会会长，吴建挺为秘书长。会议要求建设服务型、创新型、和谐型协会，加快转型升级，发展绿色装饰，总结经验，引领装饰向专业化发展，拓展发展新空间，探索装饰行业"互联网+"，制定行业标准，提升行业技术水平，开展装饰创新工作，树立装饰示范品牌，加大工作力度，推进工程质量治理，弘扬工匠精神，注重人才建设，开展行业交流，推进各项专业工作。协会将与广大会员企业一起顺应建筑装饰行业发展的新形势，抓住机遇，迎接挑战，以第六次会员代表大会为新起点，开启浙江省建筑装饰业新征程。

在新的历史时期，协会始终以党建引领装饰之美，协会党支部以党建工作引领新时期各项服务民生工作，促进建筑装饰行业高质量发展，深入开展职工党史教育学习、技能劳动竞赛、文体活动、标准研究等专项活动。

协会通过丰富多彩的活动，汇集行业力量，打造了建筑装饰行业独特的、开创性的、可持续性的"装饰之美"系列品牌。

装饰之美——产教融合育人才。为推进浙江省建筑装饰业复合型人才建设，加快浙江省高技能人才队伍建设，协会和浙江建设职业技术学院联合相关企业搭建了浙江省建筑装饰幕墙产教融合教育体系。装饰幕墙联合学院现代学徒制的国家级课题通过教育部验收，受到了浙江省委省政府的表扬，在全省职教大会上，协会以《聚力产教融合　担当行业使命——省建筑装饰行业协会融入职业教育新举措》为主题进行会议交流。在省总工会的指导下，联合省建设建材工会举办装饰设计和美竞赛，开展"名师带徒"技术人才研学工作。

协会专家委员会现有专家共268位，其中正高级职称49位，副教授及高级职称192位。协会理事会要求，专家委员会坚持"科学发展、实事求是"的原则，发挥全体专家的"智囊"作用，组织行业专家会诊行业发展问题，深入企业走基层开展服务，为会员企业技术管理发展等决策提供参考。

装饰之美——助力共富示范。为助力浙江省高质量发展建设共同富裕示范区，协会在省总工会领导的带领下，走进传统非公企业，开展"点对点送服务，实打实解难题"服务活动，直面企业诉求，精准答疑解惑，为产品包装如何优化升级，进而撬动年轻人市场进行破题，助力老字号企业高质量发展。

2017年10月27日，贾华琴会长向大会作工作报告

2017年10月27日，协会第六届理事会副会长代表

2017年10月27日，协会陈耀光副会长主持协会六届一次会员代表大会

2020年浙江省建设科学技术奖——浙江省装配式内装工程施工质量验收规范研究（二等奖）

2019年浙江省建设科学技术奖——浙江省住宅全装修设计技术导则、全装修住宅室内装饰工程质量验收规范研究（二等奖）

2016年浙江省建设科学技术奖——浙江省党政机关办公用房维修与改造技术研究（三等奖）

2012年浙江省建设科学技术奖——浙江省公共租赁住房装饰装修对策研究（三等奖）

装饰之美——技术引领行业进步。 为推动行业技术进步，充分发挥科技示范引领作用，提高企业质量水平，协会于2019年5月成立了标准技术发展办公室，积极组织标准编制、课题研究和行业培训，参与了多项标准主编与参编工作，编制现场专业人员岗位培训系列教材。在省建设厅和相关部门的指导下，主编、参编了《全装修住宅室内装饰工程质量验收规范》DB33/T 1132—2017等多项标准，其中《浙江省公共租赁住房装饰装修对策研究》《浙江省党政机关办公用房维修与改造技术研究》项目，均获得浙江省建设科学技术奖。

2020年9月25日，浙江亚厦以持续创新引领行业发展，历时8年投入超12亿元研发全工业化装配式内装技术，以高品质的材料革命、快速拆装的技术创新，荣膺2019年"浙江省人民政府质量奖"，是建筑装饰行业唯一获此殊荣的企业。

亚厦——全工业化住宅样板间

装饰之美——放心装饰在浙江。坚持以人民为中心的发展思想,深入践行"我为群众办实事"主题活动,依托装饰装修咨询服务打造"放心消费在浙江"民生工程,在每年"3·15消费者权益保护日"开展浙江放心居住服务月活动。

2021年4月17日,"装饰之美、放心消费、美好生活"浙江省建筑装饰行业住宅和家庭装饰公益咨询服务活动举行,与会领导和嘉宾参与公益咨询服务工作启动仪式

2019年8月9日,协会带领会员企业赴新疆阿克苏开展扶贫捐助暨"浙阿两地情,民族团结一家亲"活动

装饰之美——扶贫公益显大爱。赴新疆阿克苏地区开展扶贫捐助暨"浙阿两地情,民族团结一家亲"活动,连续多年参与"我有一棵树,长在阿克苏"援疆助农爱心公益活动,结合援疆产业扶农、助农,发展地方经济。援建青川"青少年活动中心"。疫情防控期间,协会积极响应省委省政府号召,通过行业倡议,引导会员企业捐资捐物,完成疫情隔离医院相关建设项目;联系省人才市场免费发布装饰行业专场招聘信息,助力企业复工、复产。

装饰之美——行业礼赞立标杆。为在浙江省建筑装饰行业营造出学有楷模、干有榜样、行有标杆的积极氛围,真正把不忘初心的标尺立起来,把牢记使命的责任扛起来,把先锋形象彰显出来,协会骨干企业代表积极参与由省建设厅、省总工会等部门开展的"最美建设人""最美装饰人""青年榜样"选树活动。

2021年4月25日,第三届浙江省建筑装饰行业"青年榜样"发布仪式暨首届青年沙龙活动举行,协会秘书处朱良、李依蔚、赵峰云,省建筑设计研究院吴芃,嘉兴新宇装饰工程有限公司陈喆表演诗朗诵《闪耀吧,青春的火光》

装饰之美——和而不同，设计之美。为展现设计力量，提升设计质量，围绕"和而不同·设计之美"装饰设计发展思路，由浙江省总工会指导，协会与省建设建材工会联合举办设计和美竞赛。

协会坚持以人民为中心、以会员为中心，不断为实现人民对美好生活的向往而努力。协会以"我为群众办实事"专项行动为契机，加强自身能力建设，提升自身活力和服务能力，着力在健全自律体系、强化行业引领、支持实体经济、承担社会责任等方面发挥作用。把服务群众与服务会员和促进经济社会发展结合起来，更多地谋划和实施为群众、为企业、为社会减负担、办实事、办好事的举措，打造有影响力、效果明显的典型案例，为浙江在高质量发展中奋力推进共同富裕先行和省域现代化先行扛起更大的责任，做出更大的贡献。

2017年5月18日，浙江省建筑装饰设计和美竞赛启动仪式在西湖边百年建筑新新饭店隆重举行

协会副会长、设计分会名誉会长陈耀光先生出席浙江省建筑装饰设计和美竞赛活动

2017年5月18日，浙江省建筑装饰设计和美竞赛点赞仪式在西湖边百年建筑新新饭店隆重举行

第一章　继往开来　求实创新　浙江省建筑装饰行业协会成立三十周年

2021年11月22日，浙江省"和美"建筑装饰设计创新职工职业技能竞赛暨装饰设计高质量发展会议在杭州召开，浙江省总工会党组成员、副主席张卫华，浙江省住房和城乡建设厅党组成员、副厅长姚昭晖等领导出席会议并为获奖选手颁奖

2018年5月20日，浙江省建筑装饰设计和美竞赛启动仪式

时任协会副秘书长、设计分会秘书长罗宝珍，设计分会副秘书长陈正华共同主持设计和美点赞仪式

2018年5月20日，浙江省建筑装饰设计和美竞赛启动会议参会领导与设计师合影

2021年3月31日下午，浙江省建筑装饰行业协会与中国移动杭州分公司在杭州移动大厦举行"移动赋能、美好家居"战略合作签约仪式暨"和美装饰 美好生活"装饰数字化工作座谈会。双方战略合作协议的签署对浙江省建筑装饰行业发展具有重要的意义。双方的合作标志着浙江省家庭装饰业走出了一条"1+1+N"的新发展模式，会议要求坚持以人民为中心，重视和关注人民群众的获得感、幸福感、安全感，在"十四五"时期为浙江省家装智慧体系建设，为"和美装饰""和美浙江"建设做出应有的贡献。

2019年浙江省建筑装饰设计和美竞赛综合能力测评会举行

2021年，浙江省市场监督管理局、浙江省消费者权益保护委员会、浙江省建筑装饰行业协会共同发布《浙江省家庭居室装饰装修施工合同（示范文本）》

2021年，浙江省消费者权益保护委员会、浙江省建筑装饰行业协会、浙江省标准化研究院联合发布《家庭居室装饰装修服务规范》团体标准

2021年9月27日，浙江省"和美"建筑装饰设计创新职工职业技能竞赛综合能力测评会暨浙江省青年设计师研学交流论坛在杭州诺贝尔陶瓷有限公司科技文化中心举行

2021年7月31日，"和美装饰 美好生活"兔宝宝除醛抗菌环保升级发布会与浙江省住宅和家庭装饰质量发展论坛及家装企业管理、技术应用、质量提升、品牌打造专题分享交流会议在美丽的杭州同期召开。

为满足广大人民群众对美好生活的向往，浙江省市场监管局积极发挥消保委、行业协会和标准化研究机构作用，制定发布《浙江省家庭居室装饰装修施工合同（示范文本）》与《家庭居室装饰装修服务规范》T/ZBDIA 0002—2021团体标准。创新打造"合同示范+标准规范"家装服务新模式，以"共促消费公平"为主题，强化消费者权益保护，增强消费意愿，通过开展系列"我为群众办实事"民生服务活动，实现多元共治，重塑市场规则，得到了老百姓和社会的一致好评。2022年9月4日，由浙江省消费者权益保护委员会、浙江省标准化研究院、浙江省建筑装饰行业协会共同申报的《"合同示范+标准规范"家装服务新模式 助推家装行业高质量发展》案例，入选第四届市场监管领域社会共治非政府类十大优秀案例。

第一章　继往开来　求实创新　浙江省建筑装饰行业协会成立三十周年　　转型·厚植

浙江省社会组织总会会长梁星心、省建筑装饰行业协会会长贾华琴出席活动

2022年，协会是浙江省社会组织总会执行会长单位，于2月28日，举办"和美装饰　美好生活"——浙江省社会组织总会第二十六期共享沙龙活动，由美克美家杭州设计中心协办。会员单位代表共聚一堂，共探"和美装饰　美好生活"，共赴春天美丽之约。

2020年8月29日，浙江省建筑装饰诺贝尔·设计和美大赛综合能力测评会在杭州诺贝尔陶瓷有限公司举办

2020年9月18日，浙江省住房和城乡建设厅党组成员、副厅长张清云出席浙江省建筑·装饰职工歌咏展演并对全体演职人员进行亲切慰问

2021年是中国共产党成立100周年，浙江省建筑装饰行业开展"致敬百年路·颂赞新征程"展演。

浙江中南机电智能科技有限公司情景朗诵《迎接一个迷人的春天》

第一章　继往开来　求实创新　浙江省建筑装饰行业协会成立三十周年

致敬百年路　颂赞新征程
讲好红色故事　传承红色基因

2021年6月22日，为庆祝中国共产党成立100周年，根据省社会组织总会工作安排，协会在浙江省职工服务中心举办以"致敬百年路　颂赞新征程"为主题的歌咏大会，省社会组织总会会长梁星心、省建筑装饰行业协会原会长恽稚荣出席会议并与行业职工亲切合影，颁发纪念证书

浙江省武林建筑装饰集团有限公司朗诵《保卫钱塘江大桥》

浙江大东吴集团建设有限公司情景演说《榜样的力量》

共富·共享：乘风破浪　勇毅前行

在改革开放的时代浪潮中，浙江省建筑装饰的弄潮儿，满怀豪情地在改革开放和社会主义现代化建设建筑装饰业战线辛勤工作、开拓进取，为开创和推进中国特色社会主义事业作出了重要贡献。三十载筚路蓝缕，三十载砥砺前行，协会在改革中前进，在开放中成长，从西子湖畔迈向了钱塘江时代，从无到有、从小到大，实现了历史性突破和跨越式发展。

回顾三十年行业发展，协会之所以能不断前行、发展壮大，有许多经验值得总结。站在"两个一百年"奋斗目标的历史交汇点上，胸怀"两个大局"，心怀"国之大者"，我们担起新角色，探索新路径，迸发新作为。国家对社会组织的建设也有了更高、更新的要求。

"好风凭借力，送我上青云"，在协会成立三十周年之际，全行业依然要以砥砺奋斗为基石，以追求卓越为引领，勇当新发展理念的探索者、转型升级的引领者，扎根浙江、放眼全球，让新时代的装饰之美绽放出最绚丽的光芒。全体装饰人将乘风破浪，继往开来，勇毅前行。

第一章　继往开来　求实创新　浙江省建筑装饰行业协会成立三十周年　共富·共享

新起点　新征程　新装饰

征途漫漫　惟有奋斗

只争朝夕　不负韶华

绿色先行　创新发展

和和美美　前程似锦

载梦启航　钱江南岸　奥体莲花　梦启扬帆
摄　影：陈超
绘　者：张甜甜

第二章
凝聚装饰奋进力量
增强先行示范使命

"浙里"美好装饰三十年

坚持党建引领　改革创新发展
协同制定规划　推动品牌建设
保障装饰民生　构建产教融合
开展名师带徒　弘扬工匠精神
弘扬行业正能量　树立装饰新风尚
助力脱贫攻坚显大爱　参与基层治理共富裕

浙江装饰三十年
——浙江省建筑装饰行业协会工作纪实

　　协会开展了以"凝心聚力，绿色发展"为主题的系列创新工作，围绕浙江省住房和城乡建设中心工作，以标准技术发展、装饰设计、工程装饰、建筑幕墙、内装工业化、住宅全装修、家庭装饰、装饰材料生产制造、节能环保智能化、城市更新和加固改造装饰为内容，服务社会、服务行业、服务群众。

　　倡导公平竞争，坚持诚实守信、品牌创建、精益求精，追求装饰卓越发展。推进行业自律，在保障民生、装饰工程高品质建设、科学安全发展等方面发挥了示范引领作用。

贾华琴

浙江省建筑装饰行业协会会长 | 正高级工程师
浙江省民政厅授予"2021年度浙江省社会组织领军人物"

绿色先行，装饰之美。今年是浙江省建筑装饰行业协会成立三十周年。全行业回顾装饰发展历程，展望装饰美好未来。

三十年风雨兼程，三十年奋发进取。协会在各级党委政府的领导下，始终秉持"真诚服务，开拓创新"的服务理念，在行业建设与民生服务、推进"和美装饰 美好生活"品牌建设等方面取得了较好的成绩，浙江省建筑装饰业得到了长足的发展，这些成绩离不开致力于行业发展的前辈与第一代企业家的行业影响与智慧贡献，得益于榜样企业家与装饰从业者的拼搏与奋斗。

浙里装饰三十年——坚持党建引领，改革创新发展。 切实按照各级党委政府的工作部署要求，着力在服务国家、服务社会、服务行业、服务会员等方面积极作为，发挥协会桥梁纽带作用。开展一系列行业联建、共建特色活动，组建"行业党建数字联盟"，成立装饰公益咨询服务队，实现双频共振、共建共享。

浙里装饰三十年——协同制定规划，推动品牌建设。 三十年来，协会探索与实践行业"有特色，有亮点"创新服务机制，行业响应"五位一体"，社会服务"民生优先"，组织实践"协同创新"，制定实施了浙江省建筑装饰行业发展规划（从"十五"计划至"十三五"规划），为全面开启建筑装饰业发展奠定了坚实基础。根据省建设厅《浙江省住房和城乡建设"十四五"规划》，制定了浙江省建筑装饰行业"十四五"规划，明确新时期建筑装饰业发展目标，积极响应"创新、协调、绿色、开放、共享"的发展理念，着力打造浙江省"装饰之美"建筑装饰业品牌，充分展现浙江装饰建设者们的艰苦创业精神。

浙里装饰三十年——保障装饰民生，构建产教融合。 立足新发展阶段、贯彻新发展理念、构建新发展格局，坚持"以满足人民日益增长的美好生活需要"为根本，协会开展"放心装饰在浙江""我为群众办实事""3·15免费家庭装饰设计公益服务""放心居住服务日"活动。协会助力省建设职业技术学院搭建"1+1+X"装饰产教融合平台，实现了浙江省建筑幕墙专业零突破。

浙里装饰三十年——开展名师带徒，弘扬工匠精神。 协会围绕"和而不同·设计之美"大赛理念，营造装饰行业"学习技能、提高技能"的良好氛围，举办浙江省"和美"建筑装饰设计创新职工职业技能竞赛，为全省装饰工人提供"切磋技艺，共同提高"的平台。

浙里装饰三十年——弘扬行业正能量，树立装饰新风尚。 在疫情期间，协会积极响应省委省政府号召，及时发出行业倡议，积极开展行业战疫行动，增强聚合力，捐赠物资助力一线防疫，引导会员企业捐资捐物。协会第一时间启用微信公众号、今日头条官方号和抖音官方号，邀请央视网、新华网等主流媒体宣传报道行业先进事迹，弘扬正能量，树立新风尚，引导协会和行业向上、向好发展。

浙里装饰三十年——助力脱贫攻坚显大爱，参与基层治理共富裕。参与援建青川青少年活动中心，"我有一棵树，长在阿克苏"援疆助农爱心公益活动，带领骨干企业到新疆阿克苏地区开展扶贫捐助暨"浙阿两地情，民族团结一家亲"活动；积极参与脱贫攻坚，赴武义县西联乡为校舍提供建筑设计方案，改善校园环境。

坚持诚信互惠，加强行业和谐与规范；
坚持绿色发展，参与乡村振兴与建设；
坚持开拓创新，激发行业潜能和活力；
坚持合作共赢，共抗行业风险和挑战；
坚持开放包容，凝聚行业智慧和力量。

浙江省委两新工委副书记、省民政厅党组成员、副厅长江宇出席会议并为第六届理事会会长贾华琴颁发证书

浙里装饰，继往开来。全行业坚持党建引领"装饰之美"品牌，践行以"人民为中心"的发展思想。紧扣经济发展需求，进一步发挥浙江省"历史积淀深厚、生态本底良好、区位条件优越、民营经济发达、数字经济先行、创新创业活跃"等特点，努力实现"创新能力更强、发展能力更强、产业结构更优、绿色低碳更优、开放层次更高、治理效能更高"的浙江省建筑装饰业新局面，对标国内外建筑装饰业一流标准，借行业合力精准发力，打造新时代智慧型建筑装饰业。

浙里装饰，求实创新。全行业锐意进取，抓重点找差距，补短板强弱项，做好传帮带，培育一批新生代装饰工匠，加强人才建设，增强装饰专业从业者的荣誉感、使命感，树好建筑装饰业美好榜样，讲好装饰建设者的美好故事，建好装饰美好精品工程，推动行业诚信经营美好风尚，形成共建、共享的行业良好氛围。

浙里装饰，美好未来。全行业坚定必胜的信心，唯实惟先勇担当，提速提效抓落实，埋头苦干办好自己的事，做好建筑装饰行业的事。坚持以改革创新为根本动力，始终保持奋进姿态，充分发挥行业各方力量，在进步中厚植爱国情怀，在改革中力担时代重任，携起手来用坚强意志团结一致去实现浙江建筑装饰业高质量发展，为浙江省经济社会发展贡献我们的力量。

诗画江南，活力浙江。凝聚装饰奋进力量，增强先行示范使命。借此机会，我谨代表浙江省建筑装饰行业协会对一直以来关心支持浙江省建筑装饰行业发展的社会各界人士，表示最衷心的感谢！对建筑装饰行业广大从业者致以最崇高的敬意！让我们携手共谋行业发展，共话装饰未来，开启协会和建筑装饰业高质量发展建设新征程。

2017年10月27日，浙江省建筑装饰行业协会第六次会员代表大会

浙江装饰30年

浙江省建筑装饰行业协会工作纪实

WORK RECORD

  2022年是浙江省建筑装饰行业协会成立三十周年。改革开放以来，浙江省建筑装饰业得到了长足的发展，协会理事会带领会员单位在承担社会责任、保障民生共富示范、产教融合脱贫攻坚、疫情防控复工复产、推进行业自律、参与社会治理、践行绿色发展、参与美丽乡村建设、G20杭州峰会和亚运装饰建设等方面发挥了示范引领作用，为和美装饰、和美浙江建设做出了应有的贡献。

  装饰未来，全行业继往开来，求实创新，继续提升质量管理、品牌创建、技术创新，坚持诚实守信、精益求精、追求卓越，倡导公平竞争，维护良好装饰市场环境，发挥新时代社会组织的桥梁纽带作用，以实际行动为浙江省建设"重要窗口"，推进共同富裕先行和省域现代化先行贡献力量。

第二章　凝聚装饰奋进力量　增强先行示范使命　"浙里"美好装饰三十年　　工作纪实

2021年11月13日，浙江省建筑装饰行业协会第六届五次会长会议

　　2021年11月13日，浙江省建筑装饰行业协会第六届五次会长会议在美丽的西子湖畔召开。会议以"凝心聚力，绿色发展"为主题，共商行业未来。浙江省住房和城乡建设厅党组成员、总工程师宋炳坚出席会议并讲话，协会原会长恽稚荣、省工程勘察设计大师单玉川、省建筑装饰行业协会会长贾华琴及副会长们出席会议。会议由协会副会长、浙江省一建建设集团有限公司党委书记、董事长崔峻主持。

2022年6月28日,省建筑装饰行业协会党支部联合亚厦装饰党支部开展"喜迎二十大 奋进新装饰"主题党日活动

2022年7月1日—7月3日,浙江省建筑幕墙高质量创新研学暨工程技术标准宣贯会议在亚厦中心召开

第二章　凝聚装饰奋进力量　增强先行示范使命　"浙里"美好装饰三十年　　工作纪实

2020年9月18日，浙江省建筑·装饰职工歌咏展演在杭州举行，省建设建材工会领导、协会领导与获得一等奖代表队合影

2020年9月18日，南鸿装饰艺术团团长陈玲带领职工团队参加浙江省建筑·装饰职工歌咏展演

2022年5月28日，浙江省建筑装饰行业协会节能环保与智能化分会第三届理事会第四次会长扩大会议在杭州召开

029

2020年9月18日,浙江省建筑·装饰职工歌咏展演在杭州举行,协会秘书处表演合唱《我和我的祖国》
协会会长贾华琴诗朗诵,协会副秘书长沈筱红指挥,协会工程分会副秘书长张滢、设计分会副秘书长朱群丹领唱

2020年9月17日,协会节能环保与智能化分会"迎中秋 话明月"活动,协会副秘书长张琦等朗诵诗歌

2020年9月18日,浙江省建筑·装饰职工歌咏展演在杭州举行,协会工程分会副秘书长张滢演唱

2020年浙江省建筑装饰行业协会建筑幕墙分会会长扩大会议

2020.05.25

2020年5月25日，浙江省建筑装饰行业协会建筑幕墙分会会长扩大会议

浙江省建筑装饰行业协会前辈老师与秘书处工作人员2020年新春茶话会

2019年6月24日—7月18日，协会举办首届浙江省建筑装饰行业足球邀请赛

2019年12月17日，协会举办浙江省建筑装饰行业BIM建模工程师职业技能竞赛

2018年9月27日，浙江省建筑装饰行业协会六届一次会长会议

第二章　凝聚装饰奋进力量　增强先行示范使命　"浙里"美好装饰三十年　　工作纪实

2017年11月27日，浙江省建筑装饰行业协会家庭装饰分会会员代表大会

2011年3月26日，浙江省建筑装饰行业协会建筑加固改造装饰委员会在杭州之江饭店举行一届一次理事会议，选举产生夏仁宝为会长、周世安为秘书长、沈筱红为常务副秘书长

2014年1月，协会工程分会会员大会上，恽稚荣会长与协会工程分会副会长代表合影　　恽稚荣会长与协会工程分会于利生会长合影

2015年7月23日，浙江省建筑装饰行业协会家装分会第四届会员大会，协会家装分会轮执会长祝旭慷、周国团、徐先锋、陈双汪、周建刚联合致辞

第二章　凝聚装饰奋进力量　增强先行示范使命　"浙里"美好装饰三十年　　工作纪实

2020年1月8日，在协会工程分会和材料分会年会暨浙江省建筑装饰业高质量发展会议上，协会会长贾华琴，协会副会长、工程分会会长丁海富，协会材料分会会长陈杭闽联合发表贺词

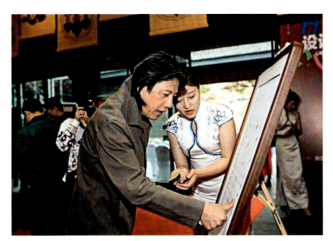

2016年4月26日，陈耀光老师为协会和美设计竞赛点赞

2016年，协会设计分会会长会议陆明老师与张丰义老师

2020年10月14日,浙江省建筑装饰行业协会设计分会轮执会长交接仪式

第二章　凝聚装饰奋进力量　增强先行示范使命　"浙里"美好装饰三十年　　工作纪实

2020年10月14日，浙江省建筑装饰设计和美竞赛分享交流会

致青春·装饰由你更美好

浙江省建筑装饰行业协会"青年榜样"风采展示

和美装饰　美好生活

第三章

风雨同舟　勇立潮头

浙江省建筑装饰行业特殊功勋人物篇

装饰业百花齐放　迈入数字化工厂化装配化新时代
勇立潮头逐浪高　奋楫笃行向未来
厚积薄发创基业　推诚布信展宏图
守建设初心　扬鲁班传人之名
铜就是我　我就是铜
当代瓯塑代表性传承人
击楫勇进　在机遇与挑战中破浪前行

特殊功勋人物

恽稚荣　浙江省建筑装饰行业协会第四届、第五届会长
丁欣欣　亚厦控股有限公司党委书记、董事局主席
吴建荣　浙江中南建设集团有限公司党委书记、董事局主席
潘信强　全国劳动模范、宁波建工建乐工程有限公司原董事长
朱炳仁　中国工艺美术大师、杭州金星铜工程有限公司创始人
周锦云　中国工艺美术大师、浙江云艺装饰有限公司创始人
单玉川　浙江省工程勘察设计大师、浙江工业大学工程设计集团有限公司顾问总工程师

装饰业百花齐放
迈入数字化工厂化
装配化新时代

恽稚荣

浙江省建筑装饰行业协会第四届、第五届会长

浙江省建筑装饰行业协会成立至今已三十周年了，人生六十一甲子，三十年正好半个甲子，说长不长，说短不短。这不寻常的三十年见证了浙江建筑装饰业的崛起、发展与壮大。

三十年前浙江省建筑装饰工程大多依附在建筑土建工程一道，许多中高端的工程几乎被香港、广东等专业装饰队伍垄断了，因为当时浙江的建筑装饰专业队伍正在逐步形成，装饰企业正处在成立起步阶段。专业室内设计师队伍也如雨后春笋般刚刚破土而出，家庭装饰更是处在由马路游击队等散兵游勇霸占的状态。在这种态势下，浙江建筑装饰行业协会的成立，可谓在浙江大地上竖了一面大旗，大大激发了会员企业及行业从业人员加快速度、加大力度发展浙江建筑装饰业的意识。协会凝聚起会员企业的智慧，通过创优、创品牌提升了浙江装饰施工水平与质量。

三十年来协会会员企业汇聚众志，共同努力把协会当成会员之家，立足行业，让协会得以健康发展。

再看三十年后的今天，浙江省建筑装饰行业协会旗下已拥有了一支能承担装饰顶级酒店宾馆、大中小型体育场所、博物馆、医院、办公楼、会展中心、娱乐场所等各种高级及普通装饰工程的设计、施工企业及队伍。协会也从成立初的百家会员发展成了具有近千家会员的大协会。

三十年后的浙江省建筑装饰行业协会还拥有一支能承建各种类别建筑幕墙工程的企业队伍。协会大力支持与鼓励企业走出去，创新行业沉浸式服务模式，协会牵线搭桥帮助会员企业在省外承接工程的同时，学习兄弟省份企业的高品质施工技术与管理经验，促进浙江省建筑装饰业全面提升，建设装饰业网格化服务，加快探索与实践新装饰模式。三十年来协会的材料企业队伍也如繁花一般，各类装饰材料、家居卫浴百花齐放。协会还拥有了一批从事智能化设计施工、加固改造建筑土木工程的专业会员企业，让行业紧跟时代的步伐，引领行业沿着绿色装饰的通道，向数字化、工厂化、装配化迈进。

我提几点建议与装饰业企业家及从业者们：一是加强行业深度研究服务，反映浙江省建筑装饰市场真实情况，积极推进信用体系建设在行业的全覆盖，促进浙江省建筑装饰行业市场秩序的规范和健康发展；二是坚持政策引领，强化设计技术支撑，加强质量管控，安全科学有序推进装饰高质量发展；三是加强装配化装修技术和标准研究，加快推进装配化装修，大力推广管线分离、一体化装修技术，推广应用整体厨房、

第三章 风雨同舟 勇立潮头 浙江省建筑装饰行业特殊功勋人物篇 **特殊功勋人物**

恽稚荣会长、章凌云处长、张跃迅副会长一行赴吉林建工学院开启校企合作

卫浴等集成化、模块化建筑部品；四是加强全行业从业人员创新研学，努力提升从业人员综合素质，提高装饰企业行业管理水平；五是"我爱我家"，继续关心维护打造好浙江省建筑装饰行业协会——我们的家，从业者以推动行业质量管理经验成果的转化和更广泛的传播为己任，自觉遵守行业和谐公约，倡导绿色低碳生产生活方式，创建装饰精品工程奉献给社会，为共富示范做出行业贡献。

目前，我们正处在一个充满挑战的时代，也是一个充满希望的时代。我们要认清建筑装饰发展态势，拧成一股绳，铆足一股劲，打造最优建筑装饰营商环境，着力服务和融入新发展格局，主动打造长三角建筑装饰业高质量一体化发展新局面，扩大高水平对外开放，着力塑造引领未来美好生活的建筑装饰业核心新增长极，共同推动行业发展。

回首协会三十年历程，起伏跌宕、风风雨雨、坎坷磨砺，在改革开放的大潮中，浙江省建筑装饰业由小到大，抓住了富强的时机，由弱到强，值得回顾，值得回味，值得赞叹，值得自豪，更值得自信。踏遍青山人未老，风景这边独好。装饰是人类享受美好生活的一道靓丽风景，装饰业将与人类生活密不可分。我确信浙江装饰人今后一定会不忘初心，传承创新，唯实惟先，实干争先，以满腔沸腾的激情去开拓浙江建筑装饰业美好的明天。愿浙江省建筑装饰行业协会的明天更灿烂！

2015年浙江省建筑装饰行业协会会长会议

勇立潮头逐浪高
奋楫笃行向未来

丁欣欣

亚厦控股有限公司党委书记、董事局主席

【人物介绍】

丁欣欣，男，1958年1月出生，浙江上虞人，中共党员，高级经济师，一级注册建造师，绍兴市人大代表，亚厦创始人。现任亚厦控股有限公司党委书记、董事局主席，中国建筑装饰协会副会长，浙江省建筑装饰行业协会高级顾问，曾获全国住房和城乡建设系统劳动模范、浙江鲁班传人、浙江省建筑业杰出企业家等荣誉称号。

从白手起家到如今的行业翘楚，丁欣欣一直将"质量"视作亚厦生存、发展的命脉，也许正是这种精益求精、极尽工匠之能事的气质，赋予了他的团队和企业极强的内生动力；丁欣欣身上还有着优秀企业家必备的格局与眼光，他言出必行的务实精神、主动拥抱时代变革的创新态度，引领着企业在"破"与"立"中拔节生长。

质量立业：亚厦发展之根本

20世纪90年代，当大家还对建筑业中的新兴行业——装饰业没什么概念时，木匠出身的丁欣欣以快人一步的发展眼光，在上虞章镇老家办起了章镇工艺装潢厂。创业初期，丁欣欣身兼多职，既当施工员，又当业务员，一天12小时在外跑。但是对接到手的活儿，他都全力以赴、严谨对待。凭着信誉与质量，他的业务越做越大，范围越来越广，开始在业内站稳脚跟。1993年，企业更名为上虞市装饰实业公司，并取得了建筑装饰三级资质，丁欣欣开始将公司的业务拓展至市外。1995年7月，丁欣欣正式组建浙江亚厦装饰集团有限公司，将企业发展成为集室内、外建筑装饰的设计、施工于一体的综合性集团，一跃成为浙江省建筑装饰行业的排头兵。亚厦凭借其业界的信誉和卓越的精品工程，赢得了社会公众和业主的高度认可。

从2008年开始，亚厦不断参与国家重点标志性项目的建设，从2014年北京APEC首脑峰会主会场，到2016年G20杭州峰会主会场（杭州国际博览中心），再到2017年厦门金砖五国主会场、2018年上海合作组织青岛峰会主会场的建设，亚厦成为了四个"大国外交"峰会主场馆的"大满贯"装饰企业。这些标杆项目的打造，不仅让人们领略到亚厦的匠心之美，也向全世界展示了中国制造的强大实力。

"从创业之初几百元的小工程，到后来几千万、上亿元的大型工程，以质量立业，始终是亚厦的初心与信念。"丁欣欣说。

截至2021年12月底，亚厦获得中国建筑行业工程质量最高奖项

"鲁班奖"63项，以及其他国家级工程奖1243项，省部级以上奖项3000余项。2014年10月被绍兴市人民政府授予"绍兴市市长质量奖"、2019年荣膺"浙江省人民政府质量奖"，是建筑装饰行业唯一获此殊荣的企业。

丁欣欣有着敏锐的思维和开放的眼界，紧紧抓住企业发展的每一个契机。2007年，亚厦装饰集团整体改制变更为浙江亚厦装饰股份有限公司。2010年，"亚厦股份"在深交所成功上市，成为浙江省内建筑装饰行业第一家A股上市企业。2018年底，公司总资产达209.16亿元，年营业收入91.99亿元，利润总额达4.59亿元。

看着已在公司基层锻炼三年多，处事管理日渐成熟的儿子丁泽成，2019年5月，丁欣欣将手中的指挥棒交给了他。这位1989年出生的新任掌舵者，将自己的价值观和从父辈身上传承的企业家精神融入企业管理中，为丁欣欣的商业传奇续写新的篇章。亚厦的顺利交接，也成为业内传颂的佳话。

创新技术：亚厦变革之核心

为落实党和国家对低碳节能环保和绿色发展工作的要求，亚厦在行业内率先致力创导全工业化装配式装修，将一个劳动密集型企业转型为以科技研发为导向、以创新变革为核心的智造企业。丁欣欣带领公司历时七年，累计投入超10亿元，成功研发了全球领先的全工业化装配式内装技术平台，引导行业和企业走向绿色生态发展之路。

截至2021年12月底，亚厦专利申请数量6879件，其中发明专利1831项；制定国家、行业、团体标准65项，主编的技术规程填补了我国装配化装修领域的技术空白，为行业提供了科学的技术依据、执行标准和系统解决方案，被评为"中国建筑装饰行业标准编制工作先进单位"。

亚厦的工业化装配式内装以"健康"与"品质"为核心价值主张，真正

亚厦控股有限公司董事局主席丁欣欣与清华大学建筑设计研究院副院长侯建群共同签署战略合作协议

实现"无甲醛"健康人居，并以革命性的技术突破，以100%全工业化装配式内装实现了建筑装饰行业的供给侧改革，掀起了一场颠覆中国建筑装饰行业的新革命。亚厦研发实施的全工业化装配式装修内装产品，充分适用于酒店、办公楼、医院、养老公寓、住宅、学校等。可以说，这是丁欣欣对中国建筑装饰行业的变革和创新做出的巨大贡献。

"随着我国人口红利优势逐渐减弱，装修行业的人力成本占比会越来越高。从业人员素质普遍偏低、流动性大、技术水平不高等问题将加剧，影响行业健康发展。装配式装修的大部分部件可以在工厂做完，现场由产业工人简单拼装，不仅节约人力，综合成本优势也会日益显著。"丁欣欣说。

丁欣欣倡导行业的龙头企业要主动学习、带头转型，引领行业绿色、可持续发展。2010年亚厦获批中国建筑装饰行业首家"高新技术企业"，成为行业榜样，同时亚厦研发中心被认定为省级高新技术企业研究开发中心。

敢于担当：企业之社会责任

"至善"是亚厦的企业文化核心价值观，也是丁欣欣为人的准则，他追求为社会贡献价值，为社会创造价值。

亚厦先后出资200万元设立上虞区助残扶残基金，向残障人士、孤寡老人等社会弱势群体送去拳拳爱心和温暖；出资100万元设立了上虞区亚厦园丁奖励基金；累计出资200万元助力上虞市"五水共治"工程、与贫困大学生结成帮扶对子、出资改造农村基础设施、支持旅游事业发展等。亚厦还专门成立了"亚厦至善基金会"，以"弘扬至善于天下的慈善理念，凝聚爱心，扶危济困"为宗旨，关注公益，提升企业社会责任感。

丁欣欣个人及公司在资助社会公益事业上的款项已累计超过2000万元，并先后获得"上虞区慈善捐赠爱心捐助奖""绍兴市帮困助学模范"荣誉称号。

疫情期间，亚厦上下通力合作，发挥自身优势，积极投入抗疫工作。3小时紧急调度1万m^2装配式材料驰援雷神山医院建设，3天完成西安"小汤山"医院近4000m^2的装饰施工，7天完成绍兴防疫隔离医院装配任务……丁欣欣说，"凡国家需要之时，亚厦必全力以赴"。

如今，丁欣欣还是每天早早来到亚厦中心，没有任何退休的清闲。他又开始忙碌，他的目标已锁定了亚厦控股旗下的另一家企业准备步入上市轨道。

期待丁欣欣给我们带来又一个传奇。

厚积薄发创基业
推诚布信展宏图

吴建荣

浙江中南建设集团有限公司党委书记、董事局主席

【人物介绍】

吴建荣，1957年9月出生，浙江省杭州市滨江区长河人。浙江中南集团创始人，现任浙江中南集团党委书记、董事局主席。浙江省第十二、十三届人大代表，浙江省第十、十一届政协委员、杭州市第九至十三届人大代表、浙江省商会联合会长等职务。任中国民营文化产业商会常务会长，中国建筑装饰行业协会副会长，浙江省建筑装饰行业协会高级顾问，中国动画学会副会长，荣获中国建筑装饰功勋人物、全国建筑业优秀企业家、全国优秀施工企业家、风云浙商、中国年度文化人物等荣誉称号。

作为改革开放的参与者、见证者、奉献者、受益者，吴建荣从1979年开始创业，秉承"诚信立业、创新发展"的企业宗旨，历经近四十年的艰苦创业，由工程队发展成为以工程建设、文化创意两大核心产业为主导的现代企业集团，连续二十三年位列中国民营企业500强。1992年以来，吴建荣亲自参与浙江省建筑装饰行业协会的筹备、运营工作，见证了我国建筑装饰行业的快速进步，推动了建筑装饰行业从初期起步到新时代的高质量发展。

诚信立业，创新发展

"我们国家从1978年开始改革开放，而我是从1979年的下半年开始创业的。当时叫'自承包工程'，那时候我刚23岁。"

创业初期，吴建荣承包了不少工程项目，当时的萧山长河镇镇长劝道："你是长河人，到我们长河镇去创业嘛！"吴建荣深以为然，便回到长河组织成立施工队，全部资产仅有4800元。

1986年，吴建荣参与了大型商场的装饰项目施工，按时完成且质量过硬，赢得了市场的充分肯定。赚到创业的"第一桶金"后，吴建荣对发展建筑业信心十足，更加有干劲了。他成立了江南装饰公司，参与北京亚运村的装修，在装饰领域小有名气。后来，吴建荣逐渐加大在外装领域的力度，特别是幕墙和高端铝合金门窗系统技术研发的投入。如今，按中南幕墙连续多年建筑装饰行业综合数据统计结果（幕墙类）全国位列前三，并且拥有国内自主研发的高端门窗系统。

在吴建荣的带领下，浙江中南集团作为拥有国家建筑施工总承包特级资质企业、国家高新技术企业，现已在工程建设领域形成了建筑、幕墙、钢构、装饰、机电智能、市政园林等标准化设计、工厂化生产、装配式施工、信息化管理的全产业链，致力于为客户提供全方位一站式的专业服务。

第三章 风雨同舟 勇立潮头　浙江省建筑装饰行业特殊功勋人物篇　**特殊功勋人物**

2020年9月30日，第十六届中国国际动漫节"中南日"主题活动暨中南数字、文创谷启动仪式圆满举行，中南集团董事局主席吴建荣作精彩致辞

近年来，浙江中南集团参建了亚运会主场馆—杭州奥体中心、杭州西站"云门"幕墙工程、杭州奥体国际博览中心、恒生金融云产品生产基地、北京亚投行总部、委内瑞拉客车工厂等多项国内、外重大工程项目和地标性建筑，并荣获"中国建筑工程鲁班奖""中国土木工程詹天佑奖""中国建筑工程装饰奖""中国建筑工程钢结构金奖""国家优质工程奖"等300多项工程荣誉。

诚信是企业生存和发展的基石，是增强企业凝聚力的源泉，是推动企业生产力提高的精神动力。多年来，浙江中南集团以诚信立口碑，广受美誉。"在我看来，对于企业家而言，道德、诚信是必须要接受的底线，然后思考怎样把企业做好，这就是企业家精神。"吴建荣坚定地说。

创新转型，跨界发展

2003年，浙江中南集团以"高起点、大投入、国际化"的目标进入动漫产业。经过19年努力，中南卡通已经跻身全国行业龙头。

2005年4月，时任浙江省委书记习近平来中南考察调研。听到吴建荣汇报"中国动漫产业目前只有行业，没有产业"，习近平指出，"动画不是用钱来衡量的，它能够为青少年提供健康的精神食粮"，并对动漫产业发展的前景寄予厚望，坚定了吴建荣加快发展中南卡通的信心。

目前，中南卡通已成为国内很大的原创动画公司之一，公司始终坚持创作传播正能量、益于青少年健康成长的动画作品，影视动画出口稳居全国前列。《天眼》《魔幻仙踪》《乐比悠悠》《郑和下西洋》等先后获得国家精神文明建设"五个一工程"奖、国家动画精品一等奖、国产优秀动画片等190多个国内外奖项，在国内400多家电视台及新媒体热播，进入全球100余个国家和地区的播映系统。

一直以来，吴建荣始终坚守动漫原创作品的底线，弘扬中华优秀传统文化，比起经济效益，更讲社会效益。吴建荣说："我对自己的要求就十个字：勤奋、学习、诚信、创新、责任！而我给中南卡通制定的发展目标是三句话：高起点、大投入、国际化！"浙江中南集团既是改革开放的实践者，也是受益者，将不忘初心，牢记重托，继续创作优秀的国产动画，为青少年儿童创作更多优秀的精神食粮。

近年来，国家大力支持数字文化产业发展，吴建荣积极鼓励年轻的中南接班人探索数字文创领域，落实省委省政府"一号工程"和将文化产业打造为万亿元产业的总体部署，打造首屈一指的集数字内容创作、数字动漫全产业链、数字文化贸易、人工智能产业化应用、科技文化融合于一体的数字文创平台，推进数字文化集聚发展。2022年1月虎年新春到来之际，中南卡通旗下品牌创作了一系列"元虎"形象头像类数字藏品，这也是国内原创动漫行业首次正式探路"元宇宙"。

践行责任，履行担当

吴建荣始终与时代同步、与国家同频，听党召唤，践行使命，饮水思源，积极履行社会责任。在捐资助学、扶贫帮困等慈善公益及疫情防控中，浙江中南集团已经累计捐款捐物超过亿元，得到国家和浙江省的高度重视与积极评价，获得了全国"万企帮万村"精准扶贫行动先进民营企业、中国民营企业社会责任100强等荣誉称号。2020年，浙江中南集团被全国工商联选入《中国民营企业社会责任优秀案例》，吴建荣本人也被授予"2020中国民营企业社会责任优秀案例入选责任人物"称号。

四十年朝乾夕惕，功不唐捐；四十年初心如磐，笃行致远。朝着第二个百年奋斗目标继续前进。在企业发展的新阶段，吴建荣将持续深耕工程建设、文化创意两大产业，抢抓机遇，开拓创新。作为中国建筑辉煌发展历程的亲历者，对于未来建筑装饰行业将如何高质量发展，吴建荣提出三点建议：第一，狠抓质量提升，重视品牌建设；第二，拒绝低价竞争，杜绝偷工减料；第三，立足本地，面向全国，走向世界。行而不辍，万里可期，吴建荣将带领浙江中南集团与业内各位同仁同力协契，固市场之本，培创新之元，共创中国建筑装饰业的美好明天。

守建设初心
扬鲁班传人之名

潘信强

全国劳动模范
宁波建工建乐工程有限公司原董事长

【人物介绍】

潘信强，男，1952年3月生，籍贯浙江慈溪，中共党员，本科学历，高级工程师，现任宁波建工建乐工程有限公司原董事长，浙江省建筑装饰行业协会高级顾问。曾获全国劳动模范、全国鲁班传人、中国建筑装饰三十年优秀企业家、全国建筑装饰行业杰出企业家、浙江省建筑业十大杰出企业家、浙江省优秀共产党员、建国六十年为宁波建设做出突出贡献六十位英雄模范人物等诸多荣誉称号。

熟知潘信强的人都知道，他待人真诚、和蔼，淡泊名利，温文尔雅极具君子之风。曾经有人这样评价潘信强：他不好张扬，话语不多，却让人感觉到有一种魅力，一经与他接触，信任之感油然而生。他，没有振聋发聩的豪言壮语，有的只是几十年如一日的真诚奉献。

时间追溯到1983年，潘信强看到改革的浪潮从农村涌向城市，而建筑工地依旧停留在"吃大锅饭"的状态时，大胆提出以承包的形式来搞生产的想法。就这样，以他名字命名的承包队开始出现在宁波建筑界，他也因"第一个吃螃蟹"成为宁波建筑企业第一个项目承包人。经过一系列改革措施的推行，工期质量提高了，职工收入增加了，同时"潘信强承包队"创造了宁波建筑史上工程进度和利润的新纪录。但让人更没有想到的是，这仅仅是潘信强同志迈出的第一步，随后几十年，不断增强的发展观念和创业历程，使他成为一个富有过人才智和卓越才能的管理者。

1993年，建乐公司由于经营管理不善，成立不到8个月就亏损40余万元，潘信强同志临危受命，担任宁波建工建乐工程有限公司（原宁波建乐建筑装潢有限公司）总经理兼党支部书记。他大胆改革管理现状，将"以土建带动装潢，以装潢促进土建"定为公司发展的新方向，此外积极拓展幕墙业务，成立设计所，实行设计、施工配套服务，企业经营扭亏为盈。1996年公司产值超过亿元，而后又成为宁波首家获得建筑装修装饰工程专业承包和建筑幕墙工程专业承包双一级企业。针对行业发展趋势，他组建了幕墙分公司，兴建了省内领先的幕墙生产加工基地；设立建筑幕墙装饰设计研究院；建立了拥有标准厂房的木制品、石材加工装饰材料生产基地，为创精品工程提供强有力的技术、物质支撑。通过主业做大、做强，专业做精、做细，从而推动企业不断转型升级。几分耕耘，几分收获，潘信强凭借求真务实、开拓创新的精神，带领职工

第三章 风雨同舟 勇立潮头 浙江省建筑装饰行业特殊功勋人物篇　**特殊功勋人物**

把建乐公司办得红红火火。

曾经有人问潘信强，哪个工程让您最有成就感？他说："我们每建好一个工程都有成就感，因为建设好一个工程要投入我们建筑工人很多的心血。"他亲自带领施工人员"战高温、斗严寒"，解决项目各项施工难点，按时保质完成工程要求，做到建一个工程创一块牌子。宁波建工第一座鲁班奖——宁波石油大厦；国家工程质量评委专家全票通过的鲁班奖——宁波万豪中心……亮眼的成绩单让建乐在行业内外都赢得了诸多赞誉。宁波国际会展中心、宁波国际金融中心、宁波市行政中心、宁波文化广场、宁波财富中心、宁波城市展览馆、宁波奥体中心游泳馆等这些宁波众所周知的建筑都留下了建乐人不畏艰苦、忘我施工的身影。在潘信强的带领下，公司已创出200多项国家、省、市级优质工程；并连续几年被评为全国优秀施工企业、全国装饰百强企业和全国幕墙百强企业、中国建筑装饰三十年专业化百强企业、中国建筑幕墙行业三十年突出贡献企业、浙江省建筑强企、浙江省先进建筑业企业、浙江省建筑产业现代化示范企业、宁波市建筑业龙头企业。

在建筑产业向信息化、数字化大力前进发展的契机下，在绿色建筑、智慧建筑等新型工业化建筑推动下，潘信强意识到，一定要不断提高改革创新的能力，着力提升公司整体技术水平，形成更高层次的生产和竞争能力。他大力引进高学历技术从业人员，成立企业省级技术中心，深入推进工程技术创新工作。在加强专利、工法、课题等技术创新工作基础的同时，积极响应行业绿色低碳发展举措，推进BIM技术应用和智慧工地建设，为企业实现高质量发展提供坚实保障。目前，公司各类技术人员占职工总数的80%，其中具有中、高级职称人员占职工总数的30%；此外，公司取得国家发明专利、实用新型专利、国家级工法及省级工法近百项。

潘信强是新时代中国特色社会主义思想践行者，作为浙江省优秀共产党员，他用高尚的心灵、优良的品行，影响着整个企业，他以习近平总书记系列重要讲话精神武装头脑、指导实践、推动工作。公司曾获评全国五一劳动奖状、全国精神文明建设工作先进单位、浙江省模范集体、浙江省文明单位、浙江省先进基层党组织。"严于律己，宽以待人"是潘信强与员工之间的相处模式，他虽为企业的领导者，却从不凌驾于员工之上，而是将建乐今日的成绩都归功于建乐人的齐心协力。员工参加学习培训需要时间和经费，他总是十分支持，学技术、比贡献已成了职工的自觉行动，公司选派职工参加省、市各类职业技能竞赛都能荣获佳绩。近年来，公

协会高级顾问潘信强在宁波建工建乐会客室

司培育了浙江建设工匠4名，港城工匠6名，宁波市首席工人7名。在人才强企的今天，潘信强着眼于青年员工对于企业未来发展的无限可能，给有责任心、有忠诚度、有能力的青年职工提供更大的发展平台和空间。省、市各级青年文明号，多名浙江省建筑装饰行业协会"青年榜样"、宁波市向上向善好青年、宁波市青年岗位能手是对潘信强重视青年人才培育的有力证明。

今年，是浙江省建筑装饰行业协会成立三十周年，也是宁波建工建乐工程有限公司成立三十周年。三十年筚路蓝缕，三十年春华秋实，潘信强凭借着前瞻敏锐的战略眼光和无畏挑战的拼搏精神，用坚守的初心带领建乐人不断攀登，迈向卓越。

铜就是我　我就是铜

朱炳仁
中国工艺美术大师
杭州金星铜工程有限公司创始人

【人物介绍】

朱炳仁，1944年11月生于浙江绍兴，铜雕泰斗，中华老字号"朱府铜艺"第四代传人，国家级非物质文化遗产"铜雕技艺"唯一传承人，中国工艺美术大师，浙江省建筑装饰行业协会名誉副会长，"全国五一劳动奖章"获得者，北京故宫博物院文创顾问，西泠印社社员，"运河三老"之一，熔铜艺术创始人，庚彩工艺发明者，被誉为"中国当代铜建筑之父"。朱炳仁的作品横跨艺术、建筑、生活多个领域，在他不断地探索中，我国铜雕业无论是从技术发展还是艺术创新上都有了质的飞跃。

"朱府铜艺"的传承者

在朱炳仁的工厂里，我们看到了高度专业的现代化设备和匠人技艺的完美融合，由匠人们亲手打造的精美绝伦的工艺品，由内而外尽显着澎湃动人的光辉。而除了当代铜制艺术品外，我们还看到了许多老物件，这些朴实无华的铜器，像一位老妇人，平静地向人们诉说着一个传承了五代的手艺人家背后的荣辱兴衰。

朱炳仁的太祖父于光绪元年（1875年）在绍兴开设铜铺，至其祖父时，朱府铜艺已名声大噪，甚至在外省开设分号。然而市场环境总在不断变化，随着连年战乱，铜成为一种战略物资，市面上无法购得。朱炳仁的父亲不得已改以经营丝绸、书画为生，朱府铜艺一度停摆。

改革开放后，朱炳仁与父亲尝试恢复朱府铜艺的经营。但是时过境迁，虽有祖上的传承，工艺技术和市场需求却和几十年前已经不可同日而语。且此时的朱炳仁已经四十岁，对于制铜的记忆很多都模糊在幼时铜铺叮叮当当的敲打声中。但家族的传承融于血脉，秉承着这份责任与理想，朱炳仁开始了二次创业。

朱炳仁的传奇人生，也就在这时正式拉开了大幕。他从铜招牌开始创业，之后融入艺术元素，制作了我国第一幅铜壁画。他又引领铜制品氧化技术革新，先后承担了人民大会堂香港厅铜门，G20杭州峰会主会场等数十项大型国家重点建筑的铜装饰项目。不过朱炳仁并不满足于此，他一直在尝试攀登更具挑战的艺术高峰。

铜建筑领域的创造者

作为西湖著名景点，雷峰塔是很多游客必到的游览胜地。到此参观的游客如果没有细看介绍的话，一定想象不到，这座与西湖景色完美融

第三章　风雨同舟　勇立潮头　浙江省建筑装饰行业特殊功勋人物篇　**特殊功勋人物**

合的宝塔，竟是一座金属铜塔。而朱炳仁，就是担任雷峰塔铜工程的总工艺师。雷峰塔始建于公元975年，如今我们看到的雷峰塔，是2002年重建而成的。重建最初的方案是按照古代形式，建成一座砖木结构的宝塔。然而在朱炳仁眼中，传统结构的建筑不足以突出雷峰塔的重要意义。作为铜雕领域的非物质文化遗产传承人，朱炳仁认为自己有责任提出将雷峰塔建造成一座以铜为主要外观装饰的铜塔。但是由于之前没有建造铜建筑的先例，所以朱炳仁的方案一推出便遭到了专家的反对。面对争议，朱炳仁并没有感到畏惧，决心以作品说话。他反复试验，最终以精确的数据和翔实的资料说服了所有评委，这才有了我们如今所见的彩色铜雕宝塔。建成后的雷峰塔高72m，用铜量达280t。斗栱及梁柱呈现阳刻凸花的中国红，不仅保留了铜的美学意义，又增加了审美趣味。雷峰塔不仅仅是简单地复原古建筑，而是将原雷峰塔残存塔基完整地保留其中，起到了文物保护的重要作用。

在朱炳仁的努力下，中华文明的悠远沉淀与现代铜雕技艺的高度融合，完美地还原了西湖八景之一，雷峰夕照的景象，成为杭州的地标性建筑之一。朱炳仁提出的铜制建筑理念，开启了我国建造铜建筑的先河，将我国的铜塑技艺从单一的装饰艺术向前跨出一大步，使中国延续了5000年的青铜文化上升到一个新境界。如今我们熟知的上海静安寺、四川峨眉金顶、杭州灵隐铜殿、杭州国际博览中心等一座座具有里程碑意义的作品，都是出自朱炳仁之手。这些，也让朱炳仁被誉为"中国当代铜建筑之父"。

熔铜艺术的开创者

所谓熔铜，是将铜熔化后使其自由流淌凝固而形成的独有状态。它的出现彻底改变了铜制艺术品的创作思路，让制作者从模具的禁锢中解脱出来。而这一切的开端，却是起源于2006年的一次机缘巧合。

铜雕泰斗朱炳仁，再造中国青铜文化巅峰

在完成了雷峰塔的建设后，朱炳仁开始了常州天宁宝塔的建筑项目，就在做到最后一层的时候，塔的底部突然着起了大火。朱炳仁赶到火场的时候，已经是一片狼藉。已经烧化了的铜把地面染得一片焦黑。出于职业的敏感，朱炳仁蹲下身，细细观察。朱炳仁惊讶地发现，这种烧化后的铜自由流淌之后形成的形态和肌理是他从未见过的，和在模具里面成型的工艺相比，有着别样的生命力和美感。灵感转瞬即逝，却已经被朱炳仁牢牢握在了手里。回到实验室的朱炳仁，开始了对这个过程的复制，并希望能够创造一种全新的工艺。然而，铜水从凝固到熔化的时间极短，十分难以把控。朱炳仁和团队至少尝试了不下百种的介质和方法，这中间甚至包括将铜水浇到不同的水果上观察得到的结果。

就这样，在不断地探索中，朱炳仁逐渐创作出了各种媒介下的熔铜表现形式，熔铜艺术在他的手上开始萌发出越来越多的可能性。其中熔铜作品《阙立》于2007年被中国国家博物馆永久收藏。2009年11月，朱炳仁与20世纪西方著名超现实主义画家达利的各百件熔铜、青铜雕塑杰作同时展出、相映成趣，实现了中西方艺术大师作品史上首次超时空"对话"，轰动一时。从熔铜艺术诞生至今已有十余年，而熔铜带给朱炳仁的震颤仍在持续不断地发酵，他的熔铜艺术，以出类拔萃的创新精神、深厚实力，向世界证明了中国艺术迈向国际化的坚定信心和铿锵脚步。

让铜回到人民生活中的实践者

十几年前，朱炳仁首次赴法考察，参观卢浮宫时，感慨万千，"以《断臂的维纳斯》为代表的世界名作可供人近距离观看甚至触摸，而中国的博物馆往往把人民与艺术品隔离得那么远！"于是，他产生了建造一座亲民博物馆的宏图大志。

2002年起，他与儿子朱军岷开始构思、筹备建馆事宜，2004年1月正式施工，选址在杭州河坊老街。为了项目实施，呕心沥血。2007年2月，一座近3000m²的纯铜大屋"朱炳仁铜雕艺术博物馆"震撼问世。联合国世界旅游组织秘书长弗朗·加利表示："江南铜屋，不看遗憾，看了更遗憾，多好的艺术，却没时间细细观赏，我一定要再来中国！"难能可贵的是，"江南铜屋"对外免费开放，供人自由出入，每年都有数百万游客慕名而来，自觉不自觉地接受一场铜文化的美妙洗礼。

与铜数十载，回头已是古稀之年。朱炳仁几十年不断创新与探索，给予了铜这种温暖的金属越来越广阔的天地。或许是5000年的等待，或许是延续百年的血脉，让他们在这个时空相遇，终让朱炳仁的人生成为了当今时代铜艺术的代言。

当代瓯塑代表性传承人

周锦云

中国工艺美术大师
浙江云艺装饰有限公司创始人

【人物介绍】

周锦云，男，温州市人，亚太地区手工艺大师，中国工艺美术大师，国家级非物质文化遗产瓯塑项目代表性传承人，高级工艺美术师，全国有成就资深室内建筑师，现任浙江云艺装饰有限公司创办人、温州云艺瓯塑研究院院长，历任中国工艺美术协会大师联谊会会长和中国工艺美术学会副理事长、浙江省建筑装饰行业协会副会长、浙江非遗保护协会塑艺、陶艺专业委员会主任，温州市工艺美术研究院荣誉院长及浙江大学等多所艺术大专院校客座教授，并担任多届温州人大代表与政协委员等职，享受国务院政府专家特殊津贴和温州市拔尖人才等殊荣，入选中央电视台《东方时空·东方之子》。

20世纪60年代师承瓯塑一代宗师著名艺术家谢香如先生。作品曾为世界60多个国家政府与艺术馆陈饰与收藏。在国内为G20杭州国际机场总统候机厅与杭州望宸阁、香港公署、汉中汉文化博物馆、河西老子博物馆、大禹博物馆、宁夏自治区会议中心、西藏拉萨体育馆、杭州雷峰塔、山东蓬莱阁、嘉兴《龙庄讲寺》、无锡灵山梵宫、浙江省及温州市人民大会堂、温州市行政中心、温州博物馆及全国200多个文化标志建筑陈设与收藏。还曾赴德国、美国、阿联酋、日本、西班牙、荷兰、澳大利亚、巴哈马等30多个国家作瓯塑艺术表演，曾得到周恩来总理、陈毅元帅、尼克松总统、西哈努克亲王、蒙巴托总统等中外首脑的一致好评，并获"阿联酋政府艺术节"嘉奖证书、"世界华人艺术展金奖"、中国非遗博览会、中国西湖博览会、浙江省政府精品展等金奖50多项，以及浙江省政府颁发的"北京人民大会堂艺术作品荣誉证书"及国家"鲁班奖"等室内环艺设计作品。历年发表国际、国家级与省、市级研讨会论坛刊物艺术专业论文60多篇，编著了《温州工艺美术》与《温州瓯塑艺术》两本大型书籍。

周锦云大师在培养瓯塑青年接班人方面成绩显著。先后带徒弟80余人，其中大都为大学艺术专业生，还带头创办温州工艺美术研究院，把温州优秀传统工艺美术品类都集中到了一起，致力培养青年大师人才，创精品，弘扬工艺美术，其创办的浙江云艺装饰企业也成为省、市级重点文化企业与国家级非遗瓯塑项目保护研究基地。

中央电视台（《东方时空》《走进幕后》《走遍中国》）、旅游卫视、香港凤凰卫视、浙江台、云南台、河北台、温州台和国内外100多家电视栏目、报刊、文献及世界10余家知名媒体等对周锦云大师与瓯塑艺术作了专题报道。瓯塑艺术被国外誉以"东方艺术瑰宝""东方立体油画"等殊荣。

第三章　风雨同舟　勇立潮头　浙江省建筑装饰行业特殊功勋人物篇　**特殊功勋人物**

《西湖天下景》杭州萧山国际机场G20峰会专用候机楼一号贵宾厅

团队与平台建设

浙江云艺装饰有限公司下属"周锦云瓯塑艺术工作室"与"瓯塑艺术研究所""瓯悦文创礼品公司"等平台，现主要是开展瓯塑各项创作、研究、著作、传承及产业性发展。现有国家级大师、省级传承人4名，省级大师6名，市级传承人4人，市级大师7名及瓯塑新生力量团队。

文化使者，走向世界

瓯塑艺术作为文化使者已在50多个国家与地区进行艺术陈饰、作品展览与艺术表演，被北京人民大会堂、中南海会场、外交部大楼、国防后勤总部、省政府G20峰会会场、国家级博物馆与文物馆及5A级景点、著名寺庙等100多处重要建筑作为室内艺术陈饰与收藏。近几年进入瓯塑精品创作与传承高峰期，先后完成德国、俄罗斯、西班牙、澳大利亚、巴拿马、美国、阿联酋、日本、中国香港、中国台湾等50多个国家与地区创作大型瓯塑礼品、展品。2012年赠送日本、中国香港的瓯塑艺术作品由浙江省委书记与省长亲临现场做剪彩，为国防部总后勤部大楼创作大型《军农画卷》瓯塑壁画（18m×5m），2016年为G20峰会萧山机场专机楼贵宾厅创作壁画《西湖天下景》《半山盛景图》。

道计合一，创作精品

瓯塑艺术在周锦云大师的带领下，数十年持续提升艺术创作，重视创意设计、美学价值、文化修养之道，主张工匠极致精神，通过在技艺技法、工艺材料、表现形式至题材内容进行研究改革及瓯塑材料在室外的创作与应用等创新改革，作品有了质的飞跃。瓯塑壁画创新、传承研讨会，广泛吸取中西雕塑、绘画艺术及现代环境艺术理念，新技法中构图学、光线学、色彩学、环境空间学的运用更为成熟。瓯塑作品运用于家居装饰设计中，真正进入千万百姓家。

瓯塑国家级大师与传承人周锦云于2011年主编出版的《温州工艺美术》，系统介绍了温州工艺美术的发展历史、主要品种、代表人物等，后编著出版《温州瓯塑艺术》大型艺术专业图书，编写有关"温州瓯塑"的论文与培训资料70篇，为弘扬温州市传统工艺美术发挥了作用。

培养人才，与公益活动

周锦云大师致力于培养瓯塑梯队型与全面型人才团队，培养精品创作、文创产业、教学研究等各类瓯塑梯队人才团队。现有瓯塑大学本科班，职业学院与中小学开设瓯塑工艺课，努力全方位、定向培养瓯塑后备人才，使瓯塑项目真正后继有人。

瓯塑是国家文旅部首批认定"全国传统工艺重点振兴"项目，"国家级非物质文化遗产名录"项目，是浙江省与温州市政府认定的省、市级"优秀传统工艺美术品类"，是浙江省最具地域特色的"三雕一塑"艺术品类之一。它作为中华漆艺门类，具有重要的艺术与文化价值，是最具市场发展潜力的工艺美术品之一。

瓯塑曾受到党和国家领导人周恩来、陈毅等的高度重视与关心。1972年周总理在陪同美国总统尼克松访问浙江时，观看瓯塑后说："很好，很有价值，这种艺术不要失传，要把这种艺术人员组织起来，还要培养新艺人，这种艺术还要到国内、外去展览，目的是使这种艺术保留下来，传下去。"2021年，浙江省委书记在省文化会上，公开表扬瓯塑为振兴浙江地域文化做出了重要贡献。

周锦云大师深感作为一名共产党员，作为国家大师与国家级非遗传承人所肩负的历史使命，处处以一名党员严格要求自己，长期致力于温州工艺美术与建筑装饰文化事业发展。20世纪90年代初期工艺美术面临体制改革，像工艺美术公司与服务部等一批事业单位改制为企业，同时面临国际工艺品贸易大幅萎缩，周锦云自己掏腰包成立云艺集团，帮助7家企业渡过难关，十年后都具备自己市场造血能力了，交给市二建总公司。1997年牵头成立温州工艺美术行业协会，担任一至四届会长，不仅自己不拿一分工资，还承担了协会产生的各类费用（协会会费收入不足发秘书处工资）。2007年牵头创建温州市工艺美术研究院，担任八年会长，不仅没有拿工资，甚至所有开支都自掏腰包。同时长期积极参与贫困山区助学、助残、扶贫工作。积极帮助各行业困难地区品类和艺人以公益教学、指导市场推销，带动大家一起致富，取得了全市同行的高度信赖与厚待。

击楫勇进
在机遇与挑战中破浪前行

单玉川

浙江省工程勘察设计大师
浙江工业大学工程设计集团有限公司顾问总工程师

【人物介绍】

历尽天华成此景，风雨兼程三十载。单玉川20世纪80年代初毕业于上海同济大学，分配至浙江工业大学土木系任教，后调任校建筑设计院工作，教授级高工，先后担任了校建筑设计研究院副院长、院长，工程设计集团董事长兼总裁。他紧紧抓住大有可为的历史机遇期、干事创业的发展黄金期、不进则退的转型关键期，开拓新模式、应用新技术、实施新载体，带领企业由单一以建筑设计为主的传统设计院，蜕变为一家与国际工程咨询公司接轨的工程设计集团，基本形成了设计咨询全过程智力服务的基础，打造了实现企业长远发展的产业链。

临危受命挽颓局，肩负使命谋发展

1996年，单玉川被正式任命为设计院常务副院长并全面主持日常工作。凭借着一股初生牛犊不怕虎的闯劲，在他的带领下，设计院的发展就此掀开了崭新的一页。上任伊始，单玉川从人事制度、分配制度、劳动制度、企业成本核算为切入口，首次制定了设计院各岗位工作职责，在校内率先实行全员聘任制。在全省设计行业，首先进行了设计院下属设计所一级的成本核算，杜绝浪费，提高管理者的积极性，提升经营与生产效率。在经营上，单玉川坚持按市场经济的规律办事，主动适应市场，不断加大市场拓展力度。正是由于其始终保持永不懈怠的精神状态和一往无前的奋斗姿态，坚持生产和经营两手一起抓，对企业的起步发展以及取得甲级设计院资质起到了关键性作用。

经过三十余年的发展，浙江工业大学工程设计集团现已发展成为具有工程设计、工程建设和工程技术研发三大板块的综合型工程设计集团，从建院之初的十余人发展到现有专职工程技术人员九百余名，其中具有中、高级职称的工程师五百余名，国家一级注册建筑师、国家一级注册结构工程师等各类注册人员二百余名。

与时俱进定战略，提前布局迎变革

美国管理学教授艾米尼亚在《逆向管理》一书中提出了"先行动，后思考"的管理理念。在单玉川看来，作为企业的管理者应该善于研判，时刻把握行业发展的新特点与新趋势，以市场为基准，提前布局，方能扬长避短。

事实证明，"机遇"更青睐于有备而来者。党的十八大以来，是建

第三章 风雨同舟 勇立潮头 浙江省建筑装饰行业特殊功勋人物篇 **特殊功勋人物**

单玉川大师在2020年浙江工业大学工程设计集团有限公司新春团拜会上致辞，对年轻的建筑师给予殷切希望

筑设计行业全面深化改革、调整产业结构、实现产业升级的关键时期。身处当今科学技术和经营方式急剧变化的复杂环境之中，单玉川认为：面对新趋势，设计企业一定要实现产业链上技术研发的融合，经营渠道上的共建共享，产品价值上的共赢，要成为面向工程全过程生命周期的综合服务商。他带领集团公司领导班子开始积极探索以设计为龙头的工程总承包（EPC）和全过程工程咨询（PMC）模式，关注互联网技术、大数据特别是BIM等信息技术的融合，坚持推动建筑工业化的发展。他通过强练内功，不断进行管理创新，有效提升企业"三个力"，即创造力——技术创新能力、整合力——整合资源能力、执行力——全面管理能力，从而持续推进行业领先者战略的实施，在创新中不断推动企业核心竞争力的提高，带领企业踏上了特色化、差异化、多元化的发展之路。

化改革促管理，人才建设绘新篇

单玉川深知，企业发展要靠两个轮子向前跑：一个轮子是业务发展，另一个轮子是配合业务发展的组织模式改革与创新。企业要取得效益和发展，关键是要实施全面的深化改革。深化改革的表现之一，就是要进行企业组织结构的优化变革。2015年，为适应总承包模式的实施，凭借前几年准备的资源在浙江工业大学建筑规划设计研究院有限公司的基础上，升格成立了浙江工业大学工程设计集团。此后，单玉川就组织机构进行了一系列的变革与重组，由原有单一的直线职能制组织结构体系变更为矩阵式组织结构体系，并在战略选择与执行过程中不断变更完善，使之与企业战略相适应、相匹配。

人才是企业发展的战略性资源。在抓好生产经营管理工作的同时，单玉川始终笃信：人既尽其才，则百事俱举。他从源头上激发广大员工的工作积极性，为员工搭建自我完善、自我发展、自我展示价值的平台，打造一流团队；他建立了企业人才的战略规划，每五年就制定一份人才建设发展规划，分析企业当前的职工队伍现状；他有计划、有目的引进人才，制定人才培养具体措施和青年员工人才梯队建设措施；他表扬先进，树立典型，不断完善激励机制。

近年来，为深入实施集团公司人才优先发展战略，单玉川不断创新人才发展思路，塑造和建立了"工作有条件、干事有平台、待遇有保障、发展有空间"的人才成长环境和氛围，树立了"事业留人（职业生涯的规划）、待遇留人（不同层次人才待遇的顶层设计）、感情留人（企业文化的建设）"的思想工作原则，持续调整优化人力资源结构，保障人才梯队建设，以高层次、高技能人才建设为重点，着力建设适应设计板块与建设板块深度融合要求的人事管理体制、运行机制和政策环境，通过"筑梦"人才发展工程计划、"新时代"人才引进计划工程、岗位评级等一系列的人才制度体系建设，着力培养三类人才：一是懂得技术业务，有专业整合能力的经营人才；二是具有服务意识、合作精神、精湛专业知识和业务特长的技术人才；三是有前瞻性、有执行力、敢于负责、善于平衡和化解各类矛盾的管理人才。

"人是要有点精神的，既然决定做件事，就要把它认真做好"，这是单玉川经常说的一句话。在他心中"把设计院建成为行业内公认的最佳企业"始终作为自己的奋斗目标和理想，以严谨坚韧、爱岗敬业的工作精神感染着身边每一位职工，带领他们一步一个脚印向前迈进。在他的带动下，全体职工团结一致、奋力拼搏，企业的凝聚力和综合实力得到进一步加强，企业的行业影响力逐年攀升，先后入选浙江省工程总承包第一批试点企业、浙江省第一批建筑工业化示范企业，被评为"全国建筑设计行业首批诚信单位""中国建筑设计百家名院""浙江省勘察设计行业首批'企业文化建设优秀单位'""全国高新技术企业"等一系列荣誉称号。

和美装饰　美好生活

第四章

好风凭借力　送我上青云

浙江省建筑装饰行业创新人物篇

擘画未来　无愧使命
开拓创新谋发展　行稳致远向未来
他要让铜重回百姓生活里　将铜雕技艺发扬光大

创新人物

丁泽成　　浙江亚厦装饰股份有限公司董事长
吴　伟　　浙江中南建设集团有限公司总裁
朱军岷　　杭州金星铜工程有限公司董事长

擘画未来　无愧使命

丁泽成
浙江亚厦装饰股份有限公司董事长

【人物名片】

丁泽成，男，汉族，浙江绍兴人，1989年7月出生，毕业于美国UMASSBOSTON大学，本科学历，金融、管理学双学士学位，高级经济师。现任浙江亚厦装饰股份有限公司董事长、绍兴市人大代表、全国青联委员等。任职期间被中国建筑装饰协会授予"建筑装饰行业'十三五'期间标准建设突出贡献企业家""2020年浙江最美建设人""浙江省'华人华侨抗疫英雄榜'""浙江省新时代中国特色社会主义事业优秀建设者"等荣誉称号。

他致力于引领建筑装饰行业的变革，以技术创新抓取行业发展新机遇，构筑了以亚厦装配式装修为主的核心竞争力。他始终坚持将"为社会创造价值"纳入公司经营理念，设立企业基金、结对帮扶、出资改造农村基础设施、参与慈善基金献爱心、扶贫济困送温暖等，尤其是疫情防控期间，他亲自带领团队冲锋抗疫一线，参建了武汉雷神山、西安小汤山、绍兴隔离病房等应急医院，以实际行动筑牢了疫情防控坚实防线，持续不断地诠释着一个企业用自身的能力反哺社会的责任担当与普世情怀。他就是新生代企业家、浙江亚厦装饰股份有限公司董事长丁泽成。

专业匠心，探寻极致完美，
用品质为荣誉加冕

人无信不立，业无信不兴，丁泽成坚信工程质量是亚厦的立身之本与核心竞争力，工程质量口碑是亚厦最好的营销员。长久以来，他坚持以质立信，目光长远，坚持追求专业和秉承匠心，把员工能力建设和匠心精神弘扬作为企业经营管理和文化建设的重中之重，用亚厦的专业与匠心，以精品工程树立行业标杆形象，以实际行动践行"让客户的等待变成期待"的企业精神。

同时，丁泽成积极倡导工匠文化，公司非常重视队伍能力建设，成立省级技能大师工作室，举办各类技能比武，实行师徒传帮带制，畅通职业晋升通道，为广大技能人才创造良好的学习成长机会和广阔的职业发展空间，鼓励和引导他们不断钻研技术和提升本领，培养造就了一大批既有精湛技艺又对质量一丝不苟的优秀工匠型人才：何静姿获得行业七十周年"装饰工匠""浙江省质量工匠"称号；王幼江获得省职业技能竞赛第一名；张凤刚被授予"浙江省技术能手"和"浙江金蓝领"称号。

公司大力弘扬匠心精神，专门设立大匠事业部，每年组织开展匠心精神主题辩论赛，定期举办"最美工匠"评比、"工匠精神人物专访""大国工程"施工技术经验交流会等活动。如今匠心精神已经融入亚厦的血液，亚厦人把一个个项目当作一件件工艺作品来精雕细琢。

矢志创新，科创引领，
掀起行业转型新革命

近年来，随着人们对美好家居需求的日益增长和国家低碳绿色发展战略的深入实施，行业发展瓶颈日益凸显，高端人才短缺、工人老龄化严重、手工作业导致的均质化等问题始终得不到有效解决，行业发展面临巨大的挑战。在实践中，丁泽成认为这些问题不是仅仅通过管理精细化能解决的，必须进行彻底的技术升级和行业革新，亚厦立志于为

第四章 好风凭借力 送我上青云 浙江省建筑装饰行业创新人物篇　创新人物

改变行业而谋、而动。

为此，亚厦明确提出全公司以"工业化装配式装修"为首要发展战略，超前布局和大力推广全工业化装配式装修、BIM技术等行业尖端的新技术，加强技术创新和研发投入，坚定不移地走自主研发、科技创新、绿色装饰之路，奋力引领行业的转型升级。历经十年，研发健康绿色建材体系，以近零级的甲醛释放和超90%的可重复利用率，实现了工程全生命周期内的健康环保，以解决环境污染和人们最关心的空气健康问题。投入超15亿元，研发出了先进装配化技术体系，以100%工厂生产、100%装配安装、100%干法施工，实现了高质量的工程交付，攻克了行业最难的工程均质化问题。公司成为行业首家国家级高新技术企业，拥有行业首家国家博士后科研工作站、行业首家国家CNAS认证实验室，是装配式领域的绝对领军者，掌握装配化装修核心知识产权，授权专利数量行业第一。

工业化装配式的发展，如今已成为行业的共识，行业以"工业化装配式"为重点转型升级的序幕徐徐拉开，亚厦早早地看见了未来，更有幸破釜沉舟、矢志不渝地投身于这场变革之中并发挥着引领作用，今天的亚厦抱着开放的态度与同行共享他们的所思、所想、所为，共担低碳绿色健康的社会责任，共同描绘着"新"装饰的美好未来。

不忘初心，坚持商业向善，始终把家国情怀装在心里

亚厦从一家乡村小厂发展成为建筑装饰行业的领军企业，得益于中国共产党的正确领导，得益于生逢伟大时代，为此，丁泽成深知是时代和社会成就了亚厦，亚厦做得越大，责任就越大。他说，"将企业发展融入社会，勇于承担社会责任，是我们这代青年企业家从老

丁泽成董事长带领团队赴绍兴市越城区隔离点建设现场指挥调度，昼夜奋战，顺利完成绍兴市越城区疫情隔离点建设任务

一辈浙商手中传承下来的优秀品质，也是浙商永远秉持的精神本色。我将'为社会创造价值'纳入公司的经营理念，在实现自身商业价值的同时积极回馈社会，同社会共享企业的发展成果。"近十年已累计上缴税收70多亿元，累计提供就业岗位超过40万个。

商业向善是丁泽成一贯坚守的原则，多年来在注重企业发展的同时，他带领企业积极参与社会公益和慈善活动。在他入职公司时，便发起成立了"亚厦·至善基金"，对内为困难员工家庭带去温暖，对外结对帮扶、改造农村基础设施、帮扶济困等。在打拼自己事业的同时，心系家乡，支持家乡建设，助力家乡发展，企业每年都向上虞慈善总会捐献善款用于家乡的公益事业。他认为能参与家乡建设，是亚厦的荣耀，更是责任。

在国家和人民遭遇危难之际，丁泽成和亚厦做到了第一时间站出来、扛起来。2020年初新冠肺炎疫情暴发期间，他亲自带领团队援驰疫区，参与并圆满完成了武汉雷神山、西安小汤山、绍兴隔离区等多个援建项目。在接到雷神山医院援建任务后，他迅速带领项目团队第一时间启动集团供应链网络，连夜紧急调度采购，仅耗时3小时就完成了物资的筹集，同时快速组建一支近百人的机电安装队伍前往承担后勤区域的安装任务。在抗疫最艰难的时期，亚厦先后向武汉、黄石、咸宁等地捐赠隔离病房、特殊防疫材料，向浙江省内各重点地区送去防护物资。

2021年12月上旬，绍兴再度发生疫情，丁泽成和亚厦又一次紧急援建上虞防疫隔离点，10天完成了13000套隔离间的艰巨任务。

时代赋予企业新使命、新担当，在新的伟大征程中，浙江省肩负着打造新时代全面展示中国特色社会主义优越性重要窗口以及高质量发展建设共同富裕示范区的重大历史使命。身为一名浙江的企业家，丁泽成心潮澎湃、倍感振奋，他表示一定要脚踏实地办好企业，坚持低碳绿色发展，奋力引领行业转型，坚持共创共享共荣，坚持商业向善，无愧使命担当，为新时代美丽浙江建设，为新时代浙江经济社会发展贡献自己的力量。

开拓创新谋发展
行稳致远向未来

吴 伟
浙江中南建设集团有限公司总裁

【人物名片】

吴伟，男，1991年出生，浙江杭州人，毕业于美国印第安纳大学伯明顿分校，理学学士，工程师，现任浙江中南建设集团有限公司总裁，任浙江省欧美同学理事会副会长、浙江省新生代企业家联谊会副会长、杭州市工商联第十四届执行委员会副会长、杭州市高新区（滨江）第六届人大代表、杭州市高新区（滨江）工商联副主席、杭州市高新区（滨江）建筑业协会副秘书长等职务。荣获中国施工企业管理协会"诚信企业家"、浙江省建筑业行业协会"优秀企业家"、浙江省建筑装饰行业"青年榜样"等称号。

吴伟学成归国后加入浙江中南集团，在其父亲、中南集团创始人、著名浙商吴建荣的亲自引领下，秉承父辈勤奋学习、诚信发展、持续创新、责任担当的精神，将自身学识与父辈经验相结合，不断摸索传承与创新的节拍，积极尝试变革以引领新时代。在父子俩的共同推动下，企业不断打造新产品，开发新技术，培育新业态，创造新模式，稳健地走在高质量发展之路上，连续二十三年进入中国民营企业500强行列。

赓续传承，云程发轫，引领企业新时代

在吴伟的带领下，浙江中南集团以"打造美好人居生活"为使命，坚持走"绿色建筑"发展方向，依托BIM数字化、智能化建造方式，构建以科研、设计、生产加工、施工装配、运营等为一体的中南智能建造产业体系；将"绿色中南"的发展理念融入全产业链价值创造过程，聚焦绿色建筑、装配式建筑、钢结构装配式住宅和住宅全装修等重点领域，加快以新型建筑工业化带动建筑业全面转型升级；坚持标准化设计、工厂化生产、装配化施工、信息化管理、智能化应用，着力提升建筑产品的创新性、绿色性、集成性，推动智能建造与建筑工业化协同发展。

吴伟始终坚持"品质至上，每建必优"的质量理念，在建筑领域砥砺深耕。中国每一个城市的地标建筑，几乎都有中南集团的身影；多项海外工程向世界展示了中国力量，彰显了大国担当，赢得了社会各界的广泛赞誉。中南累计获得国家建设工程"鲁班奖"近40项，"詹天佑奖"、国家优质、工程奖、中国钢结构金奖、中国建筑装饰工程奖、中国安装工程优质奖等各类省部级奖项千余项，并以省级技术中心为创新平台，不断推进科技研发与技术引进，先后获得授权建筑相关专利380余项，其中发明专利34项。

吴伟坚持走质量效益型和技术进步型的可持续发展之路。2017年5月，中南集团和清华大学共同研发的"高层建筑波形钢板组合结构体系"科研项目获得5位国家工程院院士一致通过。这一次在钢结构装配式建筑研究领域的腾飞突破，对促进钢结构住宅工业化生产、装配化建造、绿色施工以及环保节能具有重大意义。

在吴伟的持续推动下，浙江中南集团全面布局传统建筑业的创新升级，且取得了骄人成绩。第一，中南积极探索EPC工程总承包创新模式，充分发挥其优势，在项目建设上实现质量、速度双赢，目前已有亚洲金融大厦、智造谷产业服务综合体、恒生金融云和华业信息软件产业化大厦等成功实践；第二，中南积极融入国家"一带一路"建设，加快构筑海外市场版图，大幅提升海外业务营收占比。目前，公司在泰国、菲律宾、委内瑞拉、柬埔寨、南非等国家承建了多项钢结构、幕墙、装饰工程，不断提升企业国际竞争力和影响力。

日月其迈，时盛岁新，创新驱动发展

作为年轻一代新锐浙商，吴伟拥有开阔的视野、创新的思维和务实的作风。他一直将目光投向全球，学习借鉴国际先进经验，大力引进行业优秀人才，对管理模式和商业模式进行大胆变

第四章　好风凭借力　送我上青云　浙江省建筑装饰行业创新人物篇　创新人物

2022年6月1日，吴伟总裁在浙江中南集团旗下数字藏品生态服务公司一帧一现战略发布会上致辞

革，走以创新驱动高质量发展之路。在他的主导下，浙江中南集团致力于打造"数字中南"，以"融合、连接、共享、赋能"为信息化战略目标，至2025年完成"数字中南"云服务平台建设，提供面向政府、客户、供应商、生态伙伴与集团的数字化服务，实现供应链生态协同与产业链资源整合。吴伟计划在未来五年内，中南集团在建筑业领域的内部数字化管理与外部信息化协同水平能达到行业或区域领先水平；依托信息化手段与数字化技术，实现供应链产业协同与服务；建立中南大数据中心，形成数据共享联盟，推动建筑行业信息化与数字化发展进程。在元宇宙开创数字化新纪元之际，吴伟积极探索"产业+数字"的双生态，展望新设计、新建造、新运维的产业升级终局场景，并率先在幕墙领域推进标准化、可视化、数字化的"建筑·元宇宙"。

怀揣着成为以创新技术、精细化管理为核心竞争力的行业领军企业，打造具有国际影响力的百年中南的美好愿景，吴伟始终秉承诚信立业、创新发展的企业精神，弘扬诚信、务实、创新、共赢的企业价值观，正带领中南做改革创新的排头兵，在守业中求思、求变、求创新，不断提升企业国际竞争力和影响力，推动企业向更高层次、更高水平、更宽领域发展。

行稳致远，进而有为，勇担社会责任

吴伟始终把社会责任放在企业发展的重要位置，持续参与抗击疫情、精准扶贫、助学捐赠等公益事业。新冠肺炎疫情暴发后，吴伟第一时间成立工作领导小组并任组长，紧急启动关于抗击疫情的一系列行动。2020年1月，中南向武汉市、杭州市和滨江区捐赠1000万元，助力一线医护人员。2021年7月，吴伟代表公司向滨江区慈善总会捐赠人民币100万元，援助河南洪灾。2022年4月，吴伟率领中南铁军紧急驰援白马湖应急工程，勇担抗击疫情重任，铸就抗疫"生命之舱"。正如习近平总书记所说，只有富有爱心的财富才是真正有意义的财富，只有积极承担社会责任的企业才是最有竞争力和生命力的企业。吴伟将不负政府与社会的信任与期望，继续带领中南坚持经济效益与社会效益统一，饮水思源，回馈社会。

在第二个百年新征程上，中南既迎来了历史最好的发展机遇，也面临着前所未有的挑战。吴伟将持之以恒，再接再厉，把中南建设为创新成为第一动力、协调成为内生特点、绿色成为普遍形态、开放成为必由之路、共享成为根本目的的高质量发展现代企业，坚持不断探索和拓展实现共同富裕、促进社会进步的路径和方式，以实际行动践行企业家的社会责任与担当。

他要让铜重回百姓生活里 将铜雕技艺发扬光大

朱军岷

杭州金星铜工程有限公司董事长

【人物名片】

朱军岷，浙江省工艺美术大师、铜雕技艺浙江省非遗代表性传承人、中华老字号"朱府铜艺"第五代传人、"朱炳仁·铜"品牌创始人、熔铜艺术联合创始人、杭州金星铜工程有限公司董事长。

他是中国铜建筑营造技艺上最具影响力的传承人之一，并与其父朱炳仁共同承建了百余座铜建筑。艺术方面，先后有"熔铜禅画""熔铜清供""琅彩铜画"作品问世。2008年，他创立品牌"朱炳仁·铜"，在故宫博物院设立文化创意体验馆，让传统铜文化通过现代美学的诠释，回归千家万户。

步入精雕细琢的铜艺工坊，走进朱军岷的办公室，映入眼帘的是一面各式铜器构成的墙。虽说是金属，但这些铜器玲珑精巧、温润圆滑、色泽多姿，整个空间显得尊贵而又精致。

朱军岷是杭州朱炳仁文化艺术有限公司、杭州金星铜工程有限公司董事长。作为一名企业家，他骨子里不仅刻有披荆斩棘的开拓精神，同时还蕴藏着一颗匠心——他要把杭州金星铜工程打造成为中国铜建筑领域最具规模的高科技文化创意企业，还要传承传统文化，延续铜技艺，通过艺术创新创造出更多具有民族特色、浓郁生活气息的铜艺术品，把中国文化推向世界。

传承祖业，让铜重回千家万户

说起铜，朱军岷与其有着深厚的渊源。1969年，朱军岷出生在一个铜匠世家。自接手企业以来，朱军岷都在思考如何将铜文化和艺术更好地传承下来。

2008年，朱军岷以父之名创立了品牌——"朱炳仁·铜"，并提出"让铜回家"的理念。自创立品牌开始，朱军岷拓展以铜为原料的艺术视野。他带领设计团队以传统文化为核心，推出一系列兼具实用和艺术价值的创意产品，希望营造铜艺空间，以贴近生活的设计使传统铜艺在时尚生活中重生。

但现实往往是残酷的，创业的前几年并不顺利，企业面临产品积压、滞销的问题。

转机出现在2014年，受国家提出的文化自信政策影响，中国传统文化被重新确立为主流文化消费，越来越多的人喜爱并愿意为传统手艺与传统文化买单。

以铜立业三十多年的朱军岷，逐渐获得了社会各界的认可，营造了一批现代具有代表性和时代性的建筑作品。

在此背景下，企业的"铜工程"与"铜文创"版块都取得了跨越式的进步。2016年，举世瞩目的G20杭州峰会成功举办，金星铜工程完成的10000余平方米铜装饰耀眼地呈现在世人面前，金星铜工程在业内声名鹊起。后来，在厦门金砖五国峰会场馆、青岛上合组织峰会场馆等重要场所，以及舟山普陀山观音法界、江苏园博园等文旅地标建筑中都有艺术体现。与此同时，"朱炳仁·铜"品牌在全国各地已有100余家门店。

坚持创新，弘扬中国传统文化

回想刚起步的那几年，除了感慨不容易之外，朱军岷收获更多的是经验。他认为，创新是企业得以生存发展的核心竞争力，传统文化也要坚持创新，发展更多符合现代美学的新时代文化作品。

第四章 好风凭借力 送我上青云 浙江省建筑装饰行业创新人物篇　　创新人物

中国铜文创开创者朱军岷，他要让铜回家

而让朱军岷感触最深的是常州天宁宝塔大火事故。就在竣工时刻，宝塔接受了一场大火的洗礼，铜建筑经过高温，化成了铜液满地流淌。就在所有人看来这是场事故，而朱军岷父亲朱炳仁却看到了一个创新点。

"在大火中，我父亲看到铜熔融的形态，突发奇想，发明了全新的技法——熔铜技艺。"朱军岷介绍说，现在这门技艺已经成为当代一种艺术门类，在G20杭州峰会场馆、厦门金砖五国峰会场馆、青岛上合组织峰会场馆等重要场所中都有艺术体现。

从参与制作G20场馆登峰造极的铜装饰工程到建造中国最大的以铜为主建筑材料的民间私人博物馆——"江南铜屋"，从一把小小的铜壶到参加威尼斯双年展的融铜作品，朱军岷一方面传承着家族对铜艺最执着的追求，另一方面致力于研究贴近老百姓生活的器物。

朱军岷说："发扬匠心精神，以用心和付出让铜重新回到老百姓的生活中。百姓用得到的东西，才叫传承。"

受父亲朱炳仁大师影响，朱军岷一直葆有持续创新的力量，公司每年都会推出新产品、新工艺。据悉，目前公司已拥有上百项知识产权，还发明了紫金刻铜雕、多层次锻刻铜浮雕、多重蚀刻仿铸铜工艺、无模可控金属熔铸成型、铜制品表面热着色等新工艺新技法。

朱军岷还有两个目标：一是要让传统建筑有新的门类，叫作铜建筑；另一个则是推动传统文化、文创落地，让铜走进千家万户。作为一名"铜五代"和创业者，他表示会继续发扬工匠精神，担负起创业创新的使命，将中国传统文化发扬光大。

第五章

同心同行　凝心聚力

浙江省建筑装饰行业开拓人物篇

建筑装饰行业的理念先锋
设计，让我更超脱
建筑装饰是技术与艺术相结合的新兴行业
装饰　未来属于你们
不忘初心　开创装饰新局面

开拓人物

蒋敖树　　浙江省建筑装饰行业协会第一届、第二届秘书长
崔承毅　　浙江省装饰有限公司副总经理、总工程师
陈孟坡　　浙江省建筑装饰行业协会第三届秘书长
俞雄伟　　中国美术学院副教授
张秉强　　浙江省建筑装饰行业协会第四届秘书长

建筑装饰行业的理念先锋

蒋敖树

教授级高级建筑师、一级注册建筑师
浙江省建筑装饰行业协会第一届、第二届秘书长

  蒋敖树，浙江省建筑设计研究院副总建筑师、研究所所长，曾参与省人民大会堂、杭州剧院、西湖宾馆、西藏体育馆等重要项目设计。1990年，蒋敖树发表了论文《传统和现代装饰试谈》，这是省内关于室内装修设计的第一篇论文。该论文充分引起了浙江省建设厅对建筑装饰的重视，并酝酿成立浙江省建筑装饰行业协会，蒋敖树成为筹备组一员。1992年，浙江省建筑装饰行业协会正式成立，蒋敖树担任协会第一届、第二届秘书长。

立足行业，纵向发展

  20世纪90年代，浙江省还没有"建筑装饰"这一概念，重大的民用建筑和装饰实际上都由建筑师全程管理。随后，中国美院开始有了环艺专业，浙江省建筑设计院也成立了室内设计事务所，监管室内设计。

  1990年，在浙江省建筑设计院任职的蒋敖树发表了《传统和现代装饰试谈》。这篇论文引起了当时省建设厅对比较前沿的建筑装饰的重视。1991年秋天，协会第一次筹备会议在湖畔居隆重召开。当时会议明确规定了两条：一是成立浙江省建设厅下属的协会；二是跨部门、跨行业，有全省代表性。1992年协会正式成立，成立大会上确定了重大的方向性计划，发展的重点主要是民营企业，协会成立后的工作重点是发展各地市、区装饰协会，到1993年已经比较完整，开展工作也比较火热。协会的成立得到了省建材总公司、省二轻局和中国美院的大力支持。

  协会组织早、力量聚集快，在社会各界领导的关心和帮助下，在历届秘书处与全体会员单位共同努力下，三十年春华秋实，协会已经茁壮成长为5A级社会组织，2021年获评浙江省品牌社会组织、全国先进社会组织。

设计为先，创新传承

  建筑装饰行业是蒋敖树一直最感兴趣并怀有理想的行业，这是一个非常古老地揉合整个技术和艺术领域的行业。原来局限在一个高档空间，由建筑师和画家直接在建筑领域实施。随着科技发展，装饰行业才逐渐从整体科技艺术中分离出来，变成一个独立行业，并在20世纪80年代末、90年代初开始蓬勃发展。在这个过程中，要真正做好发展，设计才是核心。蒋敖树说："只有好的设计、好的构思、好的材料，有了工艺，才能有更好地发展。"

  他曾在国家一级杂志《建筑学报》发表过8篇专业论文。他参加了省人民大会堂、杭州剧院、西湖宾馆、西藏体育馆等重要项目设计。他亲手培养了一批又一批设计人才，典尚设计创始人陈耀光、汉嘉设计创始人岑政平都是蒋敖树的得意门生。

展望未来，深情寄语

  装饰协会成立三十周年，作为协会一员的蒋敖树很是欣慰。他希望协会充分发挥行业组织在行业管理、行业自律、行业发展、行业服务和学术交流等方面不可替代的作用，积极贯彻落实省委省政府"质量强省""品牌强省"战略，推动行业争当建筑业高质量发展排头兵；希望全省建筑装饰企业坚决扛起"重要窗口"使命担当，充分学习好、宣传好、贯彻好浙江省第十五次党代会重要精神，努力在"两个先行"新征程中展现建筑装饰设计担当，助力共同富裕现代化基本单元建设。全行业携手，谱写更加精彩的浙江建筑装饰新篇章，以实际行动迎接党的二十大胜利召开。

设计，让我更超脱

崔承毅
浙江省装饰有限公司副总经理兼总工程师、
设计院院长、技术负责人

崔承毅，1949年出生，中华人民共和国的同龄人。虽然已经退休，但出于对这个行业的热爱，他至今仍在设计院上班，同时见证了这个行业的发展历程。

从研究家具到室内设计

一直以来，崔承毅的工作都和设计相关，从家具开始。很早在浙江省家具研究所设计家具的他，设计了多层弯曲木家具，这是一种北欧的家具，当时还是浙江省的科研课题。直到现在，我们依然可以在宜家等家具卖场看到这种工艺的产品。

随着行业的发展，建筑装饰开始热门。但是浙江省早期的宾馆都是由国外和中国香港地区的设计团队设计、施工的。改革开放之后，崔承毅进入这个行业，开始尝试做简单的店铺装修，后来逐步拓展到商场的内、外装修。杭州工业大厦（杭州大厦前身）的内部装修就是他承接的项目。以后，浙江省装饰成套总公司（浙江省装饰有限公司前身）逐步获得业内的认可，又逐渐接手了不少项目，也做了不少大型购物商场。

发挥优势，做精企业

20世纪90年代，装饰行业刚刚起步，所有的装饰企业都在摸索中前进。有的企业逐渐多样化发展，有的企业则坚持自己擅长的部分做深市场。省装饰有限公司在博物馆装饰上有了较多的业绩。

按照崔承毅的构想，社会分工会越来越细，技术、施工、管理成为每个企业的各自优势。在某一方面做的项目越多，积累的经验越多，在招标投标项目中就越有优势，好的人才团队也会聚集，这会形成一种良性循环。

改制，是企业发展的一次变革，从改制之后，崔承毅开始专门负责省装饰有限公司的技术领域和行业沟通。

从业四十年来，崔承毅觉得，每个企业、每个人都有他的长项与短板。认清自身优势，擅长设计就专心把设计做精彩，擅长施工就把项目做完美，任何人在这个行业里都有施展才能的机会。

协会，激励和引导

从浙江省建筑装饰行业协会成立以来，在见证了整个行业的发展过程中，他认为对自己也是一个学习的好机会。

江浙一带的经济实力和文化底蕴很有优势，浙江省的建筑装饰行业也在全国领先。他告诉我们：协会的工作，三十年来对企业、对人才的发掘与培养起了非常重要的作用，有时甚至会改变一个人的一生。

建筑装饰是技术与艺术相结合的新兴行业

陈孟坡

1953年7月—1984年3月就职于浙江省建筑设计院，历任技术员、工程师等职
1984年4月—1990年3月就职于浙江省建筑工程总公司，历任建筑设计院院长等职
1990年4月—1996年10月就职于浙江省建设投资公司，任武林建筑有限公司总工程师等职
1992年7月—2007年6月历任浙江省建筑装饰行业协会副秘书长、秘书长，现任技术顾问

随着浙江省建筑装饰行业发展与人民生活提高，协会狠抓开放思想，由管理型改变为服务型，转变观念，三届委员会主要做了下列几项工作。

加强组织建设，健全组织机构

浙江省建筑装饰行业协会除秘书处、办公室外，另设工程、材料专业委员会及咨询委员会。为了加大专业发展力度，换届后协会重点抓设计专业委员会建设，通过发展会员扩大队伍，成立了设计专业委员会，以民主方式产生领导班子，配备工作人员。随着浙江省建筑幕墙的迅速发展，协会以浙江中南建筑装饰有限公司吴道荣董事长为首，筹建了幕墙工程专业委员会，配备了工作班子。由于浙江省人民生活水平不断提高，全省家装行业发展迅速，为了适应形势，协会与省工商联家装委合并办公，改名为省装饰协会家装委员会，后经一段时间实践，壮大了协会的家装力量，单独成立了协会家庭装修专业委员会。

质量求胜，开发公平、公正、公开竞争

为了提高工程质量，我们继续狠抓精品工程质量提升，提高了骨干企业质量意识及水平，使浙江省企业工厂化水平不断提高。如亚厦、中南、广艺、武林等成为全国工厂代生产，现场装配安装的著名企业。

为企业效益着想与省建设定额站合编94补充定额

由于建筑装饰是新兴行业，新材料不断出现，为了建筑装饰的合法利益，我们组织武林、亚厦、中南、广艺、雅迪等公司共同编制94省建设补充定额，在确定装饰企业合法利润下，实事求是，确定工程量及单价，协会秘书长陈孟坡担任该定额副主编，为浙江省装饰企业合理、合法发展打下基础。

开展项目经理电脑等培训

人才发展是企业发展的重要关键，因此我们及时建立培训部，进行项目经理及职工电脑培训，为浙江省装饰企业升级及职工的技术打下了良好基础。

开展文体活动，增强职工体质

我们发动企业，积极参加协会在浙江工业大学的体育运动会，有球类、游泳、田径等项目，并在杭州剧院举办了文娱汇演，协会工作人员人人参加踢踏舞等活动。

一代一代人的前仆后继，才能成就装饰行业光辉三十年。希望青年协会工作者，不忘初心，继承老一辈装饰人艰苦奋斗的精神，脚踏实地、持之以恒、齐心协力、共创佳绩、再续辉煌，把协会建设成有生气、有朝气、有活力，能办实事，能创新服务的会员之家。

俞雄伟

中国美术学院副教授

装饰　未来属于你们

俞雄伟，1946年生于上海；1969年毕业于中央工艺美术学院（现清华大学美术学院）；1973年在浙江省工艺美术研究所工作。1979年代表浙江工艺美术界参加中国工艺美术代表团赴日本考察，在中国赴日本工艺美展担任布展设计；1983年8月，评定为工艺美术师；1984年，参加杭州市室内装饰中心筹备并任副总经理；1985年，参加筹建浙江省第一家中外合资的装饰企业"杭州西湖装饰有限公司"；1986年，参加首届《全国室内装修装饰展览会》，担任浙江展区总设计；1987年，参加筹建浙江省室内装饰公司，并任工程部负责人，在此期间参与省内十多项建筑装饰工程的设计与施工管理工作；1991年，评定为高级工艺美术师；1992年，担任浙江省工艺美术职称高评委成员；1994年，中国美术学院环境艺术系任副教授，兼任省民间美术家协会副会长、省建筑装饰协会设计委副会长等职务；1995年，由文化部评定为室内设计专业副教授；出版著作《室内效果图表现技法》；2004年，由浙江省建筑装饰行业协会认定为浙江省有成就的资深室内建筑师，同年9月，由中国建筑装饰协会评定为全国有成就资深室内建筑师。

俞雄伟历任中国建筑装饰协会全国装饰奖评委专家、浙江省重大建设工程交易管理中心评标咨询专家、浙江省建筑装饰协会副秘书长兼设计委员会副会长、浙江省民间美术家协会常务副会长、浙江省工艺美术行业协会专业理论委员会专家、浙江省环境艺术家协会会员。

张秉强

浙江省建筑装饰行业协会第四届秘书长

不忘初心　开创装饰新局面

欣喜浙江省建筑装饰行业协会迎来三十周年庆，我感到兴奋和鼓舞。三十年来，装饰行业协会由小到大，得到了快速的发展，对浙江建筑装饰工程的发展、为改善民生的居住环境做出了重要的贡献。

人生三十而立，装饰业三十年正青春。三十年来在党的正确指引下，在各级有关部门的具体领导和配合下，在各届会长的带领下，全体会员单位的支持与共同努力下，协会得到了快速发展，实现从单一分会到多个专业分会的拓展。

我是2004—2013年在协会工作，在协会工作的近十年间，参与了建筑幕墙分会的筹建和发展，见证了协会各项硕果的成长和成熟，见证了装饰业的辉煌，协会永远不忘初心，牢记使命，全心全意为会员群体服务，发挥协会的灵活机制，利用各种不同场合，想会员所想、急会员所急，协助政府部门，把协会建设好、管理好，赢得社会的广泛关注和好评是必然的。

望协会在国家"十四五"规划的指导下，在祖国民族复兴大业的道路上更好地发挥自身的优势，多做贡献。

和美装饰　美好生活

第六章

乘风破浪　长风领航

浙江省建筑装饰行业功勋人物篇

企业高质量发展在于人才培养和不断创新
逐光而诗　见证浙江建筑装饰三十年
以问题为导向的设计管理和设计创新
以不息为体　以日新为道
弘扬企业家精神　书写时代新篇章
初心如磐担使命　砥砺奋进续华章
十年深耕内装工业化　百舸争流勇立潮头
创高质量发展　做小而美企业
诚信立业　实力创造辉煌
以质量求生存　以信誉促发展
传承红色基因　再现国企辉煌
转型10年　为客户创造价值
以"诚信、创新、用心"铸就企业品牌
口碑相传　永续经营
变则通　肆无忌惮去设计

深耕大浙江　坚持稳中求进
诚信重诺做人做事
致中和　奋进新时代
之江潮起　绿水青山
台州建筑装饰和城市美化的先行者
与时俱进　守正创新
加快科技创新　推动转型升级　聚力开创新格局
人生有梦　筑梦踏实
宏才匠心　至精泽厦
博观而约取　厚积而薄发
初心不改　奋楫笃行
匠心"夺天工"
守正创新担使命　砥砺奋进书华章
道虽迩　不行不至　事虽小　不为不成
锻造红色引擎　彰显国企担当

功勋人物

王建国	浙江宝业幕墙装饰有限公司董事长
陈耀光	杭州典尚建筑装饰设计有限公司创始人
陈　坚	中国美术学院风景建筑设计研究总院有限公司院长
应义淼	浙江工业大学工程设计集团有限公司党总支书记、总裁
丁海富	亚厦控股有限公司副董事长
童林明	浙江中南幕墙科技股份有限公司董事长
王文广	浙江亚厦装饰股份有限公司联席总裁
何永富	杭州之江有机硅化工有限公司董事长
高利明	浙江中南建设集团有限公司副总裁
许水木	东升（浙江）幕墙装饰工程有限公司董事长
丁民坚	浙江省一建建设集团有限公司党委书记、董事长
祝旭慷	浙江南鸿装饰股份有限公司董事长
周连华	浙江广艺建筑装饰工程有限公司董事长
周国洪	九鼎建筑装饰工程有限公司董事长
张丰义	杭州方寸之间建筑设计事务所有限公司合伙人兼设计总监
陈杭闽	杭州东箭实业集团有限公司董事长
陈建录	浙江青川装饰集团有限公司董事长
张跃迅	浙江福田建筑装饰工程有限公司董事长
陆铜华	千年舟新材科技集团股份有限公司董事长
李　健	浙江一方建筑装饰实业有限公司董事长
叶友希	浙江银建装饰工程有限公司董事长
寿国先	龙邦建设股份有限公司董事长
张良武	百合盛华建筑科技有限公司董事长
金建祥	浙江宏厦建设有限公司董事长
陈志福	浙江世贸装饰股份有限公司董事长
贺叶江	百年翠丽股份有限公司董事长
封福良	浙江天工装饰工程有限公司董事长
吴文奎	宁波建工建乐工程有限公司董事长
朱　快	绿城装饰工程集团有限公司总经理
张根坚	浙江省武林建筑装饰集团有限公司党委副书记、总经理

企业高质量发展在于人才培养和不断创新

王建国
浙江宝业幕墙装饰有限公司董事长、总经理

人才是最宝贵的财富，是推动企业高质量发展的引擎

多年来，王建国坚持"以人为本"的用人思想，主动帮助员工解决住房、就医、子女就学等困难，只有确保员工拥有稳定的"大后方"，才能让他们在没有任何生活顾虑的基础上全身心地为企业发展做出贡献。其次，他在企业内部建立爱才、重才、惜才的养才机制，努力做到人尽其才，让各个领域的人才"近者悦，远者来"。正因如此，他为宝业幕墙培养了一批与公司一同成长十年，甚至二十年以上工龄的骨干人才。

与此同时，他提倡企业内部改革，实行多层次激励机制，为员工提供透明、公平的发展平台，以"付出必有回报，不让公司铁人吃亏"的理念，充分激发起每一位员工的潜能，有效调动起管理者和公司员工的积极性，使公司充满活力和生机。

实行项目股份制是宝业幕墙内部改革的又一亮点。公司给予一定比例的项目股份，推动高学历的技术人员到现场去，既能为公司培养出懂技术、善管理的复合型人才，还能有效提高项目管理的技术水平。

企业如果没有创新，就没有未来

在所有员工全力以赴的努力中，宝业幕墙的发展正是一部不断创新的奋斗史，创新与变革永远是宝业幕墙的主旋律。

"研发创新是社会经济发展的源头，更是企业发展的源头。企业如果没有创新，就没有未来。"在王建国看来，虽然创新伴随着风险和阻碍，但一旦成功，便将在一段时间内获得可观的竞争优势。

现在，宝业幕墙将重点放在可视化幕墙管理平台的研发，通过整合三维模型技术、MES管理平台、智慧工地，打造全生命周期幕墙可视化管理平台，实现建筑幕墙信息的集成。该系统从幕墙的设计、施工、运行直至幕墙全生命周期的终结，将相关信息整合于三维模型信息数据库中，将物料管控、深化设计、生产制造、品质管控、出入库等实现管理标准化、信息化，做到跨地域、跨部门的高效协作。这一目标已初具雏形，不久的将来，项目将全过程精细化管控，成本也会大大压缩。

谈到省装协成立三十周年，王建国满是感慨："二十周年时的采访仿佛就在昨天，一眨眼十年光阴飞逝。"浙江省建筑装饰行业协会为装饰行业的同仁搭建了一个可以互相交流与沟通的平台，也让企业找到"家"的感觉。希望我们继续在浙江省建筑装饰行业协会的指导下，实现高速度向高质量的发展。

逐光而诗
见证浙江建筑装饰
三十年

陈耀光
杭州典尚建筑装饰设计有限公司创始人

陈耀光是中国最早一代学院派的室内设计师。在行业深耕35年,他见证和亲历了中国改革开放之后我国的建筑装饰行业的发展。他被称为"室内设计界的抒情诗人""当代文化艺术空间设计的代言人"。他被称为设计圈领军的大师级人物,不仅在于其成就,更在其师者之心。他砥砺前行,成就了许多行业"第一"的功绩:1996—2005年第一个连续十届中国室内设计大赛七次荣获一等奖获得者;2003年第一任浙江省建筑装饰行业协会设计委员会会长;2014年第一任中国设计界创基金创始理事;2015年第一任中国陈设艺术专业委员会(ADCC)生活艺术学院院长等。

三十年,创意无限

这三十年来,由陈耀光主持并完成的诸多公共文化性建筑空间,如企业总部大楼、艺术会所等房产项目及个性化大宅项目。主要作品包括浙江音乐厅、弘一法师纪念馆、浙江美术馆、韩美林艺术馆等。

他近几年最被广为传诵的新作,是江南院落风格的光合院。千岛湖小岛、馒头山南宋老院子和光合院构成了陈耀光的江南院落三部曲。光合院是陈耀光三十年设计理念和设计实践的高度总结,也是其个人设计理想和生活美学的表达。光合院是一个空间设计、艺术展览、研学交流、私人收藏博物馆等概念的融合性院落空间。在这里他研发创作了大量的艺术装置和艺术家具,充满着故事性和情绪的表达。

三十年,勇于转变

1995年,他创建杭州典尚设计公司,并使其发展延续至今,他和典尚设计团队设计了大量作品。2019年,在上海设计周,光合机构以"光合计划"的概念展形式首度亮相,进行美学传播。光合机构,是一个设计生活美学商业聚合平台。2020年及2021年,光合机构携旗下的"光盒物仓"受邀参加第七届西岸艺术与设计博览会和第二届"设计之春"当代中国家具设计展。启发大众把对艺术遥不可及的猜测转为生活日常,展示当下的设计美学与生活智慧。2021年11月,在上海BFC外滩金融中心1900艺术空间,光合机构推出了"光的时空屋",展开了一次江南园林与摩登都市对话的美学空间模式。随即,光合机构首次发布艺术生活空间样本——"澄观:藝宿光合2021冬"展览。以光合院为实验场所,将生活与艺术场景式交互,探索艺术与栖居生活的关系。

三十年,助力后辈

建造完成三年来,光合院已经成为各大媒体争相报道的焦点,也在国际上揽获了重量级的奖项。2019年起,光合院连续被《AD安邸》《WALLPAPER卷宗》、"一条"报道后破圈。2020年,入选全球AD杂志《世界上最美丽的房间》特刊。2021年,光合院荣获2021德国柏林设计奖金奖和英国主办的世界室内建筑节高度荣誉奖。致力于支持年轻设计师,推动中国设计教育事业的发展、传承和发扬设计艺术精神。2021年,光合院被浙江省建筑装饰行业协会授予"青年设计师研学交流活动基地",希望在此多为青年设计师提供传承激励更好的学术交流平台,共同促进浙江装饰行业设计繁荣与发展。

以问题为导向的设计管理和设计创新

陈 坚　中国美术学院风景建筑设计研究总院有限公司院长
中国美术学院建筑艺术学院环境艺术设计系教授

中国美术学院风景建筑设计研究总院有限公司（下面简称风景院）的前身是1984年由浙江美术学院（现中国美术学院）与浙江省建筑设计院联合创办的"浙江省环境及室内设计研究中心"。真正发展起步在1999年，迄今已走过二十多年发展之路。

陈坚院长，1999年毕业于中国美术学院环境艺术系，自1999年起，任中国美术学院风景建筑设计研究总院有限公司院长至今。二十多年来，带领风景院始终秉持"依托学院，服务社会"的总体运作方针，以问题为导向，不断在管理、实践、服务等方面创新创优，成果斐然。

设计是一种通过深入分析现状，发现问题、解决问题的能力。发现问题的能力，正是设计师创造力的独特体现。设计管理因此也可被视为"问题导向"的创造力管理。教育界有基于问题的学习（PBL）模式，强调学生通过自主发现问题，理解和分析问题，并找到解决办法的探究型教学模式。

陈坚院长总结风景院二十年的发展特点，借用PBL的概念，以Problem-based Design（PBD），即"以问题为导向的设计"来概括，能较准确地提炼风景院多年来主动从问题出发，探究设计创新的努力。

以问题为导向的设计管理和设计创新，就是以设计产业、设计市场变动中产生的挑战和问题为中心，以迎接挑战、解决问题为宗旨，以解题思路和方法的创新为重点，以社会效益和经济效益双赢为目标。

设计管理模式创新

管理模式的创新是风景院突破国内设计院旧有体制，实现弯道超车的首要原因。风景院大胆尝试管理模式创新，实行"承包责任制"的模式——国有品牌下的民营化运营，即公司管理层面负责搭建服务平台，具体项目运作则以设计小分队和工作室的模式展开。这一模式的优势在于为设计师松绑，让他们在相对宽松的管理方式中充分发挥各自的设计能量。

专业融合体系创新

多专业融会贯通是风景院优于国内其他设计企业的核心竞争力。风景院适时提出由"三位一体，链接设计"，升级为"五位一体，融合设计"，实现规划、建筑、景观、室内和公共艺术多专业的融合和产业延伸。构建多专业互动的工作模式，为社会提供升级服务。

社会服务理念创新

转变商业设计理念，充分发挥设计在改善民生、推动社会创新中的独特作用，是风景院企业品牌的价值所在。风景院一直坚持"民生优先"原则，通过设计关注人的生存和发展问题，试图以自己的设计实践来改变行业生态，提升设计的社会价值，体现设计在服务人类生活、经济发展和社会进步中的巨大作用。

教学反哺渠道创新

以实践经验反哺教学，产学研"协同创新"，是风景院持续成长的生命线。作为一个高校设计企业，风景院的根系牢牢地与中国美术学院的历史文脉相连，风景院的蓬勃发展离不开学校丰厚的学术滋养与领导的殷切关怀。如何将风景院在设计产业一线积累的丰富实战经验作用于学科建设和专业发展，真正做到产学研结合，是风景院反哺学校时着重思考的问题。

二十多年风雨兼程，风景院一路高歌，砥砺前行，以问题为导向进行设计管理、实践和研究的创新；以问题为基点，在解决问题的过程中树立方向，凝练特色，创建品牌，扩大效益。未来风景院将继续守正创新，牢记使命，以中国美术学院"行健、居敬、会通、履远"的校训为精神旨归，以学院"双一流"和"重高建"建设为动力，以东方艺术学为学术支撑，以推动社会创新为己任，坚实地向更为高远的目标迈进！

以不息为体
以日新为道

应义淼
浙江工业大学工程设计集团有限公司党总支书记、总裁

应义淼，高级工程师，一级注册结构工程师，现任浙江工业大学工程设计集团有限公司党总支书记、总裁，兼任杭州市勘察设计行业协会副会长、浙江省勘察设计行业协会副会长。在建筑设计院管理方面有着非常丰富的经验，尤其是在战略管理、组织管理及创新管理等方面有着深入的研究和实践。

抓制度　激发企业新活力

着力开展现代企业制度建设，大力推进国有企业三项制度改革，建立起更加公平、灵活、高效的管理制度，形成科学合理的人力资源发展的良性循环，激发集团高质量发展新活力。坚持"开门编规划"，深刻剖析"十四五"发展形势，集中各方面智慧和力量，高水平编制了集团"十四五"战略发展规划，为企业"十四五"发展谋划宏伟蓝图。

广布局　加大市场拓展

在提升本地市场的基础上，大力拓展外埠市场，通过设立外埠分支机构，拓展安徽、江西、四川、广东、陕西、河南、江苏等外埠市场，加速推进集团的全国市场布局。

大力推行"设计+咨询+管理"的大设计发展理念，强化以"为建设单位提供全过程服务"为核心，发展一体化设计、工程总承包和全过程工程咨询业务。率先开展了特色小镇、未来社区、绿色建筑、智慧城市、建筑工业化、工程总承包、全过程工程咨询、BIM技术等八大领域的工程实践和技术创新。其领衔策划打造了浙江首个特色小镇——梦想小镇项目，并被列入浙江省首批省级特色小镇；作为全省最先动工并建成落地的未来社区，瓜山未来社区是浙江省首批未来社区试点创建项目，是全国首例城中村改造新方向的探索项目，形成了"拆改结合"类未来社区建设的实践样本。参与创建的宁波北仑道山、舟山普陀夏新、杭州西湖上保等社区项目先后入选浙江省未来社区试点创建项目名单，并作为省未来社区发展研究中心理事单位，积极参与政府智库建设。

强技术　应对变革浪潮

近年来，集团通过深入的产学研合作研发，重点聚焦土木建筑类学科的国家重大战略需求，围绕新时代城乡规划、农村污水治理、绿色建筑、未来社区、智能建造与建筑工业化、城市轨道交通等方向，营造科技创新氛围、激发科技创新活力，着力将"科技强企"的战略落到实处。先后承担了"装配式混凝土工业化建筑安全评价关键技术及应用"等省级以上纵向科研项目20余项，连续3年开展"新型装配式叠合板受力性能试验及设计方法研究与工程应用"等科研项目30余项，科研成果获省级科技奖8项，编制省部级相关标准、规范20余项。

重人才　占据发展高地

功以才成，业由才广。人才成为设计行业最为关键的资源。谁掌握优秀人才，谁就能够在未来发展中掌握主动权。

根据知识型员工的需求，着手建设员工职业发展体系，他建立了包容开放的企业文化，积极从外部"引人才"，已先后引进了以全国十大优秀青年建筑师马迪领衔的靠近设计事务所，先后成立了单玉川大师工作室、源创工作室和Z+max工作室等名师工作室，与徐山联合建筑师事务所等国内、外知名事务所建立深度合作，以标志性项目为核心，以专家、大师个人品牌为补充，积极塑造企业品牌形象，实现从被动市场竞争选择到主动引领创造市场的转变。

水积而鱼聚，木茂而鸟集。浙江工业大学工程设计集团有限公司通过创新改革不断提升敏捷、协同、赋能的组织能力，打造了功能定位清晰、管理运行高效的平台型组织，致力于为生态内团队创造价值，以赋能实现集团的规模化经营。

弘扬企业家精神
书写时代新篇章

丁海富
亚厦控股有限公司副董事长

丁海富作为浙江亚厦装饰的几位元老级人物之一，每每问及亚厦的成功经验，他的回答是"创新、共赢、经典"，这六个字总结概括了亚厦取得辉煌的由来，也最终成就了亚厦品牌。

以身垂范，引领企业发展

丁海富从不讳言自己曾经是家具厂的一名普通工人，干的是"手艺活"。他思路清晰、意识超前、诚实可信、办事干练，不拘一格用人才，推动企业竞争力不断提升；他身先士卒、脚踏实地、艰苦创业，带动和形成了全公司上下务实求真的作风；他刻苦学习、不断创新、科学管理，创造了公司业务三年翻番、市场不断巩固、信誉不断提高的良好局面。他从一大批项目经理中的一员直接升任亚厦总经理。

前瞻眼光，拓展产业版图

"亚厦要打造全省的亚厦、全国的亚厦，这样的亚厦才是有竞争力的亚厦。"丁海富准确解读亚厦发展方向："哪里有市场，哪里就有亚厦"。这一时期，亚厦积极顺应国家经济发展的区域布局，适时提出了"继续巩固华东市场，重点发展中西部及华北市场，辐射全国，跻身境外"的市场创新发展目标，大力拓展区域市场。如今，亚厦已全面完成国内经营网络体系的战略性布局。

匠心品质，定义行业标准

丁海富一直认为亚厦最主要的优势在于质量，有质量才有品牌，才有经典和完美。而谁做得完美，谁就创造了经典。谋求质量，亚厦建设了自己的装饰材料加工基地，建立了一整套生产、安装标准，小到每个节点、大到整体装饰效果，亚厦力争实现百分百可控和百分百标准。丁海富说，不仅要有质量意识，还必须树立精品意识，并把它落实到每个人的心目中去，坚持做一个项目、立一块牌子、打一片市场。

勇挑重担，推动行业发展

作为龙头企业的核心管理层，在经营好企业的同时，还把行业发展的重担勇挑于肩。2018年担任协会工程分会会长一职后，为更好地规范浙江省建筑装饰装修市场，营造公平公正的竞争环境，促进行业和谐健康发展，将诸多的发展经验与心得分享给行业同仁，推动制定了"构建和谐行业公约"，他积极走访兄弟企业，注重行业的大融合、大交流、大发展，引导促成更多不同类型、不同规模企业间的交流，充分发挥协会作为行业交流的纽带，让更多优质的材料运用于更多的精品工程中，不断成就装饰之美。

丁海富在闲暇之余，还练就了一手好字。在问及他练习书法的心得时，他的回答颇有深意："字如其人，练字正如做人，当堂堂正正，知足常乐，而人生的最高的境界则是率真、平淡、平凡，学书是如此，人生更是如此。"

百尺竿头，更进一步。丁海富和他优秀的团队，将始终践行"装点人生、缔造和美"的愿景，秉承"创新、共赢、经典"的理念，坚持"做精、做专、做强、做长"的目标，为社会经济建设与建筑装饰行业的发展，继续贡献亚厦的一份力量。

第六章　乘风破浪　长风领航　浙江省建筑装饰行业功勋人物篇　　功勋人物

初心如磐担使命
砥砺奋进续华章

童林明

浙江中南幕墙科技股份有限公司董事长

"四个一流"打造核心竞争力

一流的技术是企业发展的关键要素。凭借"品质+服务"的宗旨，中南幕墙连续三年被评为中国房地产开发企业500强首选供应商，幕墙咨询及设计类第一，建筑幕墙顾问咨询行业二十强、幕墙类第一。在数字经济时代，公司以技术创新促产业升级，数字化管理规范项目流程，助力企业新时期发展。

一流的设备是企业振兴的坚实基础。近年来，公司投入巨资，建立现代化幕墙生产加工基地，引进先进的生产流水线，提高自动化程度，增强产品品质，提升工作效益，推动工厂化、生产程序化、自动化，为实现智能制造奠定基础。

一流的管理是企业可持续发展的基石。童林明说："中南幕墙最大的优势就是有一支高素质、能攻坚、稳定性强的团队。"公司奉行"以市场为导向，以经营为龙头，向管理要效益"的时代理念，建立了具有现代企业管理特色的管理机制。

一流的品质是企业长盛不衰的根本。品质成就经典，经典获得赞誉。近年来，公司承接的千余项幕墙工程，25项获得"鲁班奖"，39项获得"全国金奖"。童林明认为，中南幕墙是以施工为基础的企业，"品质好，才会有回头客，才能交朋友，最终才能在这个行业生存。"

"四个一流"铸就了中南幕墙的核心竞争力，公司一步一个脚印，稳健屹立于行业之巅。

"人本思想"助力企业发展

作为中南幕墙的掌舵人，童林明深知人才建设工作是企业"一把手"工程，经常强调"人才是兴邦之本，是强企之源"。公司量身打造了"星计划"人才发展系列项目，构建内生成长机制，建立完善人才梯队建设体系，增进员工与企业的黏合度，为员工持续打造一座学习发展的加油站，全方面覆盖中南体系化职场精英的全职业生命周期，选拔培养中国幕墙行业的卓越人才。

童林明认为："只有员工进步了，团队实力提高了，企业竞争力提升了，行业才能高质量发展，整个社会才能形成良性循环。"他高度重视人才培养，总在百忙之中抽出时间亲自给新员工们上职场人的第一堂课，做新员工的第一个引路人。

在向着"百年"迈进的道路上，中南幕墙让每个员工对公司有着深厚的归属感，愿意把企业当作自己的家，而公司培养出的精英人员也支持着中南幕墙的每一次飞跃，和中南幕墙一起迎接更加灿烂的辉煌盛世。

以"Li"服人　弘扬企业精神

身为企业的"大家长"，童林明非常看重做人做事的原则。他本人经常强调3个"Li"：

第一个"Li"是道理的"理"。做事要有理有据，以德服人。公司管理、客户洽谈、朋友交往，先"理"后"宾"，关系才能融洽、合作才能长远。"理"是日常做人做事的准则，更是企业做大做强的基础。

第二个"Li"是礼貌的"礼"。我们国家是有着悠久文化历史传承的礼仪之邦，孝敬长辈，尊重同事，"吃亏是福"。

第三个"Li"是利益分配的"利"。"员工为企业工作，业主方将项目交给你承建，材料商和我们合作，都需要有"利"可图。公平、公正地分配别人应得的那部分，才能真正走向长远。"

童林明把文化作为发展的基石，把礼节作为交往的方式，把利益作为前进的辅助，展现了企业家博大的胸襟。在童林明的带领下，中南幕墙讲科学、求质量、守信用、干实事，成为众多知名企业的优秀供应商，发扬"敢打硬仗、能打胜仗"的团队精神，以务实、高效、精良的组织管理和高效协调的服务精神，为实现中南幕墙梦打下坚实基础。

十年深耕内装工业化
百舸争流勇立潮头

王文广

浙江亚厦装饰股份有限公司联席总裁

王文广,中共党员,1962年出生在绍兴市上虞区的一个小镇,1978年拜师学习木工手艺,从此正式开启了四十余年的内装职业生涯。从木工到内装施工,从项目管理到企业管理,从传统内装到工业化转型,王文广始终坚持以学习先进、自趋向上的姿态和不断创新、敢为人先的勇气,致力于推动建筑装饰行业的发展。从业期间,其本人先后被授予中国优秀企业家、中国工程建设(建筑装饰)高级职业经理人、全国建筑装饰行业资深优秀企业家、浙江省建筑装饰优秀企业家、浙江建筑业十大杰出企业家等荣誉称号。

王文广自1991年至今就职于浙江亚厦装饰股份有限公司,现任公司联席总裁。依托于公司平台,他在2004年组建亚厦幕墙公司,2009年负责亚厦产业园工作,2016年开始主持工业化内装板块工作。基于其本人在各个阶段出色的工作成绩,曾被选任绍兴市上虞区政协委员,被评为浙江省装饰协会光辉二十年功勋人物,多次被推选担任浙江省建筑装饰行业协会的协会职务,并于2019年担任中国建筑装饰协会全装修产业分会会长一职。

谈到近十年的工作投入,王文广毫不犹豫地抛出"内装工业化"这一命题,在他主持亚厦工业化板块工作期间,积极响应国家战略,创新推动行业向绿色健康环保转型。他统筹管理亚厦工业化的技术研发、产品开发、智能制造、工程管理、市场推广等相关内容,带领亚厦技术团队成功研发了国际领先、具有核心技术及自主知识产权的全工业化装配式内装技术平台,实现了装配式内装领域的全工厂预制、全现场装配和全干法施工,形成了工业化装配式内装的15大产品技术体系及解决方案,完成了全工业化技术体系从V1.0到V7.0的开发迭代。同时,他联络布局促使亚厦首先在行业内与国内外知名高校成立建筑工业化研究中心,打造了行业内最大的新材料与工业化研究院、最先进的国家级CNAS实验室。由其领队筹建的工业化生产基地也是首批荣获国家住房和城乡建设部授予的国家住宅产业化基地和国家装配式产业基地"双基地"认证。截至2022年,亚厦工业化在王文广同志的带领下,标杆项目已在全国遍地开花,涵盖了住宅、公寓、酒店、医养、办公等各个业态,取得了市场的一致好评。

自王文广从事工业化装配式内装工作以来,由其带领团队参与研发的专利总数达5955项(其中发明专利1743项、实用3143项、外观1069个项),并高度参与各行业标准的编制工作,包括主编CECS标准《建筑工业化内装工程技术规程》T/CECS 558—2018、浙江省地方标准《装配式内装工程施工质量验收规范》DB 33/T 1168—2019、《装配式内装评价标准》DB 33/T 1259—2021等,由他领队参与编制的各项标准被誉为填补了我国在工业化装修的标准空白,为工业化装配式装修提供了安全科学的技术依据和执行标准。至今,王文广同志仍奋斗在工业化装配式内装的研发一线,依然在不断地自我要求,坚持致力于在所从事的建筑装饰领域内,为满足人民对于美好生活的向往做出不懈努力。

创高质量发展
做小而美企业

何永富

杭州之江有机硅化工有限公司董事长

何永富,中共党员、高级经济师,现任杭州之江有机硅化工有限公司董事长,获得"中国石油化工联合会全国劳动模范""全国建筑装饰协会优秀企业家""杭州市优秀企业家"等荣誉。他1996年带领创业团队创建了杭州之江有机硅化工有限公司,专注耕耘密封胶胶黏剂行业二十多年,公司成为国内建筑幕墙、建筑门窗行业密封胶胶黏剂的领头羊,并在工业、光伏、汽车、轨道交通、电子电器、新能源、通用工业等细分领域成为密封胶创新解决方案的领先者。作为一名企业家,何永富同志积极承担社会责任、回馈社会,多年来为慈善事业捐款近千万元。

大浪淘沙,洗净铅华。何永富最初以50万元创建杭州之江有机硅公司,在市场大潮中劈波斩浪、茁壮生长。何永富如今的成就由多重因素叠加而成,而专注一定是核心要素之一。太多事实表明,何永富是个极其专注的人,在企业多元化发展的浪潮下,他二十余年如一日地执着于密封胶这一细分领域,从萧山出发,搏击国内市场,又进军海外,打造国际品牌。在今天的全球密封胶市场里,属于之江公司的声音正越来越响。

在他的带领下,凭借建筑胶起步的之江公司一直发展稳健。城市化、住房商品化,以及由此派生出来的高层建筑潮流,有力地推动了硅酮胶这个细分市场的需求增长。自1998年起,之江公司以及"金鼠"这个品牌,在行业内的知名度与日俱增,在浙江省先后两次获得科学技术进步二等奖,成为国家级重点产品,拿下了一批又一批来自幕墙公司和工程项目的订单,销量取得连续性增长。

他生性低调、不喜张扬,活得相对简单,安于工作本身。然而,但凡涉及与公司、产品有关的交流与活动,全然换了状态。当一个安静的人开始滔滔不绝,当一种宁静祥和的神情换作激情和热忱时,你会发现,这是何永富的另一副模样。

他说:"之江公司很幸运地见证了中国建筑行业的发展。一切都会过去,荣誉和困难都会过去,我能做的就是保持企业家的创新精神,带领企业做精做强,朝企业的目标不断前进。"

在浙江省建筑装饰行业协会成立三十周年之际,何永富衷心地感谢协会为行业同仁搭建沟通交流平台,希望未来可以在协会的合作中,实现进一步的发展。

诚信立业　实力创造辉煌

高利明

浙江中南建设集团有限公司副总裁

诚信立业，创新发展

高利明加盟中南装饰十七年，这十七年里，他一直秉持"建造美好人居生活"的精神，为中南装饰的发展奠定了基础。中南装饰在他的领导下，产值也从曾经的2个亿突破至如今的20个亿，做出了质量，立下了品牌，赢得了口碑。

特别是由高利明直接负责的西湖国宾馆、奥体中心等重点工程得到业主及"鲁班奖"评委的高度评价。不过对此，高利明依然谦虚，"我的人身价值不是我个人创造了多少财富，而是看我为公司、为员工、为社会创造了多少财富"，这句话是他对人生价值的理解，同时也是他奋斗不息的动力。

高利明坚持"诚信立业，创新发展"的管理理念。在他看来，从文明施工到现场管理，事无巨细，从严规范。中南装饰已连续多年荣膺"全国建筑行业百强企业""全国建筑装饰工程奖明星企业"，承接的多项工程荣获"中国建设工程鲁班奖""中国建筑工程装饰奖"等省部、市级荣誉，以实力和信誉赢得了广阔的发展空间和高度的赞誉。

始终专注于装饰专业细分领域"做大""做强""做精"，重点关注EPC招标项目，单项装修工程合同标的额突破3亿元，业务涵盖银行、高档写字楼、房地产全装修、医院、博物馆、体育馆、机场、高铁站等众多领域项目。装饰公司联合装饰设计院研发了以红木定制为主的高端奢侈品装饰，主打文化和装饰的传承价值，将装饰融入了艺术品的范畴。

绿色低碳，以数字化技术创新

近年来是装饰行业装配式建筑高质量发展期，中南装饰积极转型升级，按照适用、经济、绿色、美观的要求，便于建筑的维护更新，全面提升装配式内装修的性能品质和工程质量。

大力推进BIM技术在装饰装修工程上的应用，准确地表示各个构件的尺寸和关系，有效降低加工过程的累计误差，提高装饰精度，将设计意图完整地传达给项目部，保证装修施工按照计划顺利开展。

强化管理，狠抓安全生产

以强化内部管理为基础，拓宽区域化发展铸造精品项目为重点，以项目进度为主线，以成本管理为核心的全生命周期动态化管理，确保在建工程持续"零"隐患为目的。

"防风险、除隐患、遏事故"切实加强安全文明施工，提倡使用新型轻质材料或拼装组合材料，减少湿作业，正确运用管理体系中的危险源辨识办法，把重大安全事故消灭在萌芽状态。

谢谢，协会

作为省装饰协会创始单位，高利明充满感激。浙江的装饰企业产值名列全国前茅，离不开协会的付出，对我们企业走出浙江提供了有力的支撑。协会给予了中南装饰很多的指导与帮助，协会是企业展示的平台，是企业管理提升交流的装饰之家，在此，由衷感谢协会。

高利明衷心祝贺浙江省建筑装饰行业协会30岁华诞，祝福协会继往开来，越办越好。

以质量求生存 以信誉促发展

许水木
东升（浙江）幕墙装饰工程有限公司董事长

做一项工程，树一个样板，交一方朋友，增一份机会

1960年出身于杭州，当过泥工的许水木，依靠自己敏锐的商业嗅觉进入了门窗幕墙行业，凭着精益求精、敢打敢拼的实干精神，在杭州这个竞争异常激烈的市场中闯出了自己的一片天。创业初期，主要承接一些铝合金门窗幕墙业务，包括封阳台、玻璃雨棚等，一般业务都很小，几十万已经算是很大的活了，没有很好的设备，资金链也很薄弱。

1999年许水木成立了东升（浙江）幕墙装饰工程有限公司。"诚信立业、以质取胜"，为了给客户做好最满意的产品，许水木对每一笔业务向来都是层层把关，对每一道工序都严格控制，即使不赚钱，也不能降低质量标准，就这样，东升公司连续拿下了4项"鲁班奖"。正是凭着这样一股韧劲，门窗幕墙事业越做越好。渐渐地，东升幕墙在行业中也小有名气，成为浙江地区有影响力的幕墙公司，工程也越做越大，并取得了建筑幕墙及金属门窗一级资质。

目前，东升每年承接的大型门窗幕墙工程年产值达数十亿元，但是，许水木依然坚持着当初创业时的那份品质，得到了业主和同行的充分认可。

对于管理企业的心得，许水木说，"人才是企业最重要的组成部分，要坚持以人为本，好的人才可以决定企业的发展方向，得到了人才就是得到了未来。企业的竞争其实就是人才的竞争，企业失去了对人才的渴望也就失去了活力。"许水木坚信企业和人才是相辅相成的，对于如何吸引和保留住人才，必须彼此信任，感情留人，要让员工觉得在公司上班是有价值的。

对于企业的发展，在把东升做大做强的同时，不忘做优做长。做大在一定程度上增强抗风险能力，在短期内，当机遇到来可以规模扩张，迅速发展。从中长期来看，只有做优的企业才能做长做优，也就是做强竞争力，只有竞争力强的企业才能生存和良好发展，才能做大，否则，在做大过程中，会被拖垮。竞争力才是决定企业经营成败和命运的所有因素中最值得关注的因素。

做好人，做好事

和别的企业追求做大做强相比，许水木更在意将企业做长，更在乎他的员工。每次例会，他反复强调六个字：做好人，做好事。而他的员工，也无一不敬重这位商场厮杀多年的领导。敬重许水木做人善良正直，做事有能力、有主见。

东升虽然是民营企业，但从创建起就在打造大学生为骨干的管理团队。如今，企业里有建造师资格的，有近35人之多，工程技术人员达150余人。东升设有工会，除了组织活动，也会去探望生病的员工和员工家里生病的老人。东升福利待遇制度完善且优厚，成就了不少外地员工成为"新杭州人"。曾经，东升技术部施工员的妻子患重病，许水木发动员工捐款，尽管只有十多万，但是，使东升人的心更紧密了，他们深切感受到了整个东升大家庭所给予的力量。

相互扶持，共谋大业

东升加入协会二十多年，许水木深切感受到协会对东升的帮助和支持。他期望行业协会在以后的发展过程中，在引领企业方面更有作为，在自身建设上面更加规范，并希望行业协会发展成装饰企业的一个家，有烦恼的时候能够倾诉，有快乐的时候能够分享。

传承红色基因
再现国企辉煌

丁民坚

浙江省一建建设集团有限公司党委书记、董事长

　　七十三年栉风沐雨，七十三年砥砺奋进。2021年12月，与共和国风雨同程的浙江省一建建设集团有限公司，迎来了新任"掌门人"丁民坚。作为集团的掌舵人，丁民坚以实际行动印证他常说的一句话："努力到无能为力，拼搏到感动自己！"自上任以来，丁民坚带领全体一建人同舟共济扬帆起，乘风破浪再出发，主动顺应市场形势，服务全国经济社会快速发展大局，勠力同心走上转型升级的道路。站在两个一百年历史交汇点上，集团紧跟国家政策导向和行业发展新形势，坚决服从、服务于省委省政府重大战略部署，积极承接重要民生工程，杭州亚运会场馆新建及改造项目、"美丽乡村"小城镇综合整治项目等工程，高质量推进EPC、PPP、建筑装饰工业化、建筑智能化、未来社区等战略新兴业务，打造规模拓展、品牌提升、竞争力强的现代化建筑强企，使"浙江一建"品牌愈加熠熠生辉。

　　随着人民生活水平的日益提高，装饰装修在建筑行业的占比已越来越高，装修市场正在不断扩大。在集团承接的各类项目建设中，丁民坚对建筑装饰行业未来的发展有着自己清晰、深刻的认知，对建筑装饰装修行业未来的发展趋势也有独到的见解和展望。

　　我国建筑行业仍处在工业化过程中，装配化是建筑装饰装修行业发展的必然趋势。丁民坚认为，实现装配式、工业化、个性化，并逐步进入数字建造、智慧建造，是未来装饰装修行业的发展趋势。集团进行管理模式创新、优化管理结构、提高精细化管理水平；积极探索并推动数字化、装配式、智能建造等关键技术和工艺工法的研发创新及应用；推动数字化设计、智能建造、绿色建筑、装配式装修协同发展和装配式装修示范项目、数字化应用项目的开展，提升行业数字化应用的范围和水平；大力开展创新课题研究，加强知识产权保护，积极探索专利技术、科技成果的市场转化路径。集团通过推动工业化、数字化、智能化、环保化等领域的创新研发和应用，进一步提升企业核心竞争力、综合实力和品牌影响力。

　　丁民坚认为，实现装配式、工业化、个性化，人才队伍是不可或缺的重要支撑，因此集团大力培养有责任、有担当的高素质技术技能人才。依托"一建大讲堂"、微信公众号等平台，加大力度打造企业形象、建设企业文化，其中"一建大讲堂"作为重要的培训交流阵地，邀请了一大批专家学者前来交流讲学，特邀授课的江西省军区原政委陶正明将军，以慷慨激昂的《人生的支撑点》激发了广大职工刚强赤诚的血性，坚定了奋勇拼搏的信念。通过BIM培训、装配式规范解读、数字化改革讲座及技能比武等多种形式，培育新时代建筑装饰产业优秀队伍，大力推动建筑工人技能等级提升。

　　建筑装饰装修行业的未来十年，是充满挑战的十年，也是充满机遇的十年。浙江一建将继续落实深化改革、转型发展，持续增强企业综合竞争力，大力发展装配式建筑、加快推进新型建筑工业化和智能建造，成为规模拓展、品牌提升、竞争力强的现代化建筑强企。

转型10年
为客户创造价值

祝旭慷
浙江南鸿装饰股份有限公司董事长

转型，野蛮生长后的艰难抉择

自南鸿装饰成立以来，公司董事长祝旭慷一直紧跟时代前进的步伐，踩着经济发展的节点，抓住行业高速扩张的风口不断扩大版图，实现了从0到1的跨越。随着行业红利边际递减，原有的盈利模式也逐渐无法满足公司的成长，转型迫在眉睫。

2015年，互联网对装修行业带来了强烈冲击，面对行业发生的变化，祝旭慷也在南鸿该何去何从的选择上做了诸多尝试，最终他决定放弃单边规模扩张的企业发展策略，转而修炼内功，打磨产品、提升服务，用质量锻造品牌口碑。

祝旭慷深知只有把好质量关，确保工程优质的交付，才能提升企业在当地市场的品牌形象。稳定且高施工水平的产业工人队伍建设也是南鸿重要工作之一，通过对产业的工人的理论和实践培训，为全面提升公司产品品质和交付能力打下了坚实基础。

为了弥补短板，南鸿在2015年成立了南鸿美家主材产品中心，成功开发主材包和整装套餐系列，截至2018年公司的集团化运作初步成型，美家、软装、定制、集采、舒适系统、智能系统等部门组建完成，至此，南鸿装饰成长为一家拥有29家直属住宅装饰分公司、6个直属事业部门的头部装企，跻身地域龙头装企前列。

改革，抓住第二增长曲线

2018年以后，装企的无序扩张退潮，大量互联网企业很快被打回原形，大量装企的离场，给行业留下了惨痛的教训。

面对此情此景，祝旭慷也在不断思考如何实现南鸿的可持续发展，解决传统家装中的痛点和顽疾。为此，他不仅做了诸多调研和探索，也不停了解家装上、下游的情况，最后做出研判，企业要从大到强，实现高质量发展的第二增长曲线，构建自身强大的供应链和数字化改革必不可少。

道理是直的，道路是弯的，想法和做法之间还缺少一个"章法"。不管是数字化，还是供应链整合，背后都是一个极其庞大且需要长期投入的复杂工程，极少有装企愿意持续不断地在这些事情上做大量投入，因为短期看不到效果，长期又很难评估。

祝旭慷明白发展企业如"逆水行舟，不进则退"的道理，因此排除万难开始了供应链建设之路，并提出了"一体化"服务模式的概念。他认为供应链是一门技术，不是简单的采购。它囊括了整个家装的上、下游，不管是产品、工厂、还是中间的仓储物流，包括最终的安装服务，完成产业链的建设。经过几年努力，南鸿的供应链体系构筑完成，让南鸿有能力在满足客户个性化需求的基础上，更好地体验到高品质的家装服务。

此外，数字化装企建设的路线制定后，祝旭慷亲自带队搭建了研发团队，全力深耕数字化，催生模式创新。无论是设计、施工、交付、还是数字化供需链、财务、人力、绩效，都进行深度改造。这一系列动作的深层次价值在于，企业内部运营效率、成本都得到改善，用户体验得到提升，构建企业高质量竞争力，引领装企智慧发展新路径。

不抄近道，才是正道。祝旭慷深知经营家装公司没有捷径可走，需要足够的勇气和决心。回首走过二十四年风雨路，虽然有起伏，但为客户创造价值的坚守没有改变。竞争激烈成为常态，但是一定会有真正具备硬核实力的价值驱动型企业脱颖而出，祝旭慷认为南鸿已经准备完毕，且正蓄势待发。

以"诚信、创新、用心"铸就企业品牌

周连华

浙江广艺建筑装饰工程有限公司董事长

周连华作为浙江广艺建筑装饰工程有限公司的领头人,坚持在行业协会中起到带头引领作用,"诚信、创新、用心"的经营理念,突破传统局限以创新为基础,以美观实用、环保健康等为准则,不断促进企业稳步提升、健康发展。

诚信是企业的骨骼

诚信是做人做事的原则,是成长壮大的基石,是一言既出驷马难追的气概,是荣誉满身的褒奖,是广艺装饰人砥砺前行的动力。

诚信成就了广艺承建的数百项工程合同履约率100%、质量合格率100%,获得了业主及行业主管部门的一致认可,累计荣获国家级奖30余项,省市级奖项150余项。

诚信成就了广艺连续多年荣获"省级重合同守信用AAA企业""全国装饰行业百强企业""全国明星企业""全国信息化先进单位"的称号。

创新是企业前进的灵魂

创新是开疆拓土的勇气,是技术革新的智慧,是高举建筑工业化大旗的前瞻,是现代化数字加工中心的核心要素,是定制服务的精益求精。

坚持技术创新,实施名牌战略,以"绿色建筑""百年住宅"为目标,以工厂化生产取代传统的现场制作工艺,有效降低施工能耗,提高产品质量,缩短施工周期,为客户提供品质保证的绿色节能环保产品。

为适应建筑工业化需求,公司配备木制品生产加工中心、铝板生产加工中心,油漆喷涂加工中心及实验(检测)中心,配有日本、意大利、德国等进口流水线工艺和设备,自1998年起筹建各加工中心,于2001年起先后建成投产,目前已在房产项目、公建项目中得到广泛应用,受到市场好评。

近年来公司依托宝业集团建筑业、房地产业、住宅产业优势,周连华带领公司专注装配式精装楼盘的打造,以工艺升级提质量,以装饰装配化研发提效率,以智能家居布控提品质的研发与推广,在装饰装配化、绿色节能、打造百年科技住宅上成果明显。

用心是企业的血脉

用心是再世鲁班的匠心,是一砖一瓦的用心,是建设南北的雄心,是心系南北的爱心。

秉承"鲁班精神,匠心传承"的原则,建立专业人才培训机制,成立研发中心,参与定额、行业标准制定,浙江广艺建筑装饰工程有限公司全体职工坚持创新驱动发展,不忘初心,勇毅前行。

口碑相传　永续经营

周国洪
九鼎建筑装饰工程有限公司董事长

"淡泊明志，宁静致远"是周国洪的座右铭，今年64岁的他，在历尽山河、尝尽甘苦波折后，已是功成名就。鬓毛虽衰，但初心如磐，赤诚不改。

粗粝能甘，纷华不染

周国洪是一个浙江诸暨山区的农家孩子。童年时期，他需要上山砍柴并独自将超过体重许多的木柴扛下山来补贴家用。成年后，他从事过"倒卖"碗碟、米粉、五金、木材，养蜂、办化肥厂和尼龙袜厂等。

周国洪随后在浙江绍兴柯桥、诸暨等地办起了纺织厂。然而，1993年正赶上纺织行业低谷期，周国洪把悉数投入的全部积蓄100万元亏了个"干干净净"。

那是一次从高峰跌至谷底遍体鳞伤的记忆。最后，还是妻子的鼓励，激起了他重新振作的勇气。"做妻子瞧得起的男人"，周国洪带着这样的信念远赴满洲里，重拾贸易生意。

知命不惧，日日自新

从白手起家到"万元户"，从破产欠债到背水一战，周国洪的商业生涯可谓"几经沉浮"。1998年，意气风发的周国洪进军中国家装行业，他坚定"言必诚信，行必忠正"的行事准则，每一步都走得踏实、刻苦而坦荡。

越是路途艰险，越能看出信念的力量。不到十年时间，周国洪带领着九鼎装饰在市场经济大潮中踏浪前行，进入全国三甲，其成长速度之快被业界称为"九鼎现象"，而周国洪本人，也被视为业内"黑马"。

口碑相传，品质先行

二十四年匠心传承，二十四年开疆扩土，九鼎装饰一步一个脚印，励志笃行，成就了今日无数的荣誉和盛赞！九鼎装饰一直秉持着"口碑相传，永续经营"的经营理念，重匠心、强工艺，把质量和信誉作为立身之本。

周国洪对装修质量的要求，几近严苛。一次，周国洪带人巡查工地，当时的整体家装工程已经全部完成，有一些质量瑕疵客户并未看出来，但周国洪带人用锤子把家具和门板全部敲掉重做！

九鼎装饰坚持匠心精神，有着优秀的设计、严格的管理、精湛的工艺、环保的材料和真诚的服务，努力实现每个客户追求品质生活的愿望！

我不年轻了，但我们的事业永远年轻

不凡的经历和业绩使周国洪成为业界公认的领军人物，获得了"浙江省建筑装饰行业优秀企业家""全国住宅装饰装修行业功勋人物""第二届中国企业改革十大风云人物"等荣誉称号。

时光淌过六十四年的岁月，周国洪总是在变革中寻找重生，涅槃后是更为强壮的灵魂。如今的周国洪在面对事物时，以"非淡泊无以明志，非宁静无以致远"的态度，逐渐抵达"六十而耳顺，七十而从心所欲，不逾矩"的人生境界。

变则通
肆无忌惮去设计

张丰义

杭州方寸之间建筑设计事务所有限公司合伙人兼设计总监

设计圈有这样一位成功的跨界鬼才，从一个不合群的"异类"设计师成为设计圈人人认可的明星设计师，他一次次跨界涉足的行业范围之广令人叹为观止。他是"杂学之大成者"——张丰义。

数变数

张丰义不是一个学院派。从人生第一份工作，木工、电工、车工等，他学一技长一技，学必精专。这段忍耐与执着的学技之路，锤炼了他的性格。从研究设备流水线到研发彩色玻璃，从承接施工项目到做设计，张丰义每一次跨界的领域关联似乎都不大，却又有迹可循。在这种多元化的角色转变中，张丰义最终找到了自己的准确定位——设计师，并为之广学深研，乐此不疲。

做设计跟习武差不多，马步扎稳了才能练打拳，张丰义深谙此道。跨界而来的他为了补充与设计相关的基础知识，陆续学习了传统文化、哲学、商业模式、色彩学、建筑学等很多课程，付出了超越常人的努力。所谓"功夫在诗外"，这些都是他为了更好地做设计所扎的马步。这样兼容并包地充实自己，源于两个字：有趣。张丰义说："再也没有比设计更有趣的行业了。"从餐厅到酒店，从酒吧到广场，每一次的设计都能为他带来全新的体验。

众乐乐

张丰义更喜欢工装设计。他认为，不同于家装设计的"独乐乐"，工装设计是一个"众乐乐"的过程，它是一个相对更加开放的空间，更能天马行空，也更"有趣"。他更着力于做有文化底蕴的综合设计，在设计中融合空间规划、文化艺术和智能科技，将多重跨界统一于设计空间中，这已经远远超出了传统设计的框架，他所勾勒的是一个全新的设计生态系统。

张丰义的作品呈现独特的设计属性和符号。他设计的杭州SOS酒吧、外滩壹号、重庆环球号、迪庆香格里拉康珠大道、天伦精品酒店、江南会、酉阳桃花源度假村、欧琳厨房工业博物馆、富春宴、南宁疯马国际俱乐部等作品，至今仍被津津乐道。

张丰义一直致力于青年设计师的培养与杭州设计行业的发展。他毫不吝啬，主动将自己过去的经验积累，转化为具象的表达，让大众可以更好地理解，并从中受益。这是他"众乐乐"态度的最好体现。

好美好

武术、书法与美食，是张丰义工作之外的三大兴趣。练一套拳，做一餐美食，写一帖书法，成了他的日常生活习惯。哪怕是出差在外，去一趟邻近的菜市场，吃一餐当地正宗的特色早餐，于酒店外广场上练一套拳，几乎风雨无阻。这是张丰义独特的放松方式。

他爱品美食，也擅长做美食，工作上纵横设计界的风云人物，工作之外却能烹出一桌好菜。他在美食的制作与分享中，敏锐地发现了设计新的细节——科技思维，并以此为新的角度重新考虑设计。正是这样通过观察生活，发现脉络与线索，让设计更贴心，让表达更贴近。

在清晰的自我定位中，张丰义广泛涉猎各个领域，冷静思考与总结，高效实践与输出，实现了设计的社会价值输出，推动了设计行业的发展。作为天生的冒险家，张丰义从没给自己设定过设计标准，每一次设计都综合文化与功能、创意与科技，每一笔都充满新意。

深耕大浙江
坚持稳中求进

陈杭闽
杭州东箭实业集团有限公司董事长

行而有思，思而行远　东箭25年的坚守与前行

杭州，长江三角洲区域的特大城市，素有"人间天堂"和"互联网经济之城"的赞誉。风雨历程廿五载，东箭扎根在这片热土上与杭州这座城市牢牢捆绑着，共同见证彼此的成长与阵痛。而东箭与杭州的血脉相连，正源于东箭集团董事长陈杭闽先生对于杭州深厚的故乡情，和对于浙江经济发展的殷切期待。

作为比较早一批在建材行业施展拳脚的"创业人"，陈董也经历了从创业初期的捉襟见肘到如今的年销售额突破20亿元，从10m^2的小隔间到如今13万m^2的仓储总面积、8000m^2办公区，从3个人的"小作坊"到如今1600人的集团化公司的跨越。独家授权的品牌也迅速覆盖建材全品类，TOTO、箭牌、摩恩、东鹏瓷砖、安华、金意陶、威乃达、卡卡罗、美诺等品牌云集，全渠道搭建了零售、分销、项目、电商、家装的立体营销网络，而2015年东箭成立的上家服务中心，使东箭真正转型升级为建材领域独树一帜的多品牌运营服务商，全省设立8大城市服务站，为100多家直营门店、约500家分销网点提供一体化配送、安装、维修服务，真正做到让客户买得放心，用得安心。

在东箭大发展的每个阶段，陈董都给出了坚定不移的方向，真正诠释着"行而有思，思而行远"的深刻内涵。2012年东箭抓住了互联网的第一波风口，在天猫、淘宝、京东等平台运营店铺70多家，历年销售额位居品类前列，成为目前比较具规模的建材电商运营服务商之一；2015年东箭创立了"一站式装饰建材F2B垂直平台"，为客户提供选材、物流、安装、维修等一站式体验；2018年中国房地产迎来政策重大利好，东箭顺势开始发力项目渠道，依托集成客户开发、项目管理、产品交付的"铁三角"运营模式，与滨江、华润、万科、绿城、保利等知名强企达成战略合作，开启全国范围内的项目业务布局；2019年东箭初次提出"深耕大浙江"战略，扎根杭州，相继布局全省城市分公司，持续开拓城市分销，东箭的大浙江战略初具雏形；2021年东箭正式提出推进"大浙江战略"，实现全省一仓发货，同时加速推动"大浙江分销自营化"，致力于用优秀的交付实力，实现对客户的承诺："持续为客户创造价值"！

不忘初心，心系社会　东箭，让爱不打烊

东箭，作为杭州"资深老字号"的一家企业，响应国家号召，以身作则，积极支持着当前的疫情防控工作，同时也向所在的富阳区慈善总会、上城区慈善总会捐款20余万，用于杭州区域内疫情前线抗击与防治工作。陈董提到，东箭受益于社会的馈赠，也积极践行社会责任，回馈社会是他终生的事业。

千里之行，始于足下。东箭始终以为客户创造更大价值为追求，竭诚为客户提供优质的产品和周到的服务，经营好自己才能更好地反馈给社会，不忘初心，让爱不打烊。

诚信重诺做人做事

陈建录
浙江青川装饰集团有限公司董事长

"我们做事情,一旦承诺了,就必须去兑现。"不善言谈的陈建录,话语平实,语调平缓。

这个从温州大罗山里走出来的贫家子弟,从做木匠学徒谋生到创办企业,不知经历了多少坎坷,但他始终保持着诚信重诺的准则。20多年来,陈建录创建的浙江青川装饰集团从最初的2个人发展到了500余人,成为温州建筑装饰行业的龙头企业。更为当地人们熟知的是这个白手创业的企业家,早在2006年就公开承诺,每年拿出企业利润的10%用于公益事业回馈社会,迄今累计投入5000多万元。

从木工学徒到民营企业家

陈建录14岁时就辍学跟着木匠师傅,做起了学徒。第一次挣到的三元钱,陈建录跑到医院把它送给了村里一位患病的长辈,在干了十年木匠活以后,25岁的陈建录决定成立青川装饰有限公司,在更大的舞台上一试身手。公司成立的前五年,日子过得很艰难,他都是自己亲自跑市场、承揽业务、买材料、设计方案、做预算等,经过几年努力,公司终于步入正轨。

2000年前后,全国各地基础设施建设如火如荼,温州建筑装饰行业也进入发展快车道,具有资质的装饰公司一度达500余家,但每年也会有几十家公司被市场淘汰。在残酷的市场竞争中,陈建录的企业活了下来,而且不断壮大。二十多年来,公司的"回头客"占到整个业务量的1/3以上。

"我们无论是做产品、做市场,还是做项目工程,首先不能想到赚钱,否则工程很可能出现质量问题。第一个想到的应该是,我这个项目必须做到客户满意为止。"为此,陈建录提出了"服务零距离、质量零投诉、过程零风险、工艺零缺陷"的标准,并在实践中不断完善。

企业家应该承担更多社会责任

在陈建录看来,一个成功的企业家不但要把企业经营好,为社会创造更多的财富,还应该主动履行社会责任。"我这个人从小就对社会的弱势群体有一种同情感,想要为社会做点事情。"他表示,如今国家给予民营企业许多好政策,时代赋予民营企业更多机遇,企业家没有理由不回报国家、反哺社会。

2006年,陈建录被增补为中国光彩事业促进会理事,开展社会公益事业有了更宽广的舞台。2016年,陈建录与贵州织金县50个村签订了农副产品包销协议,帮助农民产品打开销路。

2018年,陈建录又出资成立了浙江爱心事业基金会青川公益基金。他曾向社会承诺,每年拿出企业利润的10%用于公益事业,并一直坚持到今天。现在青川装饰已募集并捐赠物资等累计达5200万元。

说到企业的未来发展,陈建录表示,自己做事情比较平稳。"未来我想把企业做精,主线是建筑相关类的产业。我们是建筑装饰开始的,慢慢进入建筑相关的产业链,因为我们了解这些领域。"一花独放不是春,万紫千红春满园。他说,民营企业家要把企业与员工视为命运共同体,实现共建共享共赢,从而达到企业与员工"共同富裕"的目的。

致中和
奋进新时代

张跃迅
浙江福田建筑装饰工程有限公司董事长

"致中和，天地位焉，万物育焉"——《中庸》

这是张跃迅从创办福田建筑装饰工程有限公司以来一直秉承的核心理念。1993年装饰行业方兴未艾，当大部分人还在踌躇之时，张跃迅毅然决定离开浙江省城乡规划设计院加入创业大潮。作为行业新星的她带领员工向当时装饰行业领先的香港、广东取经。在多次与全国各大公司的合作交流下，整理出一套适用于福田自己的管理模式，从此在浙江扎根成长。

时光荏苒，现今福田装饰已是一家集室内外装饰设计、施工于一体的双甲企业，项目涵盖宾馆酒店、学校、医院、商业超市、金融证券等各方面，并成为多家国内知名房地产开发公司的战略合作伙伴。近年公司参与了杭州大剧院、杭州国际会议中心、杭州亚运村等多个地标性建筑的装饰施工，从一家名不见经传的小公司蜕变为浙江知名的建筑企业。

近三十年间有很多起伏变化，行业从蒙昧走向秩序，一批又一批的新鲜血液不断加入装饰行业，跟随着经济的腾飞而成功，也有很多失败者在这股浪潮中黯然退场。在这样充满竞争的行业内，保证福田顺利前行，正是张跃迅对中庸思想的不断实践和总结。"是故君子戒慎乎其所不睹，恐惧乎其所不闻。莫见乎隐，莫显乎微。故君子慎其独也。"不论何时何地心怀敬畏，谨慎前行，保证了福田在大环境的起伏之中稳守本性。"喜、怒、哀、乐之未发，谓之中。发而皆中节，谓之和。"则是她对待作品的态度，是对"和"的一种诠释：装饰是一门实践的艺术，是表达美感的最后一步，它涵盖美学、堪舆、人文等内容，"差之毫厘，谬以千里"的责任感督促福田人尽心尽责地完成每一项工程。

新的挑战

三十年的辉煌是美好的回忆，新的挑战仍在路上。全球疫情的蔓延，国内经济环境的变化正改变着人们的生活，也改变着装饰行业。

现今中国经济的转型正是由对房地产及相关产业的规范开始，这意味着对于装饰行业选择项目规避风险的要求进一步提高。在张跃迅的主持之下福田团队紧跟变化，防患于未然建立了一套行之有效的风险管控体系，这之中既有她三十年从业累计的经验教训，也有专业咨询团队提供的帮助，这让福田公司在面对挑战时更加从容。

另外疫情也是很长一段时间内，各个行业需要面对的挑战。它对公司管理水平提出了更高的要求。建立初期深耕行业的决定正好帮助了张跃迅及福田公司，每一次施工、每一次检查，张跃迅和她的福田人都把安全和品质放在了首位。而严格地按照防疫要求保证员工的健康，又能确保施工正常有序的展开。

博学之，审问之，慎思之，明辨之，笃行之

张跃迅及福田人在公司前进的道路上秉承这样的理念，拥抱新的知识，在每次的项目当中不断自我检查总结，抛开不必要的幻想及侥幸，确定了一个方向后又能坚定不移地执行下去。

回归装饰行业最初的本质就是给人带来和谐的美，是张跃迅最初也是最终的目标。把事物最核心的本质看清辨明是每一个思想者所追求的，而任何事物最后都将归于"道"，在这个行业学到的推而广之更可以在生活中继续实践，坚持"慎微笃行，精筑致远"。这就是作为一个从业三十年的老兵的智慧。

之江潮起　绿水青山

陆铜华

千年舟新材科技集团股份有限公司董事长

缘起初心　一张好板

20世纪90年代初，陆铜华从千岛湖来到杭州创业，当时行业普遍缺少品牌意识，环保理念更无从谈起。所以，当陆铜华自己办厂的时候，立志要生产出一款环保、健康的板材，"为人民造一张好板"的创业初心由此而来。

坚守初心，做深主业。千年舟深耕板材产品研发，首创杉木芯细木工板及行业标准，相继又推出免漆生态板及标准、无醛级澳松板，天然豆香板及ENF级定向刨花板等产品，持续引领市场。

绿色发展，循环经济。千年舟通过"绿色供应、绿色设计、绿色智造、绿色产品、绿色服务、绿色公益"六大维度打造"绿色健康家"品牌理念，改变传统大量的"生产、消耗、排放"的生产、运营模式，发挥产业链集群优势，资源综合循环利用，助力节能减排，做"绿水青山就是金山银山"的践行者。

创新引领　行稳致远

伴随企业发展，陆铜华提出"品牌、财务、法律"三个思维和"组织、管理、产品"三个创新，将"思维"和"创新"作为企业持续发展的不竭动力。

现集团已成为国家高新技术企业、国家知识产权优势企业，拥有省级高新技术企业研发中心、省级技术中心、省级研究院、CNAS认可检测中心等；研发平台陆续成立院士工作站、博士后工作站、国家木竹产业技术创新战略联盟理事合作单位等。持续科技资源投入、专家合作、校企合作、人才引进、知识产权建设等，荣获中国发明协会发明创业一等奖、梁希一等奖等荣誉奖项。对标国际，规划先行。陆铜华在工厂规划时严格对照国际先进技术标准，按照国家绿色示范生产线标准建设生产线，实现传统板材产业加工的转型升级，引领行业智能化制造水平。

助力双碳　绿色发展

陆铜华多年的经营实践形成了独特的战略发展指导思想："悟未来、知进退、重规划、谋发展"。他组织成立了共同富裕专委会，为浙江省共富示范而发挥制造企业作用。专委会内部通过赋能、激励，推进员工和上下游客户的"能力、物质、精神"富裕，外部通过"创新发展、产业拓展、业务发展"，实现双碳发展和乡村振兴。

他积极探索为社会解决痛点、难点问题。获悉国内竹产业发展困难，竹林抛荒严重导致生态恶化，秸秆资源废弃化严重，影响着广大农民的收入。陆铜华组织集团研发人员和专家团队合作，从种植、培育、采伐、生产等全方位，推动传统竹产业高端化、智能化、绿色化发展，促进竹林一、二、三产业融合发展，实现大地增绿、竹农增收、企业增效、财政增源，做"乡村振兴、共同富裕"的践行者！

实干创造历史，奋斗成就梦想。积极响应2016年出台的《国务院办公厅关于大力发展装配式建筑的指导意见》（国办发〔2016〕71号），集团在多地建成装配式示范建筑多处，践行"绿水青山就是金山银山"理念，打造美丽宜居的生活环境，推动建筑产业转型升级发展，也是对浙江省装饰协会一直倡导的"绿色先行·装饰之美"的有效探索。

高度成就梦想，初心引领未来。公司积极践行国家双碳产业，在做深做透"一张好板"的同时，我们通过多年的实践，给市场、消费者打造了"制简不凡"的"菲凡之家"——柏菲伦高端定制家居；在满足人民群众对美好生活向往的动力推动下，我们又构筑了"中国未来建筑"——智木艺墅；始于板，立于板，构建"材板柜居筑"一体化健康家居产业生态。

"一张好板·装配未来"，千年舟抓住百年未有之际遇，不忘"为人民造一张好板"的初心，坚定信心，勇毅前行，创造出无限未来的后疫情美好世界！

台州建筑装饰和城市美化的先行者

李　健

浙江一方建筑装饰实业有限公司董事长

　　浙江一方建筑装饰实业有限公司是一家具备建筑装饰专业承包资质的设计与施工综合性建筑装饰企业，是一家有情怀，有社会责任感的建筑装饰服务型企业。

吸纳人才，推动资质，走专业化发展道路

　　20世纪90年代初期，正是广告和室内装饰事业刚刚起步的时候。1993年，李健创立一方广告公司，在早期，广告与装饰两个行业是不分家的，公司既做广告策划和户外广告，又做银行、酒店、娱乐场所、办公场所的装饰设计和施工。为了让企业有更广阔的前景，并与建设部产业导向以及与建筑业资质规范接轨，1995年，李健创立一方建筑装饰实业有限公司，在企业成立之初即面向各大专院校招聘吸纳人才，公司建立和完善在台州领先的设计与施工专业部门，同时努力拓展业务，公司几年后逐步形成了拥有50多名各专业技术人员的团队，成为资质较为齐全的建筑业专业承包企业，是成为城市建筑空间和环境营造和美化的建筑装饰企业。

　　在公司成立之初，李健带领公司技术人员，亲力亲为，在设计和施工各个技术环节认真学习研究，经常与设计师一起研究讨论设计方案和技术难点，并为遇到的重要项目与设计人员共同工作通宵。自己也经常在工地现场第一线，进行图纸交底，解决技术难题。

创优创杯，完善资信，筑好一方品牌

　　在公司经营管理中，李健一直紧抓公司业务拓展和质量管理两条线，业务拓展是企业成长的保障，质量管理是企业生命力的基础，他给公司制定了十二字的经营理念：重合同、严管理、铸精品、创信誉。历年来，公司施工的项目，获得台州建筑装饰企业第一个"鲁班奖"、第一个"钱江杯"，以及第一个"国优"。公司也连续获得台州市人民政府命名表彰的建筑业"十强专业承包企业"称号，并在很多届连续居于首位。

服务统战，服务文化，做好统战团体带头人和文化事业的推动者

　　台州是中国民营经济发祥地、股份合作经济发源地、市场经济先发地。李健在带领企业发展的同时，不忘自身作为改革开放的得益者，不忘维护社会和谐稳定的大好局面，努力服务政府，服务文化事业。

　　李健担任台州市委统战部网络界人士联谊会首任会长，带领全市网络界人士，为维护互联网和谐稳定、大力发展网络经济、积极传播社会正能量、积极投身社会公益事业做了很多工作，新华社浙江分社副总编李亚彪专门带队，来台州采访网联会的工作成果并进行长篇报道，成为全国网络统战工作标杆。

　　以文化人，以文交友。李健作为一个有一定文学功底的企业家，在台州有一批志同道合的文友。台州市直机关作协的文学期刊《台州湾》文学杂志，李健和他的一方公司作为唯一的协办单位，他本人担任台州市直机关作协顾问。用文学去温润台州这座创新的城市，同台州一起日新月异。

与时俱进　守正创新

叶友希　浙江银建装饰工程有限公司董事长

当世纪疫情和百年变局交织，我们正在经历一个前所未有的大时代。正值浙江省建筑装饰协会三十周年之际，浙江银建装饰工程有限公司紧随浙江省建筑装饰行业协会二十七年，一群人、一辈子、一件事。

行业到了黑铁时代，在这条生存的赛道上，决胜不在千里，而是我们的思考和应变。

做专做精　持续聚焦

不以规模论英雄，实现高质量发展。浙江银建装饰工程有限公司聚焦五星级酒店、住宅精装修两大业务板块，把酒店做精、条线做深，力争成为高端酒店装饰引领者。引进与培养志同道合的项目团队，坚守精益求精，把一样事情做到极致、做到流程化，寻找自身核心竞争力。公司先后承接了深圳平安中心、上海中心、广州周大福金融中心等地标性建筑的装修，参与了全球前十大品牌香格里拉、万豪、希尔顿等高星级酒店的设计与施工；拓展了壹号院、万柳书院、建发等一线品质大宅的精装修业务；持续深耕北京、上海、郑州、杭州、厦门、成都等区域市场。

与时俱进　守正创新

敬畏市场，敬畏规则，敬畏客户。浙江银建装饰工程有限公司选择港企、央企、国企优质项目合作，根据项目属性、实际现场情况匹配专业管理团队。

严控风险，提高危机意识；修炼内功，夯实管理。推行项目全过程管理，做专做精，推行劳务实名制管理，建立劳务班组、作业人员的信息库及评价体系，试行专业化施工队。

公司搭建平台，让员工有输出能量的机会，我们坚持每周内部培训，针对不同专业、不同需求量身定制授课培训。你可以是学生，也可以是老师，能量的输出让自己感到快乐。

好产品是我们立于不败之地的最后底牌。我们于2021年组建了豪宅事业部。建立、输出管理和施工标准。好服务是让我们赢得更多客户的基石。豪宅事业部一年精选5个客户服务，体现匠心精神。

受疫情影响，我们行业很艰难，我们需要调整自己去适应新的环境。发生问题不可怕，我们全力以赴，上下一条心，都是能克服的。当下，风险防范是我们首要考虑的，对风险有合理的预判和强劲的管控，企业才能生存。

协会相伴　砥砺前行

三十年，浙江省建筑装饰行业得到了长足发展，为企业提供了一个良好的展示平台。未来装饰，美好未来。银建装饰继续携手兄弟单位为浙江省建筑装饰事业做实做稳，贡献力量。浙里装饰更美好！行业发展更精彩！银建装饰更有力量！

加快科技创新
推动转型升级
聚力开创新格局

寿国先
龙邦建设股份有限公司董事长

龙邦建设股份有限公司成立于1998年，至今已走过二十多年光辉岁月。多年来，龙邦人始终秉承"传承千年精工，缔造龙邦品质"的企业精神，脚踏实地，奋勇争先，成为建筑装饰行业的佼佼者，而这一切都离不开龙邦建设的掌舵人——董事长寿国先。

高瞻远瞩　敢为人先

从1998年涉足建筑装饰行业开始，踩着时代的"鼓点"，加上个人的前瞻眼光和果敢行事风格，短短数年，他带领着龙邦披荆斩棘，在激烈的市场竞争中突出重围，成功跻身中国建筑装饰行业百强企业。2020年，龙邦积极顺应国家建筑业发展趋势，提出了"以建筑设计为龙头，建材交易网为供应链平台，建筑总承包为主体"的总方针，大刀阔斧进行产业改革。新模式下龙邦发展成效显著，寿国先提出："要始终坚持高质量发展，创新经营模式，只有这样我们才能在新的赶考路上，取得更大的成绩。"

科技创新　与时俱进

在寿国先看来，科技创新是企业发展的不竭动力，要做到以科技创新为"矛"、以知识产权为"盾"，这样在市场竞争中才能更好地掌握主动权。为此，他提出龙邦要立足当前、放眼长远，紧跟国家的政策走向，集中力量打好关键核心技术攻坚战，走科技创新引领高质量发展之路。目前，龙邦技术研发中心已取得了多项技术突破和科研成果，荣获国家高新技术企业和浙江省科技型中小企业，拥有有效知识产权12项，共立项35个研究开发项目，完成32项科技成果转化。

选贤任能　广纳人才

"盖有非常之功，必待非常之人"，寿国先高度重视选贤任能，注重人才的培养，他认为，企业要用好人，先要选对人。而选人的标准是德才兼备，德字优先。龙邦建设聚天下英才而用之，强化重才意识，树立求才导向，改进引才模式，制定关键岗位的人才培养、激励机制，着力构建人才工作新格局。让"人尽其才、才尽其用"成为龙邦建设的新风尚。

龙邦建设二十四年，很短，弹指一挥间；龙邦建设二十四年，很长，是企业一步一个脚印，风雨兼程，努力拼搏才收获今天的荣耀。

未来，寿国先将带领他的精英团队，始终致力于打造更多精品项目，以专业的技术、优质的服务、卓越的品质，实现"国内领先，国际争先"的企业愿景，努力为建筑装饰行业发展添砖加瓦。

人生有梦　筑梦踏实
与建筑装饰行业一同成长与发展！

张良武　　百合盛华建筑科技有限公司董事长

热爱与专注　成就事业　成就员工

若想成就事业常青树，热爱是基础，专注是要素。

乔布斯说："成就一番事业，唯一秘诀就是热爱自己的事业。如果你还没能找到让自己热爱的事业，继续寻找，不要放弃。"

远看名人，近看我们的身边，用热爱与专注成就事业的人同样很多。正如百合盛华董事长张良武便是一位热爱事业并十分专注的人，虽然在发展过程中所遇困难无数，但他始终专注装饰装修领域，在每一次困难来临时都探寻新方式，走出更好的发展道路，而不是萎靡不振。即使众多企业不断开拓新领域，百合盛华依然踏踏实实地打拼在装饰装修行业，并以专业的精神和敬业的态度不断革新，促进高品质建筑不断衍生、更好地服务于社会。浅尝辄止往往在品尝到的只有苦痛，只有深入了解和开拓才能真正感受到甜蜜，百合盛华便是深入探索装饰装修行业的企业，并成功品尝到了甜。

让"员工成长有方向、进步有阶梯、以奋斗者为本，为优秀人才成就事业"是张良武始终奉行的管理理念。站在企业大家长的角度，他始终认为，企业和员工是荣辱与共，血脉相连的一家亲。企业在取得经济效益的同时，还应该考虑员工的成长和进步，成就员工。百合盛华以事业合伙人激励制度和薪酬制度为突破口，激发百合盛华人成就事业的雄心壮志。成立"百合盛华产教中心"，他亲自带领中高层管理团队作为企业的授课讲师培养和指导员工，帮助每一位百合盛华人成长进步呕心沥血、不遗余力。同时积极推广"周二夜学"机制，要求部门一把手带领团队成员通过头脑风暴和学习分享营造向上力量的学习氛围，引导员工不断发现问题、分析问题、解决问题，提高自身能力。在他的言传身教下，每位百合盛华人与公司同步调、同频率。将百分百的热情投入工作中，对客户的需求总是第一时间响应，对公司面临的问题总是积极提出自己的想法，并善于在平时的工作中总结自己的缺点，使自己的工作能力得到了快速的提升。目前企业的项目经理团队大部分都是这样迅速成长起来年轻人，成为独当一面的大将。正因为所有百合盛华人的专注与热爱，才让百合盛华遍地生根，从宁波走向了全国，也使得有梦想的普通员工成长为管理者、事业合伙人。

科技创新　高新企业　不断超越

变则通，通则久。百合盛华便以热爱为底色、以专注为基石，在装饰装修领域不断发现、探索和创新。早在2011年成立科技创新工作领导小组，成立工程技术中心、新型建筑工业化基地，技术创新，2019年成功获评国家高新技术企业，成为宁波市建筑装饰行业的佼佼者。同时百合盛华一直致力于体制创新、管理创新、机制创新，张良武创新提出"S2B2b"的项目管理新模式，即公司总部为事业部赋能，事业部为项目部赋能的管理模式，作为公司的总纲领、总框架、总思想，通过完善标准化、信息化建设，加强节点把控，关键技术和工具支持，帮助事业部、项目部实现高效运行。

协会集聚精英　催人奋进不休

转眼，百合盛华加入浙江省建筑装饰行业协会已经十余年了。在这个大家庭中，百合盛华和其他兄弟企业有机会可以相互交流、相互学习、共同进步，而且协会的专家团队对公司质量规范、安全文明施工给了很好的指导和帮助，借助协会的平台，百合盛华品牌的美誉度得到了广泛推广，激励着我们不断进步、不断向前。

我们期待在未来的日子里，百合盛华能够做强做大，成为更加长远、更有核心竞争力的企业，为协会和行业做出更多的贡献。

宏才匠心　至精泽厦

金建祥
浙江宏厦建设有限公司董事长

金建祥现任浙江宏厦建设有限公司董事长，从1980年步入建筑行业开始，至今已有四十余年；2019年至2021年，金建祥已连续三年荣获嘉兴市先进建筑业企业家称号；公司注册资本5800万元，是一家具有建筑装修装饰工程专业承包一级、建筑幕墙工程专业承包一级、建筑装饰工程设计专项甲级、建筑幕墙工程设计专项甲级，集建筑施工总承包、钢结构、建筑机电安装、电子与智能化、消防施工工程等多项施工资质的专业装饰装修企业。

夯实党建引领，塑造企业文化

金建祥非常重视企业党建，坚持以党建促发展，努力建设一支政治坚定、素质过硬、业务精通的领导班子和党员队伍。公司于2010年10月成立党支部，在"两新"党组织建设中，秉承着"把党员培养成企业骨干，把企业骨干培养成党员"，组织党员群众开展党史学习教育，学习党的十八大以来的历届全会会议精神、学习习近平新时代中国特色社会主义思想，不断提高管理层的政治理论素质、增强政治敏锐性和政治坚定性，努力把握社会主义新发展阶段，促进企业高质量发展。以党建引导企业文化建设，以企业文化凝聚员工，忠于职守、服务企业。不断完善党团工青妇建设，组织开展文明活动，让广大员工有更多的归属感、获得感和认同感，以良好的企业文化增强员工的凝聚力、向心力和战斗力。公司连续多年向慈善机构捐赠善款，为社会公益事业做贡献。

知人善用，识才适用

金建祥同样非常重视企业的人才储备，认为企业的高速发展离不开人才，人才是企业发展的重要资源，是企业发展的命脉，人才也决定了企业的高度。首先企业需要尊重人才，善于发现人才、发展人才、团结人才；其次要有爱才之心，要牢固树立人才为本的人才观，使他们劳逸结合，提高他们的积极性，激发他们的创造力，最大程度地发挥人才的作用；再者就是要用好人才，把人才放到合理的位置，实现人与事的最佳配合，留住人才，建立长效的人才激励机制。在这个思想带领下，公司招贤纳士，现拥有一支现代化的管理团队及管理模式，建立现代化管理制度，更好地为公司在建项目服务，提供高质量的人才输入及成熟的技术指导，更加现代化的工地管理。

谋发展大旗，创企业伟业

在现阶段的挑战与压力下，金建祥认为创新对于构建新发展格局以及实现经济的高质量发展具有至关重要的作用。要把创新作为发展的逻辑起点，作为发展蹚新路的根本途径，为企业高质量发展提供强大科技与人才支撑。企业每年都花费大量经费用于科研创新，并申请大量相关专利，使专利作为企业的一种无形资产和商业价值，帮助提升企业竞争力，进一步巩固企业服务及品牌效益；企业只能永不休止地推动科技创新，将科技创新转化为产品开发，把智力、知识注入新产品的开发之中，注入创立名牌的实践之中，注入企业管理和服务之中，才能保证企业的高速发展。

在未来的日子里，金建祥期望将宏厦品牌做得越来越强，企业更加多元化发展，为中国建筑装饰行业的发展做出更大的贡献！

博观而约取
厚积而薄发

陈志福
浙江世贸装饰股份有限公司董事长

2022年4月16日，浙江世贸装饰股份有限公司参与的我国首座考古学科专题博物馆——陕西考古博物馆在西安正式建成，于4月28日对外开放。此前，在陕西考古博物馆的概念方案征集中，浙江世贸装饰股份有限公司凭借方案的创新性与艺术性，获得国家级考古专家评委一致首肯，在与国内十几家一流展陈公司的竞争中脱颖而出，为深入贯彻落实习近平总书记关于文物工作的重要论述精神做出了实质性的贡献。

谈及从事了三十年的行业，陈志福目光坚定，充满希冀。他说，"装饰是值得用一辈子去钻研的生活环境艺术。"也正是出于这份热爱，陈志福在艰难的创业岁月里坚持了下来，把世贸装饰打造成了建筑装饰业界的一块金字招牌。

博观约取，厚积薄发

1987年，陈志福从浙江省建筑工业学校毕业，工作于浙江省建设投资集团。从画图纸到一线施工技术负责人，再到如今世贸装饰的掌舵人，陈志福的身上展现出的是厚积薄发的力量。

自工作始，陈志福参与了政府大楼、医院、酒店、银行等杭城许多标志性"楼堂馆所"的建设。1994年，鉴于出色的能力和表现，他得到了担任"浙江省十大标杆建筑"之——浙江世贸中心装修总监的机会，在装饰业界树立了声望和口碑。1998年，他就在这座自己参与打造的大楼里创立了世贸装饰。

如今，世贸装饰已经发展成拥有近千名员工的规模型企业，是国家高新技术企业，被授予中国建筑装饰"百强企业"、中国展览展示设计五十强、浙江省建筑装饰强优企业。室内装饰板块，叠加了"房地产全装修"，从第一年1个亿的业务，如今已能做到10个亿的业务量，发展迅速。幕墙板块，自2017年开始稳步发展，一步一个脚印，用实力斩获工程领域最高殊荣——"鲁班奖"。展陈板块，深植文化，孕育创意，担负传承。2021年，他带领团队一举拿下中共东阳历史馆、中国证券博物馆，以"双馆"献礼建党百年。后者更被列入中央宣传部、国家文物局庆祝中国共产党成立100周年精品展览推介名单。

永葆初心，笃行不怠

近年来，陈志福和世贸装饰深入研究与实践高端住宅精装修领域，与全国房地产领先企业以及区域优势地产品牌达成战略合作，在快速扩张中探索数字化平台管控，达到质量、工期、成本、安全的平衡。

在领导企业不断发展的同时，陈志福也积极投身社会公益事业。在他的带领下，从2015年起，陆续向社会捐款捐物，春风行动、公益捐款、捐资助学都留下了他的身影。2018年6月，他积极响应省委、市委的号召，加入"千企结千村，消灭薄弱村"三年结对专项行动中。三年中，他亲自带队走访长台镇长安村，为村里捐赠物资、采购农产品，为村里打造旅游示范村谋策献计，并提供专业设计团队资源紧密对接，被授予"千企结千村、消灭薄弱村"专项行动先进单位。2020年，企业在抗击新冠肺炎疫情中表现突出，被评为抗疫先进浙商企业，杭州市"战疫情、促发展、稳就业"履行社会责任企业。第19届亚运会将在杭州召开，陈志福秉持初心，敢于担当、积极作为，在G20优秀施工企业殊荣的基础上，承接了包括杭州萧山国际机场、德清体育中心、西湖柳莺里酒店等重要建设任务。目前，各项目部正紧锣密鼓、日夜兼程，将以崭新的姿态呈现世人面前，为亚运增光添彩！

陈志福和世贸装饰将以"敬业、至诚、创新、共生"的价值观，不断"创新"，做"行业独特的领跑者"，致力于"让空间更美好"。

第六章 乘风破浪 长风领航　浙江省建筑装饰行业功勋人物篇　　功勋人物

初心不改　奋楫笃行

贺叶江
百年翠丽股份有限公司董事长

2022年4月，贺叶江在百年翠丽股份的经营分析会上提到了"信心比黄金更重要"。贺叶江认为，疫情的反复只是短期现象，虽然短期内影响了建材行业整体发展，但这对企业来说也是一场变革和挑战，一次机遇和沉淀。从业三十余年，贺叶江一直带领着百年翠丽股份团队，不断在磨砺中前进、在危机中革新。

深耕建材领域，见证行业发展

1978年，改革开放的浪潮奔涌而来，大批创业者积极投身商海，民营企业从无到有开始登上历史舞台。作为敢为天下先的浙商群体中的一员、92派系的创业者，贺叶江紧跟时代步伐踏上征程，开始扎根建材行业。

2005年，国内精装楼盘时代开启，贺叶江敏锐地捕捉到房地产商与消费者对精装房涉及建材品牌、品质的要求，开始引进国际高端卫浴等产品，并于2008年创办了杭州百年翠丽实业有限公司，率先在杭州打造了业界领先的全方位实景体验展厅；与30多家知名房企达成了战略合作，强强联合，逐步将"德国唯宝Villeroy&Boch、德国汉斯格雅Hansgrohe、雅生AXOR、铂浪高BLANCO、西曼帝克SieMatic、嘉格纳GAGGENAU、意大利捷仕GESSI、金牌橱柜"等国际一线卫浴、橱柜、电器品牌引入多个省市地区的高端楼盘。百年翠丽股份数十年如一日的高品质产品和诚信经营理念，收获了消费者的一致好评。

拥抱时代变化，插上飞翔翅膀

扎根建材行业近三十年，百年翠丽股份始终立足长远发展，拥抱时代变化，通过不断创新和变革，为自身的发展奠定了坚实的基础。

2015年，百年翠丽股份投资建设位于钱江世纪城的甲A级商务写字楼——悦盛国际中心；2018年，悦盛国际中心顺利落成，百年翠丽股份总部正式迁入，翻开了公司发展崭新的一页。与此同时，悦盛国际中心成功吸引了中国（杭州）5G创新谷，及其5G产业涉及的工业互联网、智慧城市、大数据等领域30余家企业的正式入驻，基本形成上游研发、中游平台搭建、下游应用的完整产业链条。另外，百年翠丽股份在萧山区戴村镇投资建设面积达5500m²的"铎诚智创产业园"，将会于下半年正式投入使用，将成为引进和发展高附加值、高精技术产业的聚集区。

百年翠丽股份关注消费者的用水安全和健康，将经营领域延伸到了管道板块。引入德国技术研发和销售铜管、不锈钢管及其配套的健康、舒适、智能的水系统，通过工程场景、生活场景的实际应用，让消费者用水更安全、更放心。

不忘多年初心，共创行业辉煌

浙江省建筑装饰行业协会蓬勃发展三十年，也是百年翠丽股份成长的三十年。百年翠丽股份始终不改初心，充满对未知探索的热情和对未来的期望，在建材行业未来的发展道路上，与协会携手共进，共同开创建筑装饰行业发展的新篇章！

匠心"夺天工"

封福良
浙江天工装饰工程有限公司董事长

时钟拨回1998年，封福良刚三十出头。

那一年，他成为了"首届余杭十大杰出青年"，"作为企业家，第一次感觉被社会认可，所以特别珍惜这份荣誉"。

转眼二十多年过去，他创办的"天工装饰"，已经从一支几个人的装修工程队，发展为行业知名的装饰企业。

忠于初心，始于诚心，恪于匠心。

无论为人做事，封福良都恪守这样的信条。

初心始终不改

很多人在装修淘到了第一桶金以后，另谋他去。然而二十多年来，封福良却执着地在做装饰。他认为做装饰不是"当包工头"，而是为顾客营造美好舒适的生活空间，是"创造美的事业"。因为怀揣这样的理想，所以"天工"不敢懈怠。

封福良最早是个木工。凭着自己一身过硬的好手艺，加上他还爱动脑子，几年后就积累了不少实战经验，创办了"福良装潢公司"，公司最初只有两三个人。从"福良"到"天工"，他把"谋发展、抓质量、树品牌"作为公司发展的"三要素"。

封福良的想法是，始终以独具匠心的设计、平实可信的价格、高超严谨的工艺，以及文明守信的经营服务于顾客，用自己实实在在的实力，谋求企业发展，赢得社会认可。他很欣赏《亮剑》里的李云龙。他认为，一个人，要有自己的气场；一个企业，要有自己的气质。

诚心赢得信赖

天工的办公大楼里荣誉很多："国家级守合同重信用单位""浙江省重合同守信用AAA级单位""浙江省消费者信得过单位""浙江省诚信民营企业""浙江省信用管理示范企业""浙江省建筑业诚信企业"、省级"文明经营示范单位"。封福良非常重视这些荣誉。

俗话说"一个好汉三个帮"，万丈高楼平地起，靠的不止是施工企业，还需要很多供应商和无数为此挥洒汗水的工人们的鼎力支持。

封福良认为，做企业不能只为了自己，要团结合作伙伴和工人朋友一起为共同的目标打拼，让所有业主放心，为行业带来正能量，才算是真正的成功。

每到中秋团圆时节，公司总会大摆筵席，邀请供应商和施工班组代表，开座谈会、聊心声、吃团圆饭。每年一度的公司战略会议，也会邀请他们参会，给公司提提意见。

天工还有个不成文的规定，每逢过年的时候不管自己有没有困难，不能拖欠供应商的材料款，也要让每位工人离开工地回家时，拿到足额工资快快乐乐过年。为此，每年农历十月底，公司就召开付款的专题会议，财务早早安排好资金，一个个打电话给供应商和班组长，提醒他们来对账，确保年底大家安安心心过年。封福良说，这是我们施工企业的责任。

匠心追求美好

当初取名"天工"，封福良意在"巧夺天工"。"这是一项'美'的事业，我们的创业之路，就是一条发现美、创造美、传递美的追求之路。"

封福良说，追求美的过程中，自然而然就关注到那些"不美"的事。如何发掘出这背后的东西，变"不美"为"美"，不仅是一个装饰企业家的职责所在，背后更是一颗创造美、维护美的匠人之心。"细节做好了，还怕大事做不好？"

"我们很勤奋，也很可贵。"如今在封福良的话语体系里，已然丝毫看不出当年那个包工头模样，"我们是美好城市营造者"。借着这样的情怀，作为余杭建筑装饰行业协会会长，他花费很多时间和精力，把这个社会组织搞得风生水起。"我就是想为当地的建筑装饰行业骨干们提供一个交流的平台，凝聚起行业发展向上的力量。"

守正创新担使命
砥砺奋进书华章

吴文奎 宁波建工建乐工程有限公司董事长

在高楼林立的港城名都，凸显了许多靓丽特色的宁波地标性建筑，如宁波万豪大酒店、宁波李惠利医院东部院区等重点项目，呈现大师设计的帝宝大厦、韩岭美术馆，深度运用BIM技术的宁波城市展览馆、宁波奥体中心，以及宁波财富中心、宁波新行政中心等为宁波市民所赞许的工程中，凝聚着建乐公司全体干部职工辛勤劳作的智慧，吴文奎作为建乐公司的董事长功不可没。

从事建筑行业近三十年，吴文奎在岗位上兢兢业业，为企业的发展尽心尽力。他和经营管理班子一道，积极实施"规模经营、资质经营、品牌经营"三大经营发展策略，坚持贯彻落实总承包施工与建筑装饰、建筑幕墙专业施工相结合，设计与施工相配套的发展策略不动摇。组建了幕墙分公司，兴建幕墙和装饰材料两大生产基地，近10万m^2的幕墙生产基地和装饰材料生产基地是浙江省首批建筑装饰业产业化示范基地，为创精品工程提供了强有力的技术和平台支撑。通过主业做大做强，专业做精做细，从而推动企业不断转型升级，实现企业可持续发展。公司被评为全国优秀施工企业、全国装饰明星企业、浙江省建筑业先进企业、宁波市建筑业龙头企业等，并被授予省AAA"守信用、重合同"企业称号。

吴文奎在企业文化和精神文明建设上坚持"以人为本"的原则，组织形式多样的教育和文化活动，积极开展技术比武、知识竞赛等活动，培养职工勇于自我超越的精神和相互信任的团队意识，构建和谐向上的企业氛围。他注重对员工的教育管理的力度，特别是一线青年员工的培养，关心青年的成长，和相关高校成立"建乐班"并提供实习机会，为公司储备毕业生人才。同时，提供各类平台让青年员工发挥特长，搭建人才梯队建设，为公司可持续发展做出贡献。近几年，公司多名职工获"浙江建设工匠""港城工匠""宁波市首席工人""浙江省建筑装饰行业青年榜样""宁波青年岗位能手"等荣誉。同时，在他的带领下，公司成立党员先锋队、青年突击队、公司志愿服务队，常态化参与各类公益慈善活动，开展"慈善一日捐"、村企结对、交通志愿岗结对、文明城市志愿者等活动，设立慈善冠名基金用于扶贫帮困、助医、助学等，以实际行动践行初心使命。在新冠肺炎疫情暴发的时候，他第一时间发动公司捐款并组织志愿队伍支援疫情防控工作，体现危急时刻的责任担当。公司被评为全国"五一"劳动奖、全国精神文明建设工作先进单位、抗击新冠肺炎疫情突出贡献单位、省文明单位。

吴文奎守正创新、砥砺奋进的精神，在干部职工中赢得了良好信誉，在他的带领下，公司干部职工心往一处想、劲往一处使，激发出攻坚克难、干事创业的强劲动力，助推公司稳步健康发展。他本人也荣获"浙江省建筑装饰行业优秀企业家""浙江省'最美装饰人'""浙江省建筑业新冠肺炎疫情防控工作先进个人""宁波市劳动模范"等称号。面对各种赞誉，他仍然保持着清醒的头脑，知识型、创新型的时代要求不断丰润他工作和奋斗的内涵，带领职工不断攀越新的高峰。

道虽迩　不行不至
事虽小　不为不成

朱　快　绿城装饰工程集团有限公司总经理

道虽迩，不行不至；事虽小，不为不成。2021年以来，面对上游房地产行业剧变和国内疫情反复多发的严峻形势，绿城装饰集团迎难而上、创新变革，以稳健之姿攻坚克难，取得了一系列可喜的成绩。这些成绩的取得，和绿城装饰集团总经理朱快有着密不可分的关系。

机会和运气总是眷顾有准备的人

1999年，朱快从浙江工业大学工程管理专业毕业后进入杭州一家工程监理公司。在工地值班期间，年轻的朱快利用一切闲暇时间学习，把操作规范和施工图纸牢记在心，在巡查工地的时候，他总是胸有成竹、思路清晰。不仅如此，他还经常向工地的工人学习技术，同管理人员学习、借鉴工程管理经验。几番历练后，朱快迅速成长为一名优秀的工程人。

2004年，经前同事推荐，朱快获得了绿城的面试机会。面试时，时任绿城总工程师问了一个细节问题——混合砂浆的配比是多少？他快速准确地回答出"1：1：6"。这让总工程师非常欣赏，他告诉朱快，这个问题虽小，但很少有人关注到。那次面试顺利地通过了，如今，身为绿城装饰集团总经理的朱快也常常用自己的亲身经历激励员工，"机会和运气总是眷顾有准备的人。"

最好的机会是与公司共同成长

企业作为员工发展平台，对员工个人影响深远，朱快个人的成长与绿城装饰集团的发展也息息相关。

在过程中不断总结经验、与公司共同发展进步的朱快，在2010年担任绿城精装修管理部的负责人，部门很快开始市场化运营，浙江绿城装饰工程管理有限公司便应运而生。2016年，浙江绿城装饰升级为"绿城装饰集团"，开始了集团化运作，幕墙公司、园林古建公司等装饰产业链公司也相继成立。朱快说："我的忠诚让公司看到了价值，所以将我放在重要的岗位上。公司需要的是认同和传承企业文化的人。"

用一颗师者匠心培育桃李

凡学百艺，莫不有师。跟着师父学技术、学管理，一直是绿城的优良传统，师徒间的教学相长也是绿城文化的重要传承方式。在员工心目中，朱快不仅是一位好领导，更是一位好老师，他的匠心和仁心，影响了一批又一批绿装人。他的哲思和智慧，为绿城装饰集团留存了大批业务和管理骨干。

朱快也格外重视产业工人队伍的培育。2021年以来，绿城装饰集团先后与浙江理工大学、浙江科技学院签订战略合作协议，与江苏建筑职业技术学院签订"订单班合作协议"，与浙江建设技师学院共建"装配式产业工人"实训基地，探索深化校企合作，加强产业工人培养。

朱快希望绿城装饰集团在未来能够为中国建筑装饰行业的发展做出特色贡献。根据战略2025指引，集团将进一步深化改革，以"科技装修"战略业务为核心，加速传统装修业务的科技化和企业管理的数字化转型，积极探索绿色建筑、装配式装修发展趋势，在赋能绿城房产主业的同时，推动全行业高质量和可持续发展！

锻造红色引擎
彰显国企担当

张根坚

浙江省武林建筑装饰集团有限公司党委副书记、总经理

张根坚，高级工程师，一级注册建造师。自进入浙建集团以来，以其恪尽职守的敬业精神、精湛的专业水平，带领团队攻坚克难屡创经典项目，获得行业内外诸多荣誉，先后荣获2021年度"浙江省建筑业优秀企业家""浙建集团先进个人"荣誉称号；"居之无倦，行之以忠"，围绕中心贯彻强企战略，推动国有企业改革创新、提质增效。

强基固本　守正创新

强调"坚持效益与规模同步发展，坚持将企业做大做强"的经营理念，带领团队深耕大装饰装修、幕墙主业，持续跟进行业发展趋势，积蓄发展新动能。及时分析把握政策红利，顺势而为介入美丽乡村建设，主导推进技术创新和装配式发展。拓宽业务领域，创新业务模式。审时度势运用好"浙建模式"，持续探索运用EPC+F、EPC+O等多种模式，打造集投资、建设与运营一体化服务支撑的业务体系。

精心耕耘　逆势突破

深入发掘公司三十余年发展积累形成的专业队伍优势和产业链优势，深挖装饰、幕墙两大主业发展潜力，做精、做优、做强建筑装饰行业市场，积极布局装饰装修领域EPC项目等新业务。不断加大在既有市场区域的投资建设力度，连续获取重大创优项目，提高市场占有率，提升品牌知名度。推进区域布局优化，不断突破省外市场，输出"浙建模式""美丽乡村模式"，推动业务体系持续发力。

崇德尚品　志远艺臻

以"品位装饰、品质生活"为使命，引领美好生活新愿景，推动行业发展新局面，服务社会经济新发展。将产品品质视为企业生命线、打造品牌影响力的基础，千方百计提升经营管控能力，深化质量管理、落实项目长责任、完善信用体系建设，先后荣获"鲁班奖""国家优质工程奖"等数十项，推动企业发展规模、经营管理再上新的台阶。

勇于担当　甘于奉献

涉及重大政治、民生等工程项目时，张根坚充分发扬了国有企业领导的社会责任和政治担当，把工程项目的品质质量和社会效益放在首要位置，坚决打造百年工程，树立政府放心、人民满意的社会形象。公司先后承接了杭州火车东站、萧山机场专用候机楼、浙江音乐学院、新昌镜岭小城镇等一大批经典优质工程。

"仰之弥高，钻之弥坚"。浙江省武林建筑装饰集团有限公司始终致力于企业经营，通过对行业发展趋势的透彻把握、对提升企业运转效力的精心钻研，薪火相传、风雨兼程，用赤诚的心践行一个"造梦者"的追求，以非凡的创举为社会美好发展谱写美丽篇章。

和美装饰　美好生活

第七章

蓄力笃行　共创未来

浙江省建筑装饰行业贡献人物篇

心有猛虎　细嗅蔷薇　于我　过去　现在以及未来
不忘初心　方得始终
以"工匠之路"铸就企业品牌
以红色信仰　走绿色发展之路　创企业金色信誉名片
匠心匠铸　深耕不辍
见证城市发展　书写新时代
道阻且长　行则将至　行而不辍　未来皆可期
情怀酬远志　碧血写赤诚
元润东方　和创未来
经营从心开始　品质为先，向善而行
初心不改真善举　砥砺奋进展雄心
"三立"治企　用实干成就未来
君子如玉　君子如龙
初心不改　奉献行业的二十载　铸就新时代放心装企
浪潮中的长期主义　难而正确的家装之路
中流击水　更创辉煌
目标百年企业　我们仍在路上

贡献人物

廖　原	杭州市建筑装饰行业协会副会长兼秘书长
方忠良	航天科工广信智能技术有限公司副董事长兼总经理
陆东辉	浙江鸿远科技有限公司董事长兼总裁
黄国兴	浙江大东吴集团建设有限公司副总裁
徐建华	浙江华尔达建设有限公司董事长
杨越嶂	浙江视野建设集团有限公司董事长
丁为民	浙江豪鼎实业集团有限公司常务副总经理
周世安	浙江众安建设集团有限公司董事长
章建平	宁波市建筑装饰行业协会会长
徐海峰	浙江中天方圆幕墙有限公司总经理
周培永	浙江鸿顺达建设集团有限公司董事长
韦文标	浙江广居装饰有限公司董事长
何　石	方太集团家装事业部总经理
张一良	浙江铭品装饰工程有限公司董事长
颜伟阳	圣都家居装饰有限公司创始人
赵建忠	浙江升华云峰新材股份有限公司总经理
沈忠达	杭州老板贸易有限公司总经理

心有猛虎　细嗅蔷薇
于我　过去　现在以及未来

廖　原
杭州市建筑装饰行业协会副会长兼秘书长

"In me the tiger sniffs the rose."心有猛虎，细嗅蔷薇。是英国诗人西格里夫·萨松代表作《于我，过去，现在以及未来》的经典诗句。这个意境，用来表述廖原对待生活和工作的心态最恰当不过。

历年来，她获"全国建筑行业优秀秘书长""全国建筑装饰行业抗击新冠肺炎疫情特别贡献先进个人""浙江省社会组织领军人物""省建筑装饰行业'最美装饰人'""市建设行业两新组织'优秀共产党员'"等荣誉称号。中共杭州市第十三次代表大会党代表。

廖原在协会工作中，坚持"党建引领、创新服务、科技支撑"，按照协会"提供服务、反映诉求、规范行为"的宗旨，奋力谱写杭州建筑业高质量发展新篇章。

党建引领，把握行业发展正确方向

以党建联建为载体。结对17个不同所属领域、不同项目特色的党组织，开启省、市、区协会、企业多方携手，发挥专业技术优势，开展"一对一"指导、"行业对标学""助力亚运项目打造精品工程"活动，落实难题共解、人才共育、项目共推、服务共促。以党建带工建为抓手，成立市建筑行业工会联合会。通过行业、企业、项目工会三级联动，保障杭州42万农民工建设者权益。《杭州建筑业》连续13年获省建协精品期刊，微信公众号获评"2021年全国建筑业'优秀微信'公众号"。协会党支部更获杭州市直机关五星级基层党组织荣誉。

创新服务，积极赋能企业高速发展

开展调研反映诉求。组织撰写市建筑施工企业"无欠薪"工作开展及推讲全国实名制管理平台情况、农民工个税征缴调研、工程建设领域保证金相关问题调研等多篇调研报告。面对新冠常态化，建立市建筑施工企业抗疫微信平台助力行业企业；积极参与东西部对口扶贫，获市社会组织助力东西部脱贫攻坚行动先进单位。发挥市价格认定服务库入围单位作用，为杭州市涉案项目提供公益专业服务，规范家装市场行为，开展行业自律承诺，发布2009版、2017版《杭州市住宅装饰装修施工合同（推荐文本）》，成立"市住宅装饰工程质量争议评审服务"中心，妥善处理家装质量争议，提升工程质量安全，开展质量管理小组活动，规范危大施工方案论证。全国首创"市建设行业危大工程专项施工方案专家论证系统"，组织393项幕墙及吊篮专项方案论证接入"杭州城市大脑"。注重行业人才培育，推出线上"市建设行业人才服务站"，开展装饰装修行业技术人员参评中、高级、正高级职称评审，承办手工、木工、室内设计师等技能竞赛。

科技支撑，打造数字建造智慧品牌

强化行业数字化发展。主持研发科技部"十三五重点研发计划课题"，全省首创"杭州市装配式建筑质量监管平台"，接轨省厅1369规划的"省城市智慧工程"平台。获省建设科技一等奖、住房和城乡建设部首批智能建造新技术新产品创新服务典型案例。服务配合行业改革。结合临安国家钢结构农房试点，编制发布《装配式冷弯薄壁型钢房屋施工质量验收标准》T/ZS 0076—2016，填补全国轻钢农房验收标准空白。建立全国首个轻钢结构装配式住宅产业工人实训基地，开展装配式内装工、轻钢房装配工培训。《中国建设报》就装配式建筑施工员培训做了廖原的专题采访。推动城乡建设绿色发展，承办"双碳"目标引领建筑业高质量发展论坛，联合9家行业协会发布《"双碳"目标下绿色城乡建设杭州倡议》。

蓝图已经绘就，奋进正当其时。在她的带领下，市装协获"5A级社会组织"；全国建筑装饰行业抗击新冠肺炎疫情特别贡献先进单位；中国建筑装饰行业职业培训优秀单位；2020年浙江省品牌社会组织；省建筑装饰行业（地区）先进协会等诸多荣誉。未来已来，杭州市装协一定会展现出更新的气象，实现更大的新作为。

第七章　蓄力笃行　共创未来　浙江省建筑装饰行业贡献人物篇　**贡献人物**

不忘初心　方得始终

方忠良
航天科工广信智能技术有限公司副董事长兼总经理

1999年7月，方忠良创办了浙江广信智能建筑研究院有限公司，2017年8月完成与航天科工集团的收并购，更名为"航天科工广信智能技术有限公司"，使公司成为航天科工集团旗下专注于智慧城市建设的高新企业。公司现已发展为一家集智能化系统技术咨询与服务、设计与施工、技术研究与产品开发，计算机系统集成与软件开发为一体的国家高新企业。公司专注于智慧建筑、智慧交通、数据中心集成和软件开发，通过对"物联感知、智能识别、数据融合、智慧应用"等信息技术的研究和自主应用开发，为用户提供系统、专业的解决方案。

在二十余年的创业道路上，他恪守实心、真心、诚心、爱心的"四心"精神，以身作则，带领企业同仁共同成长。

对公司充满"实心"

"企业在发展的道路上总会面临成长的烦恼。"方忠良说，"市场是变化的，竞争很激烈，企业要做强、做优、做大必须要到一个更大的领域和平台去寻找发展空间。"航天广信依托航天品牌和区域协同优势，加速推进全国市场布局；发挥优势资源，在市场、产业、技术等方面协同补强，扩大重点市场和重点项目的协同范围，提升市场占有率；围绕智慧建筑、智慧交通板块强化产业协同效果，加强自主产品研发，扩大"1+1＞2"的效果。

二十二年来，航天广信获得业界与业主的广泛好评，斩获"2020年度中国智能建筑行业工程百强企业"等国家级、省级多项荣誉。方忠良个人多次荣获航天科工年度先进经营管理工作者及浙江省建筑装饰行业优秀企业家称号。

对员工充满"真心"

方忠良始终认为，"人"的发展应该是综合的，员工的成长不应只是"技能""管理"的提升。比如人应该懂点美学，美学会让你提升自己的审美品位，会让你拥有创造美和感知美的能力，会让你有一颗美丽而善良的内心。2018年，他结合"特别能吃苦、特别能战斗、特别能攻关、特别能奉献"的载人航天四特精神，创办航天广信"四特营"，摒弃传统的"填鸭式"培训，坚持"以人为本"，创新培训模式，强化企业与员工的耦合度，与员工携手共进。

对客户充满"诚心"

2020年，新冠肺炎疫情突然暴发，医院、交警、公安作为企业的重要客户群体亟需广信员工现场支援，为协助客户更好地投入疫情防控的主战场，公司迅速成立以方忠良为组长的疫情防控应急工作领导小组，积极协调企业内外资源，深入一线、直面疫情、全面复工，统筹调动技术人员，为客户的疫情防控工作提供有力支撑。

对社会充满"爱心"

2021年4月，党史学习教育领导小组印发关于《"我为群众办实事"实践活动工作方案》的通知。群众利益无小事，方忠良大力支持航天广信党支部开展为西藏那曲奉献爱心活动。工作之余，方忠良热心参与社会公益团体活动，作为杭州市温商慈善基金会发起人之一，引领慈善基金会以"汇聚大爱、传播爱心、回报社会"为宗旨，对发生自然灾害地区、对贫困地区、对贫困失学儿童、对特困群体进行捐助与帮扶，积极回馈社会，贡献个人价值。

二十二年以来，方忠良始终不忘初心，坚持站在公司业务与管理一线，专注于智慧建筑、智慧交通、数据中心集成和软件开发等方向的技术改革创新，对科研水平提升、拓展产品的市场应用和管理水平提高做出了重大贡献。未来，他将以身作则，与企业、员工共同成长。

以"工匠之路"铸就企业品牌

陆东辉　浙江鸿远科技有限公司董事长兼总裁

　　陆东辉,男,汉族,1967年7月生,大学本科,高级工程师,浙江鸿远科技有限公司董事长兼总裁。现任中国安防协会专家、中国安装协会智能建筑专家、浙江省安防行业协会智库专家,也兼任浙江省建筑装饰行业协会副会长、杭州市土木建筑学会智能建筑专委会秘书长、浙江省安防行业协会副理事长、中国安装协会智能消防工程分会副会长。

　　从事安防、智能建筑行业工作近三十年,率领鸿远公司发展成为一家全国性运营的大型安防、智能化工程企业,是浙江省智能建筑行业十强企业、浙江省安防行业杰出建设奖企业,先后获得近百项优质工程奖杯和荣誉。个人曾获杭州市科技进步三等奖、《智能视频监控系统的应用与发展趋势》等软件著作权15项。

　　陆东辉是典型的"92派"。1992年,响应国家的号召,从政府机关"下海"去创业,抱着一颗"成为一名合格的中国企业家"的初心,风雨兼程,三十年弹指一挥间。因其大学所学是物理系无线电电子学专业,而改革开放的四十年,到处却演绎着"造导弹的不如卖茶叶蛋"的故事。作为亲历者,一开始事业的轨迹就被锁定在电子专业领域。经过一次又一次的坎坷和失败,使其无暇转身,索性执着地坚持下去。其间,曾担任杭州市府寻呼台总经理,创办过通信零售连锁公司,收购过以人工智能为研发方向的软件公司;见证了摩托罗拉、IBM等全球大牌IT企业的傲慢与偏见,自己却毅然加入"缺医少药、势单力薄"的民营企业洪流中。从产品代理到模仿学习,从低利润潜行到付出数倍努力继而战胜对手、实现超越。

　　人类社会的管理文明,正在经历三个阶段的演进:第一个阶段是"人管人"的时代,第二个阶段是"制度管人"的时代,现在正在向"机器管人"的时代演进。人们对"衣、食、住、行"之下物质文明的追求,正在向对思想与精神文明的更高追求而演进。这个世界呼唤着物质文明的持续进步,呼唤着秩序的持续维系,呼唤着"公平与正义"的真实还原。中国不缺豪华的建筑,缺的是有生命的建筑;中国不缺吃苦耐劳的管理者,缺的是能利用好信息技术、实现高效管理的手段。而智慧城市的建设又为其实现打开了"坦途"。

　　新冠肺炎疫情期间,鸿远曾先后两次"逆行"参加了"方舱医院"的抢建战斗,一群群建设者们夜以继日……

　　这一切,使企业带头人静下心来沉思:企业家正确的价值观应融入国家的命运之中,必须肩负起社会责任。只有这样,才能为企业注入永存的生命力,为员工指明前进的方向。

　　浙江省建筑装饰行业协会即将迎来三十周岁生日。此时此刻,作为行业中的一员,除了应为我们热爱的协会积极奉献、不辱使命之外,还须认真思考和践行以下命题:

　　如何用"企业家精神"引领和激励青年一代的人生观和价值观?

　　如何用"企业家精神"为民族复兴、人民幸福贡献力量?

以红色信仰
走绿色发展之路
创企业金色信誉名片

黄国兴

浙江大东吴集团建设有限公司副总裁

黄国兴，1996年参加工作，二十多年的从业经历、多岗位的工作实践，不但丰富了他的工作经验，自身的综合素质也因此不断提高，主管公司的经济效益、社会效益，保持较快的增长。

扎根基层，加强项目管理历练

加盟大东吴集团后，他先后担任项目部施工员、项目副经理、项目经理。主持施工的湖州市公安局吴兴区分局主楼及综合服务楼工程、220kV钮家变电所土建及水电安装工程、平湖市财政地税综合服务中心、杭州银行湖州分行办公大楼装修工程先后荣获省部、市级荣誉。在担任湖州市湖东西区谈家扇保障性住房工程、湖州市茅柴园小区保障房工程Ⅱ标段、中国美妆小镇检测研发中心等多项大型工程的项目技术负责人期间，积极推广应用建筑业十项新技术，与项目经理一起强化现场管理，确保工程质量、进度、安全及文明施工管理满足合同要求。

励精图治，经营业绩突出

主持装饰幕墙公司工作以来，公司经营质量大幅提升，在预算达成率、创优创杯、客户满意度、员工满意度、人才引进培养、风险管控、信息化建设、企业文化建设等方面均取得了优异成绩。业务承接始终保持同专业本地前三强；2016年以来，完成生产产值复合增长率达到45.2%。

2016年至今，公司施工的项目分获"飞英杯""钱江杯"、中国建筑工程装饰奖、全国建筑装饰行业科技示范工程奖等各级奖项60余项。

与时俱进，强力推进各项科技创新工作

黄国兴同志十分重视并积极参与科技创新、技术积累、成果转化。参编的《装配式内装工程施工质量验收规范》DB 33/T 1168—2019自2019年10月1日起实施。

公司参编的《建筑装饰装修室内空间照明设计应用标准》T/CBDA 49—2021已由中国建筑装饰协会发布；完成参编浙江省工程建设标准3项：《装配式内装评价标准》DB 33/T 1259—2021、《建筑装饰装修绿色施工现场管理规程》《建筑室内装配式装修设计标准》。公司获得发明专利1项、实用新型专利22项，总结、提炼的《大板块薄壁纤维水泥板可调支座固定施工工法》获评省级工法。QC成果25项在省级及国家级相关建设平台发布。

以人为本，培养了一批管理、技术人才

一花独放不是春，百花齐放春满园。黄国兴严把新员工入职门槛，坚持"任人唯贤"的用人观。目前公司一、二级建造师占比超过40%，各级职称人员占比超过60%，岗位证书持证占比超过50%。

为了锻炼、培养人才，他采取了许多行之有效的办法。制定新、老员工结对的导师培养责任制；在有关项目的施工关键阶段、技术攻坚阶段，落实摄像保存措施，事后组织复盘、评估；不定期邀请同行、专家授课；选派骨干脱产培训深造、精品工程观摩等。

如何降低人才外流？这也是他日常工作的重要内容。黄国兴同志下好了三步棋：事业留人、感情留人、待遇留人。对骨干，他敢于压担子、下任务，同时落实好跟踪、辅导措施；对外地员工，亲自或指定有关部门沟通、谈心，解决实际困难；开展旅游团建、员工生日会、患病员工捐款、工会慰问；综合行业现状、个人工作能力，实施有竞争力的薪酬福利制度。

匠心匠铸　深耕不辍

徐建华　浙江华尔达建设有限公司董事长

徐建华，1963年出生，杭州萧山人，浙江华尔达建设有限公司董事长、党支部书记。先后获得国家注册建造师、高级工程师。

他抓住机遇，勇于创业。于1994年在萧山投资创办了杭州华尔达装饰工程有限公司（现浙江华尔达建设有限公司），秉持着"服务构筑品质、匠心铸就未来"的经营理念，经过二十多年的发展，将华尔达打造成了一家拥有建筑装饰装修工程一级、建筑装饰工程设计甲级、建筑幕墙工程一级、消防设施工程一级、电子与智能化工程一级以及建筑、市政、钢结构、建筑机电安装、建筑门窗、展览馆、安防等众多资质的多元化企业。

他恪尽职守、锐意进取。不断探索新的管理模式，设立分公司，组建了专业过硬的管理团队和执行有力的施工团队，工程项目遍布省内外，施工工程荣获大大小小200多项荣誉。新形势下，他非常注重公建和全装修两个市场的探索，争取做到齐头并进，相互促进；在受新冠肺炎疫情影响的大环境下，更要加强细分市场，做专、做精、做细，走差异化适合自己的发展道路；在信息化和信用时代，要加强企业诚信建设，无论从企业信用还是工程质量，都要树立良好的口碑；加大走出去的发展力度，读懂吃透政策的变化，加强企业风险管控，将风险分解到各个环节，从而保证企业健康持续的发展。

他身兼数职、勇挑重担。同时担任了浙江省建筑装饰行业协会工程装饰与全装修产业化分会副会长、杭州市建筑装饰行业协会副会长、杭州市萧山区装饰装修行业商会会长。在管理好自己企业的情况下，积极带领行业商会的会员共同发展，共同成长。致力于帮助企业之间及时沟通信息，纾困解惑，在规范行业秩序、营造和谐氛围等方面做出了努力。他还担任浙江省建筑装饰行业协会专家、杭州市建设工程"西湖杯"专家，积极参与浙江省建筑装饰行业协会、杭州市建筑装饰行业协会组织的各类工程评审，以自己的专业知识挖掘精品工程。

他勤于思考、献计献策。作为萧山区第十六届、十七届人大代表以及萧山区劳动模范，经常下基层倾听民意、关注民生、了解民情，积极为当地的经济建设和社会发展建言献策，提出"关于亟须进一步规范招标代理机构和审计中介机构的提案""确立经济楼宇警宇共建模式，确保楼宇经济健康发展""关于努力提升萧山建筑业强区的建议"等6条提案，引起了政府有关部门的重视，得到了很好的落实。

他心系公益、不忘初心。积极参与春风行动捐款；西部助学，响应大开发战略；圆梦爱心，捐助浙江省中医药大学、浙江建设职业技术学院寒门学子；关爱"小候鸟"，相伴共成长；响应萧山区慈善总会号召，捐赠留本冠名慈善基金300万元。新冠肺炎疫情期间，带领商会自发捐款12.5万元，用于购买医用防疫用品和食品，捐赠给萧山区世纪城管委会、萧山区北干街道社区、萧山区第一人民医院、萧山区中医院。

路漫漫其修远兮，吾将上下而求索。面对未来市场新的需求与更高的要求，徐建华正不断思索、不断创新、不断开拓，时刻以一名优秀党员的标准不停地激励自己、鞭策自己，为公司、为社会做得更好。

第七章　蓄力笃行　共创未来　浙江省建筑装饰行业贡献人物篇　**贡献人物**

见证城市发展
书写新时代

杨越嶂
浙江视野建设集团有限公司董事长

改革开放四十多年来，中国速度成为世界经济发展的奇迹，其根本是得益于中国庞大的人口基数。而建筑装饰行业的三十年，在中国十多亿消费者的基础上，也是从未有过的增速发展。大到国家，小到行业，投射到浙江视野建设集团有限公司董事长杨越嶂身上，恰恰是踩着时代的脉搏发展，于他，于企业，从2002年创建公司到现在二十年历程，二十年里程。

同样，作为温州市建筑装饰行业协会会长的杨越嶂身上，有着与时代同行共同努力的印记，他在推动行业观念的不断提升，也推动着这个行业更为稳固地见证城市发展及书写新时代。

初心：与合作伙伴共成长

近三年浙江视野产值实现逐年稳步增长，获得数十项省部级优质工程。

荣誉背后，是杨越嶂的无限感慨，"别人没发展的时候我们在发展；行业快速发展的时候，我们只是比别人快了一小步。"踏实做事，对每件事情认真地做，是杨越嶂始终坚持的。而成功的先决条件是他始终坚持从不让合作伙伴吃亏的原则。工程从小到大，项目从无到有，运气的成分也有，但在他的记忆里一帧帧的画面是大家穿着雨鞋站在水里赶着工期保质保量地完成项目。

专注于公共空间、办公空间、酒店空间、休闲空间、商业展览展示、精装楼盘的设计与施工。具有建筑装修装饰工程专业承包一级；建筑装饰工程设计专项甲级；电子与智能化工程专业承包一级；博物馆陈列展览设计、施工甲级；展览陈列工程设计与施工一体化一级等15项资质。你能看到的城市发展如乐清湾电力科技小镇、温州市图书馆、温州万豪酒店、温州市民中心、温州威斯汀酒店、奥体一期等都有浙江视野的专业身影。

他与亚运会的缘

去年的一项决定，让杨越嶂的内心始终涌动着一股小激动。他的企业——浙江视野建设集团有限公司成为杭州2022年第19届亚运会官方装修服务供应商。这是企业实力与品牌优势的双重体现。你看到，杨越嶂身上有着时代最为珍贵的企业家精神。在艰难时期的坚韧执着，才是身为中国企业和企业家所存在的意义，也是我们这个民族的骄傲与希望。浙江视野将以杭州2022年亚运会为契机，保持初心，更进一步践行企业使命。

最让杨越嶂喜悦的是企业中标的杭州亚运会展厅陈列布展服务项目正在顺利实施中。讲好亚运和城市故事，弘扬体育精神和传播亚运品牌，为城市留下可触达亚运遗产的重要载体。而他与他的企业共同见证并参与这样的盛事。

在浙江温州，他还落地了一座展馆——龙溪艺术馆，这是温州第一座清水混凝土建筑，也是以社会美学教育的公益行为为温州泽雅带去了非一般的艺术地标，作为艺术馆承建者与运营商以及每次展览的出品人，他欣喜地看到越来越多的年轻人涌进龙溪艺术馆。

正如茨威格在《人类群星闪耀时》中所写："一个人生命中的最大幸运，莫过于在他的人生中途，即在他年富力强时发现了自己的人生使命。"于杨越嶂而言，正如当年合作伙伴的一句话"你适合这个行业"，当所有人都离开，只有他坚持下来。也就意味着无论商业模式如何更替，如何变迁，只要初心在，发展的鸿沟自然如同坦途一般，实现真正的成就。

道阻且长　行则将至
行而不辍　未来皆可期

丁为民　浙江豪鼎实业集团有限公司常务副总经理
杭州德华兔宝宝装饰材料有限公司总经理

1999年，丁为民进入德华兔宝宝工作，2006年受命在杭州组建专业团队，开始负责兔宝宝品牌在杭州大区的运营管理。

十六年过去了，杭州德华兔宝宝公司的经营实现了质的飞跃，品牌专卖店覆盖到了杭州的各个乡镇，专卖店数量达到上百家，销售业绩数十倍增长，连续十几年蝉联兔宝宝总部的大区销售冠军，品牌影响力与日俱增，"兔宝宝"已成为毫无争议的杭城家居第一集群品牌。而板材、地板，更是遥遥领先的隐形冠军。

这一切皆缘于丁为民对"让家更好"初心的坚守和践行中"行而不辍"的执着。

产品服务：用户价值第一

丁为民有一句口头禅"我们做任何事情，都要考虑能够为用户带来什么不一样的价值"。

在第一个五年，适逢因板材中甲醛释放造成健康伤害的高发期，用户对环保的需求强烈，但市场上环保产品单一，且鱼龙混杂。面对用户的生命健康，丁为民没有犹豫，通过走访家装公司和工厂，最终制定了板材E0级全线升级的策略。要做就要做到极致，形成标准。家装公司的B端促销和面向C端的"环保中国行"活动联合进行、持续落地，最终得到了用户和装企的赞同与信任。

其后，通过不断的环保升级，360除醛板、无醛板、ENF级抗菌板等不断推陈出新，在推动行业环保装修升级的同时，也赢得了口碑，提升了高度，"像苹果一样环保"成为了兔宝宝环保品质的代名词。

在第二个五年，全屋定制兴起，为了满足用户对"木"的偏好和对"质"的追求，丁为民带领团队以"实木板材为基材、倡导品质生活"做基本定位开始进军全屋定制，成为板材行业向全屋定制延伸的领跑者。目前，产品已经涵盖了衣柜、家具、软装、墙饰等多个类别，完全可以满足精装后时代用户的一站式完善需求。"用我们的专业帮助用户解决搭配问题，让用户真正实现所想即所见，所见即所得，用我们的品质让用户不单是看得舒服，用起来更要舒心"，丁为民如是说。

经营管理：人才第一

在公司内部，员工私下里都称呼丁为民为"丁头"，这个"头"，代表的是希望、信任和依靠。

作为一个出自书香门第的南方人，丁为民身上同样有着北方汉子的血性爽直。有时候可以和你拍桌子，但你一定也会有由丁头奉茶而上、坦诚相对的经历。

丁为民认为企业的经营最终经营的是人，是人心。作为管理者，要让员工燃起梦想，看到希望，并且帮助他们通过发挥自己的优势去实现自己的职业规划。

企业发展：创新第一

面对发展，丁为民有自己的考量，那就是根据未来的趋势做创新。通过基础材料和全屋定制两个赛道的有机融合，实现从基础材料向整装产品服务的转型，把"兔宝宝打造成一个有特质的大家居品牌"是丁为民最大的职业梦想。其中的落点就是装配式产品的创新、模块化顶墙地产品的构建和整装空间一体化产品的集成服务。

自2021年开始，丁为民带领团队就已经开始了装配式新产品的布局。目前，已经有组装柜工艺全面应用，石膏基装配式集成吊顶和新型集成墙面也开始面市。

丁为民认为只有拥抱变化，才能拥抱未来。唯有积极创新，方能与时俱进。不断改善用户体验，持续提升行业效率，让行业上下游省心、省力、省钱、省时、省事，品牌的生命力就一定长盛不衰。

情怀酬远志
碧血写赤诚

周世安 浙江众安建设集团有限公司董事长

从三十多年前的一名普通建筑施工员到今天的教授级高级工程师，他是浙江众安建设集团董事长。周世安是一位独自走在建筑行业创业道路的"探路"人。他怀揣着赤子丹心以忠心追梦、以匠心成事、以雅心做人、以初心为民，他带领浙江众安建设集团一次次实现跨越式发展。

把握时代浪潮，晴空雏鹰排云上

回想起第一年参加工作的情景，竟早已是上个世纪的事了。1991年8月，当时全国建筑行业专业人才较为稀缺，国家还实行就业包分配政策，从浙江省建筑工业学校（浙江建设职业技术学院前身）毕业的杭州毕业生周世安，在改革开放浪潮中，怀揣着澎湃的热忱与激情，毅然决然地选择了基层建筑公司施工员作为自己职业生涯的起点。

"用毕生岁月奉献给一门手艺、一项事业、一种情怀"正是他理解的工匠精神，一份需要感情、专注、精益求精的精神。从此，项目工地上常常闪动着他忙碌的身影。如鸟投林一般，他不分昼夜地忙在现场，理论联系实际，精心施工，积累现场经验。

初心不改酬远志，胸怀梦想翼伟业

周世安带领浙江众安建设集团立足本行业二十年，拥有施工总承包国家一级施工资质和甲级设计资质，同时还拥有12个不同类别的施工资质。积极响应浙江省政府建筑行业"走出去"战略，以立足浙江为基础，先后在12个省开展了业务拓展，实现了一次又一次的跨越。

二十年来，他兢兢业业，以"诚"字为自己秉持的信念带领公司团队；在探索城市有机更新领域发展以及企业发展战略的时候，不断寻找公司利益以及诚信准则这两者之间的平衡契机，让集团能够在社会稳住脚跟、谋求发展。他常跟人谈建筑的情怀，自然就把"情怀"带到了众安建设中，铸就了今天的"众安品质"。他一贯秉承"让建筑更安全，让城市更美丽"的企业使命，致力成为"美好城市建设服务商"，开创了浙江众安建设集团"众匠心同筑品牌、安为民共赢百年"的企业愿景。

不吝热肠，碧血丹心写赤诚

予人玫瑰，手留余香，萍水相逢，不吝热肠。周世安在建筑领域诠释出不忘初心、践行使命、关键时刻挺身而出、敢于担当的优秀企业家本色。周世安依托集团积极投身社会公益事业，近几年参与的各类社会公益捐款捐物金额达到150余万元，并担任浙江省景宁畲族自治县新和村、四川省雅江县东来一村名誉村长职务。

二十度风雨步步为营，二十个春秋匠造精品！众安还年轻，仍然有一大段路要走。就如周世安董事长对远方的向往一样，他也正以"探路人"的身份，带着满腔的情怀，带领众安人在这条路上不断探索，不断前进。

元润东方　和创未来

章建平
元和装饰集团股份有限公司董事长

工匠之心

从木匠到宁波知名装饰企业的掌门人，元和装饰集团董事长章建平的创业史，是一个典型的白手起家的励志故事。小工程、砌砖头、扎钢筋、拌水泥……最苦最累的活他都一一干过。这段经历，被章建平视为人生最大的一笔财富。章建平从不避讳自己的木匠出身，反而以此为荣。从与朋友合作做装饰，到自己创业，章建平把一家默默无闻的小公司，发展到年产值超过10亿元，拥有设计甲级，装饰、幕墙施工一级资质，装饰建材生产、加工于一体的全产业链企业。他说："企业能发展壮大，需要不忘初心的工匠精神，以及专注、专一，对未来行业发展趋势的把握。"为了向祖师爷致敬，章建平始终以弘扬鲁班"创以致创"的工匠精神。或者用他自己的说法，叫作"匠心"。"何谓匠心？一是用心，二是细心，三是一丝不苟，四是精益求精，五是追求极致"。"匠心本质上就是一种品质思维"，在重复中孕育创新，在简单中追求极致，在专注中实现完美。

品质为王

"行不行，看品质。"这是章建平干工程时常说的一句话。2001年创办元和装饰时，几个股东让章建平概括企业精神，章建平想了想，脱口而出说了七个字："一切让品质说话！"创业之初的无数个日子，他带着团队日夜盯在工地上。瓷砖与瓷砖之间的缝隙是不是合适？油漆刷得是否均匀？水电线路走得是否平整？每个环节把关。深入工地，与工友们聊天，这是章建平多年养成的习惯。凭借从材料、施工、管理等各方面的严控，公司逐渐建立起一支可靠的项目团队，使工程质量有了保障。对质量近乎苛刻的态度，换来的不仅是令人称道的品质，更是客户口碑的传播效应，元和这个品牌由此在业内声名鹊起。宁波香格里拉大酒店、南苑环球酒店、富邦大酒店、杭州湾医院、宁波国际购物中心、宁波书城……这些宁波人耳熟能详的标志性建筑，都是元和装饰的作品；新海景花园、江山万里、宁波凤起潮鸣、宜和东方等数以万计的住宅，背后是元和人兢兢业业的付出。公司先后获得"全国住宅装饰装修行业百强企业""宁波市建筑业骨干企业"。个人也先后荣获"全国装饰行业优秀企业家""浙江省装饰行业优秀企业家""宁波市建筑业最具影响力企业家""鄞州区劳动模范"、鄞州区"慈善一日捐"先进个人等称号。

诚信经营

二十年来，公司从十几个人，到现如今数百人，产值突破10亿元，跻身行业龙头企业。在业内，章建平曾做过一个承诺，从不拖欠工人工资。"留住工人的心，就留住了工程的品质。"章建平深谙此道。"干工程，就要出精品。"在和团队开会时，章建平常常将这句话作为开场白，这是公司员工印象最深的一句话。章建平是一个挑剔的人，每次出差，他都会选择当地最好的酒店。不是为了住得舒适，他的主要任务是去看酒店的设计，取其之长、补己之短，这也是章建平每时每刻提醒自己的一句话。章建平把诚信视作企业的生命。对外招标或报价，元和最后的误差率都控制在5%以内，施工材料，也绝不使用"三无"产品。这使得元和在每一次浪潮中，都能一次次地完成自我蜕变。

在元和装饰成立二十周年之际，也迎来了浙江省建筑装饰行业协会成立三十周年。站在协会这个平台上，所有元和人也会与时俱进，不断追求，为了更美好的明天努力奋斗。

经营从心开始
品质为先，向善而行

徐海峰 浙江中天方圆幕墙有限公司总经理

笃行而致远　惟实而励新

浙江省东阳市于1994年被浙江省政府命名为"建筑之乡"，2012年3月21日，东阳市被中国建筑业协会授予"中国建筑之乡"称号，成为浙江首个获此殊荣的县级市。作为全国著名的"教育之乡、建筑之乡、工艺美术之乡、文化和影视名城"，徐海峰冥冥之中就与建筑结下了不解之缘。

回首昨天，立足今日。徐海峰怀着满腔热爱投身于建筑幕墙行业二十多年，虚心学习，刻苦钻研，一直秉承"诚信、务实、敬责、协同"的理念管理企业。

用行动诠释责任　以力行彰显担当

"诚"，真诚也，"信"，信用也，两者结合起来就是诚实守信，遵守信用。有些东西不需要答案，态度就是答案。徐海峰时常提醒自己"诚信是推动企业生产力提高的精神动力，诚信是促进企业内外有效沟通的桥梁，诚信是企业生存和发展的基石"。不管是从材料到项目，还是从施工员到项目经理，诚信经营一词已融入灵魂之中，始终将诚信经营落实到行动中。

为提升企业管理水平，发挥自身优势，强管控、补短板、提效益，徐海峰坚持从源头做起，实现从"标准化"到"规范化"再到"精细化"，不断完善项目现场管理监督体系建设，提升信息化管控手段，规范项目管理工作的有序推进，加强项目质量的过程控制，组织开展工程每日巡检工作，强化施工过程管控，推进项目现场专业化、精细化、标准化的管理。每项工程项目都要确保过程质量，进行安全生产和文明施工，落实企业主体责任，彰显中天方圆幕墙担当，铸就中天方圆幕墙高端品质。

加强人才队伍建设　提升幕墙业务水平

企业竞争的核心在于用人之道。"以实待人，非惟益人，益已尤人"这是徐海峰的人才观，他认为诚实待人是相处的根本之道。始终坚持诚信透明的原则，本着"以人为本"的管理理念开展工作，切实保障全体职工利益。

唯才是举，诚信求真。诚信和创新是实事求是与解放思想，因此，在徐海峰的积极倡导下，公司大力引进高层次创新型技术人才，全面实施人才强企战略。坚决不论资排辈，做到能上能下、能进能出、能文能武，100%人才竞争机制。中天方圆幕墙的企业文化正在不断吸引各行各业青年人才的加入，公司内部的人才储备和企业效益连年攀升，不断刷新自公司成立以来的各项纪录，为中天方圆幕墙培育壮大了一支诚实守信、团结协作、敬业创新、追求卓越的团队。

千磨万击还坚劲　任尔东西南北风

千山万水，不负理想，不忘初心，拨云见日，未来可期！"碳"索前进，结合建筑幕墙行业的发展，徐海峰说："未来几十年，双碳时代将成为社会经济和产业政策制定的指导原则，建筑行业的产品升级将成为未来十年碳减排的重中之重。建筑幕墙行业的竞争只会越来越激烈，如何做精、做专、做强？诚信经营将是中天方圆幕墙发展的唯一道路"。

我国建筑幕墙行业从1978年开始起步，经过多年发展，已经成为世界第一幕墙生产大国和使用大国。随着我国城市化进程的快速推进，建筑幕墙行业的增长模式，也从追求规模转变为追求综合效益，价格不再是幕墙行业的唯一竞争指标。伴随着业主选择理念的提升，业主更多关注幕墙企业的工程技术、质量、管理、资金等综合效益。未来，我国建筑幕墙行业发展空间巨大。

古人讲究"修身、齐家、治国、平天下"，我们需要付出不亚于任何人的努力，从心开始，坚持贯彻诚信发展理念，构建企业发展新格局，谱写新的篇章。虚心成大器，劲节见奇才，让我们保持行业领跑者的姿态，创造更多高品质的工程！

初心不改真善举
砥砺奋进展雄心

周培永
浙江鸿顺达建设集团有限公司董事长

"做一个好人！"这是周培永念念不忘的话，现在还经常拿来教导他的员工。

这是20世纪80年代，他刚刚踏入装修行业，他师傅教导他的话。那个时候的装修行业，从业人员良莠不齐，行业管理略显混乱，材料以次充好，施工偷工减料等现象比较普遍。他师傅曾经教导他说："想做好人，你就不会以次充好；想做好人，你就不敢偷工减料；想做好人，你就会真心对待业主；做好人，才会有人愿意跟着你干。"

从油漆工到企业家，从小作坊到集团公司，民革党员、鸿顺达建设集团的创始人周培永，用满腔的热情、善良的心地，始终牢记"做一个好人"的教导，向暨阳家乡和西湖山水讲述了一个敢为人先、艰辛奋斗的励志故事。现在的鸿顺达建设集团是国家一级建筑装饰企业，拥有全面的建筑施工资质，完善的管理制度，强有力的管理团队，在北京、陕西、山西、安徽、江西、江苏、上海等地设有办事处。是浙江省建筑装饰行业协会副会长单位，建设项目施工能力以"高效、安全、优质"的口碑享誉业内，已经连续十二年荣获了全国优秀建筑装饰奖。

不忘初心，大力回馈社会

周培永常说："一个有良知和爱心的企业，体现它价值的不是看它赚了多少钱，而是看它承担了多少社会责任和为社会做了多大贡献。"

在公益和慈善的道路上，周培永积极倡导扶贫济困、崇德向善、乐善好施、助人为乐的人生观。我们秉承"源于社会回报社会"的宗旨，用实际行动撑起公益慈善的风帆，用爱心温暖着需要关爱的群体。无论是2008年的汶川大地震、2010年的青海玉树大地震，还是2014年的云南地震，周培永都义无反顾地组织员工捐款，为灾区人民送去关爱和帮助。

在每年的春风行动中，我们积极捐款；在公司需要用工时，优先向帮扶对象提供就业岗位。公司已经将公益、慈善活动纳入日常工作之中，经常采用专题会议的形式进行部署推进。公司连续八年荣获杭州市社会责任优秀企业。

以身作则，引领行业发展

刻苦好学的周培永一边创业、一边参加高校在职学习，功夫不负有心人，2006年，他顺利地从中国地质大学土木工程专业毕业，转型成为了一名专家型企业家，一个儒商。

2011年到2017年，他参与编制的《建筑装饰装修工程质量评价标准》和《全装修住宅室内装饰工程质量验收规范》，由浙江省住房和城乡建设厅正式发布，成为浙江省行业规范。

作为浙江省建筑装饰行业协会副会长单位，为行业发展出谋划策。坚持公共精神，积极参加协会组织的重大活动，行业培训、专家专题教育等。组织公司内部进行装饰新工法的研发，组织协调新型节能材料的落地实施等。为装饰行业的健康发展做出应有的贡献。

"三立"治企
用实干成就未来

韦文标　浙江广居装饰有限公司董事长

栉风沐雨，砥砺前行

1989年韦文标开始从事土木建筑工作，十五年的行业磨炼，为日后创建集建筑、装饰、设计、安装、进出口贸易于一体的亿元市值企业——广居装饰，打下了坚实基础。

2005年底，土木建筑行业竞争日趋激烈，市场发展缓慢，此时，在中国经济高速发展，人民消费水平日益提高的背景下，装饰装修行业悄然兴起。韦文标抓住这一契机，于当年创立了浙江广居装饰有限公司，从事四星级以上酒店、办公商务楼、精装修楼盘等装饰业务。先后承接了杭州海外海皇冠假日酒店、杭州新开元酒店、余姚阳明温泉山庄、安吉凯承温德姆酒店、杭州奥克斯洲际皇冠假日酒店、杭州世贸君澜酒店、绍兴世贸君澜酒店、歌山品悦大酒店等项目，为浙江省装饰行业树立了标杆。

2010年，为优化产品结构，完善供应链体系，从源头把控产品品质，韦文标成立浙江广居木业有限公司，以生产木饰面、木制品家具为主要业务，为国内外酒店、精装修楼盘提供木制品成品材料供应。

2017年，为响应国家一带一路倡议，发掘区域内市场的潜力，促进投资和消费，创造需求和就业，韦文标在印尼首都雅加达市创立了耀伟国际建设集团有限公司（印尼），从事建筑、装饰、市政、桥梁、基础设施建设工作，完成了东南亚市场的开拓。也实现了广居从东阳到浙江，从浙江到世界的跨越式发展。

诚信是立德之根

做人最重要的是人品，办企业最重要的是诚信。"格物、致知、诚意、正心"是《大学》中最核心的八条目，其中"诚意"乃修齐治平之本；做人如此，做企业亦如此。诚信是立德之根。对公司项目按时按质按量交付，是广居不变的宗旨；对用人，第一考量因素是人品，"专业技术可以后天培养，能随着阅历增多而加强，而人品是天生的，是骨子里的。"

广居的团队有年轻的同事，每个人都从年轻的阶段走过来的，因此韦文标很理解他们的理想与如何实现人生价值。作为企业的掌舵人，韦文标以身作则学习，敬业友好的品格感染着年轻人，在他的言传身教下，广居的干部职工团队是一支能吃苦、爱学习、讲诚信的建筑装饰业铁军。

精益是立业之法

广居始终追求卓越、精益求精的品质以及用户至上的服务精神。健全项目管理体系、严控项目品质、强化人员管理，是广居不断精进的管理之法。

当前，建筑装饰行业的发展面临许多挑战，最突出的是人才缺乏。装饰施工的技术工人越来越少，技术骨干越来越紧缺，后继无人。其次是装饰施工和技术缺乏规范，行业整体素质难以提高。但装饰行业的发展前景却是美好的，要让行业健康发展，装饰企业必须要创新，技术创新、工艺创新、材料创新、管理创新，都需要下功夫。敢于创新是装饰企业和行业发展的根本。

器物有形，匠心无形

从浙江到全国，从中国到世界，广居人蹄疾步稳，带着专注之心、精进之心与乐业之心，践行、弘扬工匠精神，向世界展示中国制造的魅力。

广居加入浙江省建筑装饰行业协会已将近十八个年头，浙江省建筑装饰行业协会会长及专家对广居装饰在创建国优等精品工程中的帮助很大，项目部在工艺质量和施工规范等方面有了很大的提高。在各个兄弟企业之间的交流中，省建筑装饰协会搭建了最好的沟通桥梁。

奋斗创造历史，实干成就未来。在企业发展的征程上，韦文标用干劲、闯劲、钻劲谱写美好生活新篇章，用"工匠精神"和"守诺精神"激励鼓舞一批又一批的广居人。

君子如玉　君子如龙

何　石　方太集团家装事业部总经理

专注家电行业，为了亿万家庭的幸福

方太集团长期致力于为人们提供高品质的产品和服务，打造健康环保有品位、有文化的生活方式，让亿万家庭享受更加幸福安心的生活。二十六年来始终保持对高品质厨电的专注与坚持，向着"成为一家伟大的企业"宏伟愿景大步迈进。

十多年来，何石专注于家电行业，经历过行业的变化，职业身份的变换，始终保持着激情与能量。无论是从刚开始的一名门店销售导购、社群营销经理到区域经理，再到方太集团家装事业部总经理，从未离开过家电这个行业，始终坚持初心，专注于家电行业，持续奉献与付出，这也是属于营销人独有的长情。无独有偶，方太集团是一家以智能厨电为核心业务的幸福生活解决方案提供商。或许这就是命运最好的安排，在一切刚刚好的时候遇到一个刚刚好的企业，为了亿万家庭的幸福，彼此贡献着属于自己的一份力量。

挖掘客户价值，打造完美解决方案

常言道：创新发展是企业发展的不竭动力。而企业创新的本质就是产品的不断更迭，用仁爱之心创美善产品也是方太始终如一坚持的本心。在家装流量爆发的端口，方太集团适时为客户提供整体产品配套方案。与此同时，方太集团家装事业部总经理何石提出"你介绍，我成交，你收款，我服务"的十二字方针，时刻践行方太服务省心、服务放心的服务准则；提出"一商一策"的产品策略，例如：标准化配套套餐和个性化定制套餐，由浅到深、由少变多的产品结构可以挖掘到客户潜在的购买需求，从而提高客单值、多品率，同样也能满足不同客户群体的需求，适应家装行业、定制企业的不断变化。

业务就是服务，服务就是利他

家装渠道是多元式品牌、多产业融合的渠道，有家装公司、定制公司，材料有主材品类、辅材，包罗万象、层出不穷，如何能够使方太与其他品牌的合作增长可持续？最好的办法就是做服务，服务不仅体现在售后、送货等方面，更体现在售前。客户不会售卖厨房电器，方太帮助他介绍，客户介绍来的客户，方太帮助他成交。落实"跟单制"，服务于每一个客户、每一个订单，实现双方合作增长可持续。同时随着渠道的不断融合、交叉，随时都产生新机会，而家装的发展也应运而生，但一场突如其来的疫情，似乎将全球的经济发展按下了暂停键，家装行业也受到了一定的冲击，面对如此的局势，如何提升客户的服务质量变得尤为重要。何总常说，变化的永远在变化，不变的是不断地创新与自我服务提升。家装行业里有很多的痛点，我们常说："我是一切的根源"，那方太也将从问题中去挖掘解决问题的办法，把专业的事情交给专业的人来负责，合作共赢才是家装的春天。

协会赋能，家装行业共生长

目前家居、家装市场规模庞大，根据最新机构报告数据，随着四线及以下城市装修金额比例的上升，家装市场将从目前的5万亿元，到2025年左右达到6万亿元，这一规模将是家电行业的四倍之多。在此之下，越来越多企业切入这一赛道。不过，虽然市场庞大，但是头部企业集中度并不高，即便是市场占有率5%的企业都鲜有。而随着企业的争相入局，也使得家居市场位于红海中，从而呈现"大行业、小企业"的家装市场特点。

如何让部品企业与家装企业供需合作达到更高效的整合似乎成为推动行业发展更为重要的一环。而协会的赋能在此显得尤为关键，它搭建部品企业和家装行业的桥梁，让双方达成供需的闭环，这一闭环之下，两者要找到更加良性的发展方向，达到更高效的整合。

"时有落花至，远随流水香。"迈出的每一步，挥洒的每一滴汗水，都是热爱建筑装饰家居家电业的表达。方太祝福协会三十周年生日快乐，也祝愿协会的明天会更好，最后，让我们在协会的带领和支持下，齐心并力，携手共赢，共创辉煌！

初心不改
奉献行业的二十载
铸就新时代放心装企

张一良

浙江铭品装饰工程有限公司董事长

张一良先生作为浙江铭品装饰工程有限公司董事长，是室内设计专业毕业，科班出身的他对设计有着浓厚的兴趣，专注于细节，以精益求精的态度为他的每一份作品负责。

大学毕业后，张一良先生进入了一家杭州装饰企业，属国有单位，主要负责工装设计。在一次偶然的机会下，张一良先生帮朋友设计了一套新居室，风格新潮且美观，这套新居室在之后的一次全国性家居设计比赛中荣获重量级奖项，作为优秀作品被收录在《中国创意》《经典样板房》《新居室》等行业杂志及报纸媒体。后来，许多人慕名而来，请张一良先生帮他们设计和装修。

早期的家装行业，装修工程都是一个包工师傅做出来的，千篇一律。随着时代的发展进步，人们对于家居的需求开始变得多样化。张一良先生有感于时代潮流，在2002年决定创建铭品装饰，投入家装行业中。

2007年，铭品装饰组团去欧洲考察，在参考学习了欧洲建筑的设计细节及理念后，张一良先生首次提出了铭品装饰的"放心工程"理念，用放心家装赢得了广大消费者的认可与信赖。耕耘二十载，铭品装饰如今已发展成浙江省家装行业头部品牌，成为浙江省放心家装的标杆。多年来，铭品装饰荣获过国家、省、市颁发的各种殊荣100多项，曾于室内设计奖项"金巢奖"中荣获三连冠，在2017年还获得了"杭州市五一劳动奖章"。

对于家装设计，"情感家居"是张一良先生作品精髓的最好辞藻。一直以来，他始终坚持文化与情感在家居设计中的对接与融合，所有的设计首重"以人为先"，在设计中必须注重与居者的沟通和情感分享。张一良先生注重多元折衷的设计理念，强调在设计中达到居者生理、心理的和谐平衡，现代与传统的对接。

回望多年奋斗历程，张一良先生载誉满身，中国建筑装饰协会住宅装饰装修和部品产业分会副会长、浙江省建筑装饰行业协会常务理事、浙江省建筑装饰行业优秀企业家、中国注册室内设计师以及中国工艺美术师、全国住宅装饰装修行业优秀设计师、杭州市首席设计师、杭州市技术能手等，张一良先生将社会责任视为己任，他关心社会时事，积极参与社会基层建设工作，参与疫情防控，被浙江省建筑装饰行业协会评选为浙江省建筑装饰业新冠肺炎疫情防控工作先进个人，并于2022年当选杭州市上城区政协委员。

诚于热爱，以设计致敬时代，以奋斗拥抱中国梦，张一良先生秉承着设计匠心，带领铭品装饰一同书写着属于新时代的设计华章。

浪潮中的长期主义
难而正确的家装之路

颜伟阳
贝壳副总裁　圣都家装创始人

浪淘尽，始见真金。家装行业即便在近几年经济剧变的大环境下，仍然蓬勃发展。圣都家装在市场浪潮中，不断淬炼自己，稳居行业前列。荏苒二十载，圣都家装始终坚持以"客户至上"为核心价值观，并凭借以"哪有装修，只有做人"的理念、出色的设计能力、过硬的施工质量以及个性化的品质整装服务，收获家装用户青睐。

由"术"到"道"的破茧重生

圣都家装自2002年创立，到2011年之前都是一个传统的半包小型家装企业。当时的家装行业在城镇化红利时代下，乱象丛生。颜伟阳意识到圣都同质化模式严重，决定从原来的半包模式向整装转型。整装能够解决消费者一站式装修的问题，对于市场、企业来说都是一个战略转型方向。

颜伟阳在回忆转型期时说道："2019年是圣都一个重要的转折点，我通过学习和深刻的反思，明白要以客户价值为中心，所以我开通了'老颜直达'号、'一封家书'等一些链接客户的渠道。2019年之前主要是靠营销驱动增长的，这是'术'的层面。2019年后回归到以客户价值为中心，这是'道'的层面，这是良性的商业循环。"

长期主义的核心是创造客户价值

针对复杂的市场格局，圣都坚持一切围绕客户价值坚持走正道。服务方面，圣都研究创立了"客户十怕圣都十诺""无恶意增项""20项质量不达标砸无赦"等条款，倒逼自己加强质量管控。管理方面，建立并发布"红黄线制度""客户的评价决定员工的收入"等，推动服务者的职业化及搭建品质管理体系不断迭代升级。

正如颜伟阳说的："所谓客户价值，它不是口号也不是挂在墙上，关键是能不能落在我们的企业的制度上面，或者说在我们的一线员工、工人师傅、设计师身上能不能看到他是不是真的为客户好。是一个长期主义，就是我们说的做难而正确的事"。

二十年难而正确的家装之路

圣都家装截至2021年底已覆盖全国31个城市的116家分公司10000名认证工人，已完成江、浙、皖、沪三省一市的核心地级市场全覆盖，以及武汉、成都等全国多个一、二线省会城市直营体系市场布局，累计服务已达15万多客户。收获消费者二十年不离不弃的支持，颜伟阳表示："现在的圣都家装，已经不是那种传统意义的家装公司了，是整装家居公司。这对整个企业的管理、组织能力的建设、全国化的供应链能力都提出了更高的要求。"

以廿为始，向下一个巅峰迈进

"一个行业好不好是由头部企业决定的，我觉得我们家装行业还做得不够好，我们还要继续加油，努力重塑家装行业，推动家装行业进步，我想后面还有很长的路要走，一起加油！"颜伟阳谦虚地说。

中流击水　更创辉煌

赵建忠
浙江升华云峰新材股份有限公司总经理

与木结缘　勇攀高峰

人有德行，如水至清。作为一个土生土长的德清人，赵建忠自1998年进入浙江升华云峰新材股份有限公司（以下简称"升华云峰"）以来，就以企业家的姿态要求自己。那一年，赵建忠才22岁。

凭借着正直的人品、出色的能力和前瞻的眼光，赵建忠一步一步从升华云峰采购员开始，历任莫干山板材事业部总经理、莫干山地板公司总经理、升华云峰副总经理、地板公司董事长，到现在成为升华云峰总经理。

立足风口　躬身入局

面对4万亿元的市场容量，泛家居行业中，全屋定制是当之无愧的机会风口。但赵建忠深知，数字化、智能化是未来全屋定制发展的基础，掌握这两大核心，将是未来领军市场的关键支撑。

早在2011年，升华云峰旗下莫干山家居就立足全屋定制建立了智能车间。随后，通过引入进口定制生产线，全面提升企业自动化和信息化生产水平，这为后续莫干山家居发展壮大打下了坚实的基础。2017年，莫干山家居转型升级为工业4.0智能制造企业，实现了柔性化的生产加工产线配置以及智能揉单生产组织模式，解决定制家居多品种小批量的生产需求。2019年，再次升级智能车间，引入首位"机器人员工"，提高了企业个性化定制服务能力与制造效率。2022年，山东云峰莫干山家居年产30万套智能化全屋定制家居项目正式开工，代表着公司经营规模和版图的又一次升级。

作为升华云峰总经理，赵建忠一次次带领家居项目在关键时刻实现华丽转身，抓住行业风口，才打下了定制项目稳固的基础。

企协合作　共襄发展

无规矩，不成方圆。纵观二十余年中国建材行业发展史，是一部行业由粗放到成熟的进化史。得益于2000年中国加入世贸组织和后续4万亿元财政刺激计划，中国泛家居行业也得到了飞速发展。在这个过程中，市场的乱序竞争，使整个行业不可避免，也缺乏相应规范，少数企业一度造成了不良的社会影响。作为一个与消费者家居健康息息相关的产业，云峰莫干山十分注重企业社会责任和良心企业打造。作为公司的领导者之一，赵建忠带领公司携手协会和领军企业三强联合，坚持品质，倡导健康，从而规范行业发展。

中流击水，云峰莫干山任重而道远。未来，公司将坚持不懈，以高度的社会责任感经营管理企业，以更好地回馈社会，走向行业巅峰！

目标百年企业
我们仍在路上

沈忠达
杭州老板贸易有限公司总经理

坚守初心，精耕市场

杭州老板贸易有限公司作为老板电器杭州营销中心，主要销售渠道为所有的国美、苏宁、五星和地方家电卖场，所有的建材市场以及精装修楼盘工程项目。在公司发展壮大的十三年里，沈忠达先生始终带领职工，为客户提供优质的产品和技术支持，健全的售后服务。近几年来，在激烈的市场竞争中，劲使一处，利出一孔，销售额每年都稳步递增，年销售额均达数亿元规模，在所有的厨房电器销售排名中稳居前列。

"我们必须和消费者融为一体，老板电器的使命就是要把优秀的饮食文化，通过现代科技实现轻松烹饪，改变人类烹饪环境。我们离不开老百姓，将来我们也要更加贴近老百姓，实现消费者的所有需求"。沈忠达自1996年出任老板电器济南办事处总经理，先后担任青岛分公司总经理。2008年，沈忠达接到总部集团任命，出任杭金衢地区总经理，近年来，杭州老板贸易有限公司年销售额均达数亿元规模，在广大消费者中享有极高声誉和口碑。

洞察需求，布局市场

正如《孙子兵法》所云："胜者，先胜而后求战。败者，先战而后求胜。"在集成灶行业这个竞争异常激烈的"战场"上，想要真正获得"制胜点"，就必须在开战前知己知彼。以科技创新撬动新增量空间，2022年老板电器宣布正式进军集成灶，利用自身技术沉淀审慎入局，快速把握产品"制胜点"后厚积薄发，规避了行业发展的阵痛期，也适时地为集成灶行业带来了不一样的产品创新理念，提供真正优秀的集成灶产品。此时正式进军集成灶，是最适合的时机。这是基于老板电器自身战略，有章法、有序的布局。杭州营销中心自然而然地接过了集团"千城千店"的任务，并顺利于2022年5月先后在恒大建材中心、临平开始老板电器全球1号店和集成灶专卖店。

在疫情之下，消费模式转换。新零售大背景下的机会近在眼前，下沉市场蕴含的巨大商业能量还远未发掘。对于新型厨电产品来说，老板电器的拳头产品特别适合切入下沉市场的家庭用户。一旦切入后，凭借品质和服务占据用户的内心、自身品牌及产品实力，规范行业秩序，建立准入门槛，引领集成灶良性发展。

目标百年，与时俱进

随着人工智能、物联网、云计算等科学技术的不断发展，此类技术将大规模应用于各行各业之中。在厨房生活场景中，当下厨电赛道进行产业升级、打造生态一体化的关键时刻，老板电器启动第三次制造升级，对现有智能制造基地实施全面改造，工程大量应用了5G、云计算、AI等先进技术，改造后的智慧无人工厂外观极具后工业感。

老板电器将用两个三年战略，专注烹饪，聚集吸油烟机，扩大第一品类优势，领先第二品类，稳步推荐第三品类。深化"老板"品牌高端定位，多品牌互补运作，持续为用户打造更加"便捷、健康、有趣"的厨房生活，铸全球品牌，树百年企业。

光辉三十年　梦想定实现

　　激情追梦装饰人

　　满怀信心去追寻

　　携手并肩担使命

　　璀璨梦想定实现

全行业共同畅想装饰之美发展理念：

　　重统筹，展现装饰发展新风貌；

　　促转型，开创现代装饰新空间；

　　创品牌，引领装饰发展新气象；

　　增作为，打造装饰服务新品质；

　　筑平台，实现装饰产业新发展；

　　聚合力，掀起装饰之美新风尚。

和美装饰 美好生活

第八章

不忘初心　砥砺前行

浙江省建筑装饰行业领军企业篇

以匠心和创新创造美好人居　做城市建设的贡献者和行业升级的引领者
诚信立业　创新发展　自强不息　开创未来
砥砺奋进　铸造精品　建工建乐　筑梦前行
守诚以薄己　取信而厚人
集思"广艺"　装点未来
筑厦建楼一路歌
"稳"健凝心聚力，奋"进"迎势启航　以勇毅前行的拼搏姿态推动企业高质量发展
传承红色基因　步步争先引领装饰品质标杆
锻造红色引擎　彰显国企担当
创新引领高质量发展　专注成就小而美成长
以红色信仰　走绿色发展之路　创企业金色信誉名片
广信智创　诚信拓新
致力于开创智能建造新纪元
让房子越住越幸福　百合盛华人一直在努力
传承千年精工　缔造龙邦品质
转型变革　砥砺前行
闪烁银建　高品质酒店装饰引领者
乐享天工之美
装饰精彩　铸就品质　传承文化
诚信为本　质量兴企

领军企业

浙江亚厦装饰股份有限公司
浙江中南建设集团有限公司
宁波建工建乐工程有限公司
浙江宝业幕墙装饰有限公司
浙江广艺建筑装饰工程有限公司
浙江省建工集团有限责任公司
浙江省一建建设集团有限公司
浙江省三建建设集团有限公司
浙江省武林建筑装饰集团有限公司
杭州之江有机硅化工有限公司
浙江大东吴集团建设有限公司
航天科工广信智能技术有限公司
绿城装饰工程集团有限公司
百合盛华建筑科技有限公司
龙邦建设股份有限公司
浙江中天精诚装饰集团有限公司
浙江银建装饰工程有限公司
浙江天工装饰工程有限公司
浙江世贸装饰股份有限公司
浙江云艺装饰有限公司

以匠心和创新创造美好人居
做城市建设的贡献者和行业升级的引领者

浙江亚厦装饰股份有限公司

浙江亚厦装饰股份有限公司始创于1989年，2010年3月深交所上市，公司三十多年来始终致力于为健康人居环境提供专业的整体解决方案，连续16年位列中国建筑装饰百强龙头企业，聚焦装配化装修业务主航道，搭建了以"工业化生产+装配式安装"为核心的技术平台，成为了国内唯一一家拥有全工业化装配化装修产品的高科技创新型企业，是行业首家国家级高新技术企业、业内唯一被同时评为"国家住宅产业化基地"及首批"装配式建筑产业基地"的建筑装饰企业，是中国装配化装修的持续领跑者。2020年获得浙江省人民政府质量奖，同年公司质量管理模式被评为长三角先进质量管理方法百佳，2021年获浙江省建筑产业现代化示范企业。

亚厦以革命性的技术突破解决了装饰行业甲醛超标和成品房交付品质难以保证的痛点问题，历时10年超15亿资金投入研发国际领先的全工业化装配化装修技术平台，实现装修领域技术全覆盖。首推"无甲醛"全工业化装配化装修解决

第八章　不忘初心　砥砺前行　浙江省建筑装饰行业领军企业篇　　领军企业

1. 珠海横琴天沐琴台
2. 济南平安金融中心
3. 北京宝格丽酒店
4. 西安丝路国际会议中心
5. 成都麓府
6. 亚厦中心
7. 杭州亚运会体育游泳馆
8. 北京大兴国际机场

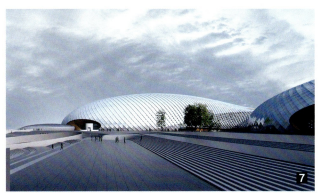

方案，彻底颠覆了传统装饰"拖泥带水"的落后工艺。首次实现施工行业具有制造业属性，打破了建筑业依赖工人个体作业水平的现状，达到传统工艺无法企及的"均质化"水平，在安全、职业健康及环保方面做到零用电事故、零职业病、极低能耗安装；成功打造国内首个装配化装修高端成品示范项目，满足人民群众对美好生活的向往；抗疫期间，3小时紧急调度数万立方米装配式材料驰援雷神山医院建设，3天完成西安"小汤山"医院近4000m²的装饰施工，7天完成绍兴防疫隔离医院装配任务。

亚厦坚持技术引领，推进行业共同发展，企业知识产权数量和标准制定数量处于行业领先地位。截至2021年12月底，亚厦的专利申请数量已达6879件，其中发明专利1831项；制定国家、行业、团体标准65项，主编的技术规程更是填补了我国装配化装修领域的技术空白，为行业提供了科学的技术依据、执行标准和系统解决方案，被评为"中国建筑装饰行业标准编制工作先进单位"。

定位匠心、专业、高端，亚厦打造了无数全球瞩目工程，公司连续承接APEC北京峰会、G20杭州峰会、金砖五国厦门峰会、上合组织青岛峰会等会议主场馆建设，是行业唯一一家取得大国工程核心区装饰"大满贯"企业，以顶级质量水准在国际舞台上彰显了大国实力，向世界展示了中国建筑文化，树立了"中国装饰"和"中国服务"的优质形象。

亚厦将东方美学、传统美学与建筑相结合，立足建筑装饰绿色化、工业化、智能化，打造建筑装饰的"文化自信"。凭借绝对的专业实力和无数精品工程的历练，亚厦多次荣膺国家级最高荣誉，其中包括国家优质工程金质奖1项，中国工程建设项目科技创新的最高荣誉奖詹天佑奖3项，中国建筑行业工程质量最高奖项鲁班奖63项，以及其他国家级工程奖1243项，省部级以上奖项3000余项，处于全国行业领先水平。

诚信立业　创新发展
自强不息　开创未来

浙江中南建设集团有限公司

浙江中南建设集团有限公司创立于1984年，位于杭州高新技术开发区（滨江），是浙江省住建厅第一批公布的工程总承包试点企业。集团秉承"集团多元化、公司专业化"发展战略，致力于为客户提供一站式全方位专业服务，历经近40年的开拓发展，已形成了涵盖房屋建筑、幕墙工程、钢结构工程、装饰工程、机电智能、市政园林、地基基础等全领域，辐射标准化设计、工厂化生产、装配式施工、信息化管理全流程的工程建设全产业生态链。

集团具有房屋建筑工程施工总承包特级资质，市政公用工程施工总承包一级、建筑装修装饰工程专业承包一级、建筑幕墙工程专业承包一级、建筑机电安装工程专业承包一级、钢结构专业承包一级、地基基础工程专业承包一级、消防设施工程专业承包一级资质；具备建筑行业（建筑工程）甲级资质，建筑幕墙、建筑装修装饰工程设计专项双甲级资质，钢结构工程设计专项甲级资质，并具有投资项目代建资质及国家外经贸部批准的境外工程承包资质。集团是全国建筑业先进企业，全国优秀施工企业，浙江省优秀建筑施工企业，中国建筑业协会理事单位。

集团连续23年荣获中国民营企业500强，并获得中国建筑竞争力百强企业、中国建筑装饰百强企业、中国幕墙行业前三强企业、中国优秀施工企业、全国建筑业先进企业等荣誉称号，且通过ISO 9001质量管理体系、ISO 14001环境管理体系、GB/T 28001职

第八章　不忘初心　砥砺前行　浙江省建筑装饰行业领军企业篇　**领军企业**

业健康安全管理体系及中国工程建设信用等级AAA级认证。集团旗下中南幕墙、中南建筑、中南钢构、中南装饰等行业综合实力稳居同行前列。

集团以"诚信立业、创新发展"为经营宗旨，积极践行文化强企战略，致力构建品牌竞争优势，内强素质，外树形象。近年来，集团参与建设了杭州奥体中心（2022年亚运会主场馆）、杭州西站枢纽南区站城市综合体项目云门幕墙工程、杭州高新智造谷产业服务综合体、杭州亚运会北支江水上运动中心、杭州市全民健身中心、杭州奥体国际博览中心（G20峰会主会场）、杭州萧山国际机场贵宾专用候机楼、广州国际金融城汇金中心、山西第一高楼信达国际金融中心、恒生金融云产品生产基地、北京亚投行总部、泰国G-Land Tower写字楼、委内瑞拉客车工厂等多项国内外重大工程项目和地标性建筑，获得以鲁班奖、詹天佑奖、全国金奖等为代表的国家和省级优质工程大奖300多项。集团以省级技术中心为创新平台，不断推进科技研发与技术引进，先后获得授权建筑相关专利500余项，其中发明专利40余项。

集团立足浙江，辐射全国，积极投入工程总承包人才队伍建设，近年来在EPC项目建设上也取得了显著成效。同时，积极响应国家"一带一路"倡议号召，加快构筑海外市场版图，大幅提升海外业务营收占比。

自创业伊始，中南集团始终听党话、跟党走，将党建工作作为企业发展的重要保证，打造"党组织为基础、党员为桩"的"红色桩基"党建工程，充分发挥党组织的"基础桩基"、党员人才的"发展桩基"、党群连心的"和谐桩基"作用。集团现有党员340余名，下属2个党总支、12个党支部。近年来，先后荣获了"基层党建工作100示范群""支援抗震救灾先进基层党组织""双强百佳党组织""先进基层党组织""五星级党组织"等荣誉称号。党旗所指，团旗所向，国家的希望在青年，中南的未来亦在青年。集团高度重视团员青年工作，以"奋斗的中南青年"为主题，以"青字号"品牌为载体，培养青年员工成长成才，助力公司高质量发展。

集团在注重自身发展的同时，始终将"做个有社会责任感的企业"作为企业发展的核心理念，致富思源，积极履行社会责任。新冠肺炎疫情暴发后，中南集团在第一时间捐赠1000万元和大量物资，助力一线医护人员，并紧急驰援杭州白马湖应急工程、上海普陀区方舱医院等防疫抗疫应急工程，全力助力抗疫。此外，集团还积极参与结对帮扶、扶贫帮困、捐资助学、防灾救灾等各种公益慈善活动，迄今已累计捐赠超亿元，先后荣获全国"万企帮万村"精准扶贫行动先进民营企业、中国民营企业社会责任100强、浙江省建筑业新冠肺炎疫情防控工作先进单位等荣誉称号。2020年，中南集团入选全国工商联"中国民营企业社会责任优秀案例"，集团董事局主席吴建荣本人也被授予"2020中国民营企业社会责任优秀案例入选责任人物"称号。

在"第二个百年"新征程上，中南集团将继续秉持"诚信立业、创新发展"的企业宗旨，坚守"打造美好人居生活"的使命，强化"听党召唤、使命必达"的责任担当，践行"勇于奉献、不辱使命"的民企责任，淬炼"敢打硬仗、能打胜仗"的中南铁军精神，自强不息、开拓创新，为服务国家、富强民族、实现人民幸福贡献力量。

1. 杭州奥体中心（2022年亚运会主场馆）
2. 恒生金融云产品生产基地
3. 始板桥未来社区
4. 亚洲金融大厦
5. 中国动漫博物馆

砥砺奋进　铸造精品
建工建乐　筑梦前行

宁波建工建乐工程有限公司

宁波建工建乐工程有限公司由原宁波建工股份有限公司建乐分公司和宁波建乐建筑装潢有限公司重组合并建立，注册资本金43800万元，是宁波市建筑业龙头企业，宁波市建筑业协会副会长单位，浙江省建筑装饰行业协会副会长单位，具有建筑工程施工总承包一级、市政公用工程施工总承包一级、建筑装修装饰工程专业承包一级、建筑幕墙工程专业承包一级、建筑装饰和幕墙设计专项双甲级等资质。近30年来，公司先后承建了一大批包括省市重点工程和窗口工程在内的民用建筑和装饰装修、幕墙工程，如宁波万豪中心、宁波新行政中心、宁波国际会展中心、宁波奥体中心、宁波国际金融中心、宁波文化广场、宁波李惠利医院东部院区等，200多项工程荣获全国、省、市优质工程荣誉。公司下辖幕墙和装饰材料两个生产基地，并投资装配式住宅产业化生产基地，幕墙基地和装饰材料基地荣获"浙江省建筑装饰业产业化示范基地"称号。

第八章　不忘初心　砥砺前行　浙江省建筑装饰行业领军企业篇　领军企业

公司注重科技经费投入和人才培养，拥有省级技术中心，各类技术人员占职工总数的80%，其中具有中、高级职称人员占比30%以上。公司承建的多项工程获浙江省新技术应用示范工程，取得近百项发明专利、实用新型专利、国家级工法及省级工法。公司多名员工分别获得"宁波市劳动模范""宁波市五一劳动奖章""浙江建设工匠""港城工匠""宁波市首席工人""青年榜样"等荣誉称号。

公司积极推进企业政治文明、物质文明、精神文明建设，先后获评全国五一劳动奖状、全国精神文明建设工作先进单位、省模范集体、省文明单位、省先进基层党组织、全国优秀施工企业、省建筑强企、全国装饰百强企业和全国幕墙百强企业、中国建筑装饰三十年专业化百强企业和中国建筑幕墙行业三十年突出贡献企业等荣誉，连续多年获评浙江省AAA级守合同重信用企业。

1. 会展11号馆
2. 宁波万豪酒店大堂
3. 宁波万豪酒店（鲁班奖）
4. 奥体中心游泳馆
5. 华茂东钱湖希尔顿度假酒店大堂
6. 宁波市城展馆

守诚以薄己　取信而厚人
浙江宝业幕墙装饰有限公司

浙江宝业幕墙装饰有限公司，系"中国企业500强""中美绿色基金发起单位"宝业集团股份有限公司（股票代码：HK2355）旗下子公司。是一家集建筑外装饰工程产品研发、工程设计、加工制造、安装施工、售后服务于一体的专业幕墙公司。

公司创建于1990年9月，现具有建筑幕墙工程设计专项甲级、建筑幕墙工程专业承包一级、钢结构工程专业承包二级等多项资质，并已通过质量、环境、职业健康三合一体系认证。公司连续多年位列"全国幕墙行业50强""浙江省建筑幕墙（门窗）十强"，并被浙江省科技厅认定为"高新技术企业""浙江省科技型中小企业"，同时还获得"浙江省AAA级守合同重信用企业""浙江省纳税信用等级AAA级企业""浙江省信用管理示范企业""全国建筑装饰行业AAA级信用企业"等一系列荣誉称号，综合实力位于全国同行前列。

第八章　不忘初心　砥砺前行　浙江省建筑装饰行业领军企业篇　　**领军企业**

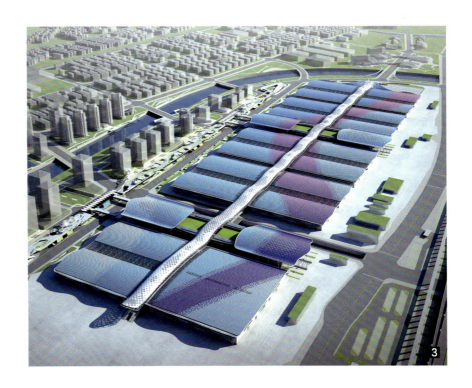

公司总部生产基地位于绍兴市柯桥经济开发区（柯西工业园区），拥有8万m²的生产加工车间，设有单元式幕墙、铝合金门窗等多条生产线，并拥有年产150万m²生产能力的幕墙铝板开平、制造及喷涂生产线，能满足各类幕墙铝板的设计、制造和喷涂业务，行业产业链较为完善。

公司致力科学发展，致力于人才培养。宝业幕墙研究院现拥有专业技术人员百余名，企业研发中心被认定为"绍兴市级企业研究开发中心"，先后开发研制了一系列性能卓越的建筑门窗和幕墙产品，产品系列涵盖整个建筑外墙装饰，宝业·耐胜系统门窗已成功应用于多个项目。获得"复合幕墙装置""带玻璃肋单元式玻璃幕墙及其制作方法"等70余项发明专利和实用新型专利。

"守诚以薄己、取信而厚人"是公司永恒的宗旨，为顾客建设满意的工程是宝业人的第一使命。凭着精心的设计、精密的制作、精细的施工，以及完善的工程回访和维护保养服务，公司赢得了良好的社会信誉。先后创造了百余项省部级以上获奖工程，其中北京五棵松体育馆、开封海汇中心、昆明三峡大厦等十余项工程荣获全国建筑工程最高奖项鲁班奖；深圳招商局广场、浙江富阳农村合作银行、宁波栎社国际机场三期扩建工程等数十项工程获得中国建筑工程装饰奖等省部级荣誉。

发展永无止境，公司将继续秉持"守诚以薄己、取信而厚人"的企业宗旨，不断探索和完善发展模式，为建筑装饰行业高质量发展贡献力量。

1. 宁波栎社国际机场
2. 宁波奥体中心游泳馆
3. 深圳国际会展中心（一期）一标段
4. 深圳招商局广场

30 继往开来　求实创新
浙江省建筑装饰行业协会成立三十周年

集思"广艺"　装点未来
浙江广艺建筑装饰工程有限公司

浙江广艺建筑装饰工程有限公司，系宝业集团下属子公司，企业注册资本5000万元，始创于1986年。是一家集建筑装饰设计、施工，木制品生产，家具设计开发、制造于一体的大型专业企业。公司业务涉及装饰设计、建筑装饰施工、幕墙施工、钢结构施工、机电设备安装、园林古建筑、建筑防水、城市与道路照明及家具设计生产等领域。

广艺装饰坚持"产品专业化、生产规模化、突出专业，做强装饰主业"的发展战略，为客户提供设计、施工、安装一条龙、一体化的服务。

第八章　不忘初心　砥砺前行　浙江省建筑装饰行业领军企业篇　　**领军企业**

1. 杭州钱江世纪城初中
2. 青山湖科技城商务中心
3. 缙云县人民医院
4. 宝业新桥风情精装修工程
5. 杭绍城际铁路工程

公司于2004年7月通过ISO 9001质量体系、GB/T 28001职业健康安全管理体系及ISO 14001环境管理体系认证，坚持技术创新，实施品牌战略，建百年企业为目标，在做大建筑装饰业板块的同时实施多元化发展战略，引进德国、意大利木业制品流水线，实现装饰工业化、工厂化，为社会和建设单位提供高品质的绿色节能环保产品。

多年来，广艺装饰业绩斐然，注重诚信建设，强化合同管理，恪守"守诚以薄己、取信而厚人"的企业发展宗旨，坚持走质量兴业之路。近年荣获"国家银质奖"四项，中国建筑工程装饰奖、建设部样板工程、浙江省"钱江杯"奖等建筑与装饰省部级荣誉，荣获绍兴市区建筑业先进专业施工企业，被授予"中国建筑装饰行业百强企业""中国建筑装饰行业企业信用等级AAA"、连续十年被评为"全国装饰奖明星企业""浙江省强优企业"等荣誉，得到社会各界好评，综合实力位于建筑业行业前列。

公司业务覆盖浙江、北京、上海、广东、江苏、天津等省市，技术力量雄厚，施工设备先进，能承接各类高难度工程。承接的写字楼、酒店、医院、商场、博物馆、精装修楼盘等建筑室内装饰装修、幕墙、钢结构、安装等工程，在激烈的市场竞争中得到了社会的认可。

广艺装饰倡导绿色，一直致力于绿色节能技术、产品的研究、开发和推广，改变传统生产模式，稳定产品质量，延长产品使用期限来提升产品的价值。

资源有限、创意无限，从建造到制造的路上，广艺一直在努力。

筑厦建楼一路歌

浙江省建工集团有限责任公司

浙江省建工集团有限责任公司是一家以设计研发为引领，集房屋建筑、钢结构、幕墙装饰、轨道交通、机电安装、地基基础、市政工程、水利水电、地下空间、特种结构施工及投融资为一体的大型国有企业，注册资本20亿元，是全国首批房屋建筑工程施工总承包特级企业，同时拥有建筑工程设计甲级、建筑幕墙工程设计专项甲级、风景园林工程设计乙级、市政公用工程施工总承包一级和建筑装饰、钢结构、建筑幕墙、地基基础、建筑机电安装、电子与智能化工程及消防设施工程专业承包一级资质，水利水电工程施工总承包二级资质。

集团下设事业部、工程公司、专业公司、投资企业等分支机构30余家，现有在册员工5000余人，正高级职称40余人，副高级职称400余人，中级职称1200余人，博士5人。企业年总产值300亿元，年施工面积3000万m^2以上，施工辐射32个省区市以及阿尔及利亚等国，在国内形成了新疆、西北、中南等十一大区域市场。企业荣获全国五一劳动奖状、全国建筑业先进企业、全国优秀施工企业、全国建筑业企业工程总承包先进企业、全国建筑业诚信企业、全国建筑业文化建设示范企业、浙江省建筑强企、浙江省"三名"企业等荣誉。

第八章　不忘初心　砥砺前行　浙江省建筑装饰行业领军企业篇　**领军企业**

1. 杭州火车东站（鲁班奖、詹天佑大奖）
2. 援建武汉方舱医院
3. 浙小匠志愿服务队成立
4. 始版桥未来社区项目（首个未来社区）
5. 北山路84号国宾接待中心（鲁班奖）
6. 参建亚运工程（亚运媒体村项目）

　　近年来，集团认真贯彻落实党的十九届六中全会和省委十四届十次全会精神，坚持稳中求进工作总基调，紧扣高质量发展目标要求，坚持"五个转"发展理念、"四个强企"总体布局、"三大市场"经营战略，强党建、拓市场、调结构、促改革，企业经营规模不断扩大，管理水平不断提高，综合实力不断增强，社会美誉度和影响力不断提升。

党建引领在"保稳谋进"中坚强有力

　　推进党史学习教育高质量开展。全面深入推进"项目长制"工作，推动项目管控能力不断提升，紧扣"项目长十大攻坚任务"，设置项目第一书记94人。通过"六型组建法"成立139个项目党支部，对在建235个项目实现党建全覆盖，并同步实现工团组织应建尽建。成功举办集团庆祝中国共产党成立100周年表彰大会，成立集团党委宣讲团和"浙小匠"宣讲团。深入开展"三为"实践活动863项，扎实推进5大专题13个重点36项活动。

　　参与重大项目建设贡献新担当。集团坚持服从服务国家和省委省政府重大决策部署，始终在急难险重任务中冲在前，特别是援藏援川、抢险救援、疫情防控等重要任务中牢固树立了关键时候"叫得应、拉得出、打得响、战能赢"的铁军形象；在国家重点工程如杭州火车东站、浙江音乐学院、乌镇互联网大会会址、G20系列工程、省之江文化中心、之江实验室等一系列具有政治性、标志性和社会巨大影响力的工程中充分发挥产业链齐全和协同作战优势，展现了建工速度。集团贯彻落实全省建筑业高质量发展大会、碳达峰碳中和推进会等重要会议精神，推进落实"共同富裕示范区"建设、"四大建设"项目、"未来社区"、"两新一重"等多项重点工程，在履行国企社会责任展现新作为。

品牌形象在"创先争优"中不断彰显

　　党建工作成效显著。提炼了"融党建"品牌，推广实施"开放式党建""工友驿站""全过程劳动竞赛""青春夜讲堂""浙小匠志愿服务"等系列党建载体，进一步激发基层党建创新活力。近两年获评杭州市"最强支部"9个、"百年百优"优秀集体3个、行业典型案例2个，获评省市级"红色工地"15个，集团获评全国工程建设行业党建工作示范单位。

　　品牌塑造成果丰硕。深化企业"诚文化"建设，连续13年保持全国文明单位称号，已创获鲁班奖16项、创出国家和省部级优质工程500余项、安全文明标化工地600多个，有70多项科技成果获省级以上表彰，有省级、国家级工法90多项，有发明专利、实用新型专利170多项。

"稳"健凝心聚力，奋"进"迎势启航
以勇毅前行的拼搏姿态推动企业高质量发展

浙江省一建建设集团有限公司

浙江省一建建设集团有限公司（简称浙江一建）是上市公司浙建集团的重要组成成员之一。前身为创立于1949年7月的浙江建筑公司，是浙江省比较早的建筑专业公司。

浙江一建汇人才聚合力做中国建筑行业排头兵。历经70余年发展，集团已成为集房建施工、安装、装修、幕墙、钢结构、地基基础、市政工程等多元化经营为一体，拥具备建筑工程施工总承包特级资质的大型国有企业，拥有30家分支机构，7家子公司和5家参股公司；拥有国家注册建造师、造价师300余人，中高级职称480余人，教授级高工、高级工程师100余名；在职员工1700余人，建筑从业人员3万余人。

浙江一建营造经典建筑铸就辉煌历程。作为全国、全省比较早的"国字号"建筑大军，集团从成立伊始，便逐步拓展业务范围，现有业务范围涉及城市建设多个领域和项目建设每个环节，在国内外建造了许多记录时代变迁、铭刻经济文化发展的地标性建筑。20世纪50年代的北京人民大会堂、中国国家博物馆等首都十大建筑；60年代的西南西北大三线备战建设；70年代的毛主席纪念堂建设；80年代的北京亚运村都留下"浙江一建"的印记。改革开放以来，集团主动顺应市场形势，服务全国经济社会快速发展大局，先后承建浙江省博物馆、G20杭州峰会场馆、黄龙体育中心亚运会场馆、阿里巴巴达摩院、浙江省全民健身中心等标志性项目。

浙江一建业务板块从国内迈向海外。70余年的砥砺前行，集团坚持质量兴业、科技强企，造福用户与社会，经营足迹跨越全国30多个省市区，形成八大区域市场；集团响应号召，远渡重洋，先后奔赴几内亚、塞拉利昂、也门、伊拉克、斐济、科威特、泰国、阿尔及利亚等10多个国家与地区，承担起中国政府对亚非等国家经济援助项目的建设。

浙江一建用奖项和荣誉擦亮品牌。集团坚持质量兴业、科技强企，规模、效益和品牌显著提升，成为行业内重点骨干施工企业之一。先后获评全国先进施工企业、全国创全优工程先进企业、全国施工企业管理奖、浙江省文明

第八章　不忘初心　砥砺前行　浙江省建筑装饰行业领军企业篇　**领军企业**

1. 黄龙体育中心亚运会场馆改造项目
2. 阿里巴巴达摩院项目效果图
3. G20工程-杭州雅谷泉山庄整体翻建工程
4. 杭州钱塘健康驿站项目效果图
5. 浙江省全民健身中心效果图

单位、浙江省AAA级守合同重信用企业等国家级、省级荣誉称号260余项；中国建设工程鲁班奖、国家优质工程银质奖、中国土木工程詹天佑奖、中国水利工程优质（大禹）奖、中国建筑工程装饰奖、全国钢结构金奖等国家级优质工程30余项，省部级奖项170余项；荣获国家级和省级科技进步奖，科学技术创新成果，国家级工法、专利，全国建筑业新技术应用示范工程等120余项。

浙江一建传承红色根脉，彰显国企担当。集团主动响应国家、省委省政府号召，自觉履行国企责任，踊跃参与经援工程、抗震救灾、亚运会场馆改造、美丽乡村"小城镇"改造等急难险重任务，广泛开展军企共建、联乡结村、春风行动等活动，"浙江一建"品牌愈发卓越响亮。

集团在建设过程中始终坚持以人为本、建楼育人，培养造就了一代又一代赤诚、朴实、勤劳、智慧的建设者，涌现了全国劳动模范、全国五一劳动奖章获得者、全国城乡建设系统先进个人、全国优秀农民工、浙江省劳动模范等一大批先进典型。

下一步，集团将大力探索实施EPC、建筑工业化等新型业务模式，进一步延伸产业链、深耕大市场，加快创新转型发展的步伐，在打造"重要窗口"一流企业的道路上奋勇向前，力争成为浙江省乃至全国建筑领域的一面旗帜。

传承红色基因
步步争先引领装饰品质标杆

浙江省三建建设集团有限公司

浙江省三建建设集团有限公司创建于1978年1月,是浙江省属上市国企浙江省建设投资集团股份有限公司旗下重点企业。集团40多年砥砺奋进,已发展成为专业门类齐全、产业链完整,集"投融建管运"于一体的大型综合建设企业集团。集团拥有建筑工程施工总承包特级资质,建筑行业甲级设计资质,地基与基础、装修装饰、建筑幕墙、机电设备安装、消防设施专业承包一级资质,以及市政、机电安装、钢结构、电子与智能化、防水防腐保温、起重设备安装等10余种专业资质,同时拥有国际工程承包资格。

集团以"弘扬工匠精神,打造三建品牌,建设美好家园"为使命,恪守"敬业、守信、建优、筑福"的核心价值观。致力成为行业工程总承包建设和服务领域的领跑者,下设工程公司、专业公司、区域公司、投资企业等机构20余家。现有管理人员3000余人,其中教授级高级工程师30余人,高、中级职称技术管理人员1000余人,注册类人员800余人,获评全国、省级品牌项目经理50余人,作业人员超过3万人。承建了公共建筑、工业厂房、商用住宅等国家、省、市重点工程上千项,创出了杭州西湖文化广场、国际会议中心等一批经典工程,施工区域辐射四川、陕西、江苏、海南等10多个省市以及阿尔及利亚等海外市场,年经营规模200亿元以上。

集团发扬"浙江三建、步步争先"的企业精神,始终服从服务于省委省政府重大决策部署,承担抗震救灾、G20峰会、亚运会场馆工程等急难险重任

第八章 不忘初心 砥砺前行 浙江省建筑装饰行业领军企业篇 | 领军企业

1. 杭州国际会议中心（全国建筑业新技术应用示范工程）
2. 浙江能源集团创业大厦（鲁班奖）
3. 杭州师范大学仓前校区（国家优质工程）
4. 杭州市全民健身中心
5. 嘉兴南湖革命纪念馆新馆（钱江杯）
6. 杭州西湖文化广场（全国建筑业新技术应用示范工程）

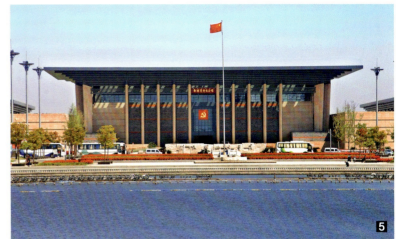

务；承担政府基础设施和小城镇建设任务；承担宁波北仑港、浙江涤纶厂等浙江老工业企业和基础设施建设任务；承担科威特、缅甸、老挝、新加坡等对外援建任务；参与赈灾、扶贫、新农村建设和环境保护等慈善公益事业，捐款捐物达上千万元；参加抗震救灾，荣获浙江省援建四川广元过渡安置房先进集体和全国抗震救灾重建家园工人先锋号等称号。

集团坚持"质量顾客满意、环境社会满意、安全员工满意、管理精益求精"的管理方针，深入推行项目长制，纵深推进数字化改革，推进落实"双碳"工作，创出国家、省、市优质工程500余项，取得国家专利140多项、国家级、省级工法30多项、省级以上科技成果表彰50多项。企业综合经济技术指标始终在同行中保持领先，连续被评为全国优秀施工企业、中国建筑业百强企业和浙江省先进建筑业企业、浙江省建筑强企等荣誉，连续多年保持全国和浙江省AAA级守合同重信用单位、浙江省文明单位等荣誉称号。

集团加快打造"省内一流、行业领先、全国品牌"大型国有建筑企业集团，继续以国企责任和担当，坚持以党建为引领，紧扣高质量稳健发展主题主线，推动构建"数字建造、绿色建造、工业建造、标准建造、品牌建造"为核心的新发展格局，为浙江省高质量发展建设共同富裕示范区做出更大贡献。

锻造红色引擎　彰显国企担当

浙江省武林建筑装饰集团有限公司

浙江省武林建筑装饰集团有限公司（浙江浙建美丽乡村建设有限公司）是省属国有企业浙江省建设投资集团旗下的核心控股子公司，成立于1986年，注册资金2亿元，现为中国建筑装饰协会常务理事单位、浙江省建筑装饰行业协会副会长单位。公司以建筑工程设计为引领、装饰幕墙与美丽乡村设计施工为核心，集市政公用工程、机电安装、建筑智能化、钢结构、展览工程、门窗制作安装等产业链于一体。

公司具有建筑工程施工总承包一级、建筑装修装饰工程专业承包一级、建筑幕墙工程专业承包一级、建筑行业（建筑工程）设计甲级、建筑装饰工程设计专项甲级、建筑幕墙工程设计专项甲级等各类专业资质近20项，连续获评中国建筑装饰行业百强企业、中国建筑幕墙行业百强企业、中国建筑装饰设计机构50强企业。

近年来，公司先后荣膺全国优秀施工企业、服务保障G20峰会"先进施工企业"、浙江省五一劳动奖状、浙江省AAA级守合同重信用企业等百余项荣誉。荣获鲁班奖、国家优质工程奖、中国建筑工程装饰奖、钱江杯等省部级奖多项荣誉。荣获浙江省建设科学技术奖1项，参编标准规范15项，省级工法7项，国家专利29项。

公司现拥有各类高级职称（含正高级职称）近百人，中级职称近300人，国家级、省级品牌项目经理100余人，高技能品牌工匠200余人，拥有多个浙建集团技能大师工作室，全国技术能手1人，省"百千万"高技能领军人才、省属"五个一"人才工程杰出人才、浙江省金蓝领、杭州市高层次人才29名。

公司始终以服从服务于国家重大决策部署为己任，积极践行国企"政治、经济、社会"三大责任，以强有力的行动，完成了一系列"几乎不可能完成"的建设任务，先后承建G20峰会工程8项，亚运会项目4项，打造了人民大会堂福建厅、台湾厅，浙江音乐学院，杭州火车东站，杭州奥体中心，西安奥体

第八章　不忘初心　砥砺前行　浙江省建筑装饰行业领军企业篇　**领军企业**

中心，乌镇国际互联网大会会址，杭州亚运手球馆等一大批经典工程，有力保障了G20峰会、亚运会和乌镇国际互联网大会的召开，为国家社会发展做出一定贡献。

公司坚决贯彻习近平总书记"绿水青山就是金山银山"的重要思想，响应国家乡村振兴战略，积极投身全国各地美丽乡村、美丽城镇、美丽河湖项目，公司围绕"一镇一样板，一镇一经典"的要求，创新推动EPC、PPP、BT等模式参与美丽乡村建设。先后实施全省美丽乡村项目40余个，11项获评全省小城镇综合整治提升省级样板、美丽村镇省级样板和美丽河湖示范项目，3项获评全国文明镇、全国环境优美镇和全国乡村旅游重点村。其中新昌镜岭小城镇项目代表浙江省"千万工程"登上联合国"地球卫士奖"的颁奖现场，金华傅村项目仅仅用时2个月完成亿元项目建设，建设经验成果获得《人民日报》专题报道。德清县"美丽上柏"改造提升规划荣获浙江省优秀城乡规划设计一等奖。公司全力打响"美丽中国看浙江，浙江建设看浙建"品牌，形成了乡村振兴浙建模式，并推动"浙建样板"走出浙江，走向全国，为美丽中国先行示范区贡献浙江国企力量。

1. 浙江音乐学院装饰项目
2. 杭州火车东站装饰项目
3. 乌镇互联网国际会议中心幕墙项目

第八章　不忘初心　砥砺前行　浙江省建筑装饰行业领军企业篇

创新引领高质量发展
专注成就小而美成长

杭州之江有机硅化工有限公司

杭州之江有机硅化工有限公司是一家专门从事化工新材料研发和生产的股份制企业，是国家经贸委首批认定的三家硅酮结构胶生产企业之一，是国家级高新技术企业，拥有一批高素质的国内外中青年专家、教授组成的科研队伍，创建了行业领先的软硬件科研、制造平台。

生产的"金鼠""ZHIJIANG""FINOTECH"等商标系列产品广泛应用于建筑、工业、汽车、轨道交通、电子电器、新材料、新能源等行业，远销欧洲、北美、南美、东南亚、中东等地区。多个产品获得省、部级科技大奖，并多次列入国家863计划、国家火炬计划、技术创新计划，在国内外市场上享有很高的知名度和美誉度。

杭州之江作为学习型的高成长型企业，一直欣赏挑战成功的勇气和魄力。在"恒久经营、健康发展"，"加强与社会的联系，回报社会"，"珍惜公司的名声，构筑强势品牌"这三大核心价值的框架下，构建起完整而灵敏的企业文化网，引领之江人诚信经营、协作奉献、跨越发展，确保公司在专业密封胶领域的全国领先地位。拥有博士后科研工作站、国家企业技术中心和国家CNAS认可实验室，被评为浙江省智能工厂，以及22条从德国、瑞士和美国引进的全球先进的密封胶自动化生产线。

杭州之江产品在知名地标及超高层建筑中普遍使用，如国家体育场（北京奥运会主场馆）、北京大兴国际机场、中央电视台、上海虹桥SOHO（上海门户新地标）、上海世博中心（上海世博会永久性保留建筑）、广州新火车南站、杭州国际博览中心（G20峰会主会场）、苏州东方之门（被誉为"世界第一门"）、成都新世纪环球中心、郑州绿地中央广场等，博得用户的高度评价。

从遮风避雨到美学意义，建筑被日益精确地打磨、凝塑，成为记录历史的立体长卷。为了追求建筑物内外空间的流通与融合，各种新型材料的问世使人类建筑艺术更加光彩夺目，之江从事化工新材料的研发与运用成功推动了建筑建材行业的飞速发展。得而不喜，处变不惊，之江人始终相信"这个世界上最伟大的事情不是我们站在哪里，而是我们要朝哪个方向走"。愿倾一生，做一事，恪守着自己的"之江梦"——以全球化的视野，通过持续的专注和永不止步的创新，提供系统的服务，回馈社会，实现价值，践行百年企业的梦想。

1. 杭州亚运会综合训练馆
2. 杭州亚运会主体育馆和游泳馆
3. 杭州之江数字化生产运营中心
4. 临江生产基地
5. 实验室
6. 全球总部大楼
7. 单身公寓
8. 之江科研楼

1. 湖州日报社
2. 湖州市民服务中心
3. 湖州市城市规划展览馆
4.&5.&6. 爱国主义教育基地
7.&8. 梁溪森林公园纪念馆

第八章　不忘初心　砥砺前行　浙江省建筑装饰行业领军企业篇　**领军企业**

以红色信仰　走绿色发展之路
创企业金色信誉名片

浙江大东吴集团建设有限公司

浙江大东吴集团建设有限公司创建于1994年，注册资金10亿元人民币。自成立以来，经过二十多年的拼搏，已跨入浙江建筑业的前列，成为湖州市建筑行业的标杆。是湖州首家经住建部核准的房屋建筑工程施工总承包特级资质的施工企业，具有行业甲级设计资质。同时拥有市政公用工程施工总承包、钢结构工程专业承包、电子与智能化工程专业承包、建筑装修装饰工程专业承包、建筑幕墙工程专业承包、消防设施工程专业承包、建筑机电安装工程专业承包七项国家一级资质。企业已通过ISO 9001、ISO 14001、GB/T 28001等质量管理体系认证，先后获得了"全国优秀施工企业""国家高新技术企业""全国建筑行业500强企业""中国建筑业协会AAA级信用企业""中国施工企业管理协会AAA级信用企业""中国施工企业管理协会2021年诚信典型企业""浙江省先进建筑业企业""浙江省建筑装饰行业强优企业""浙江省建筑工业化产业基地""浙江省建筑产业现代化示范企业""省优秀民营企业"等金名片。

企业拥有省级企业技术中心1家，各专业职称人员1500多人，其中教授级高工8人、高级职称160余人，中级职称460余人；博士1人，硕士研究生28人，本科634人；一、二级注册建造师人员370余人，其中一级建造师183人。机械设备2000余台，年施工能力超300万m^2。

公司一贯坚持"以人为本、科学管理、产品优良、顾客满意、创新发展、持续改进"的管理方针，确保工程品质，积极争创精品工程。历年来荣获国家鲁班奖、国家优质工程银质奖、国家建筑工程装饰奖、国家市政金奖、国家钢结构金奖、省钱江杯优质工程奖、湖州市府质量奖等100余项。

1. 航天科工广信公司总部
2. 航天科工广信公司总部办公室

广信智创　诚信拓新

航天科工广信智能技术有限公司

航天科工广信智能技术有限公司（原浙江广信智能建筑研究院有限公司）成立于1999年，注册资本为13000万元，是中国航天科工集团下属一家集智能化系统技术咨询与服务、设计与施工、技术研究与产品开发、计算机系统集成与软件开发为一体的高科技企业。

公司专注的领域主要是智能建筑、智能交通、平安城市、智慧城市、数据中心、系统集成和软件研发，通过对"智能识别、移动计算、数据融合"等信息技术的研究和自主应用开发，为用户提供系统、专业的解决方案。

公司拥有一支积极进取、踏实敬业、技术精湛的高学历、年轻化、专业化优秀技术团队。目前95%以上的员工拥有大学本科以上学历，其中信息系统集成项目经理、注册建造师超过50人。公司十分注重技术创新，公司核心技术人员为主参与了10多个国家标准、行业标准、地方标准、团体标准和相关企业技术联盟标准的编写，公司积极与浙江大学、同济大学和浙江工业大学等多所"211高校"、公安部TC100标委会、公安科研机构进行科研合作，先后完成了多个公安部和长三角城市监控报警系统科技项目、复杂交通场景视频多目标跟踪与识别关键技术研究及应用项目和浙江省公安厅重大科技项目的课题研究，荣获多项公安部和浙江省科技厅科技进步奖，并在国家核心技术刊物、专业杂志、学术年会上发表各类文章、专著、论文百余篇。

公司秉持"诚信、合作、开拓"的经营理念，以"先进的技术、成熟的产品、体贴的服务"作为质量方针，以"技术精湛、构筑经典、超越期望、追求卓越"作为理念，以成为国内最著名的智能化集成企业作为发展目标，通过直属分公司、战略联盟企业和合作伙伴三级渠道营销策略，实现公司业务的营销本地化、实施本地化和服务本地化，营销和技术支持网络遍布全国市场。公司成立至今承接的各类项目超过1000个。项目覆盖浙江省内及北京、江西、辽宁、福建、广东、海南、福建、山东、江苏、陕西、重庆、新疆、贵州和河南等国内大部分省市。工程质量合格率达到100%，优良率达90%以上。多项工程获得省部级优质工程。获得了中国平安城市建设推荐优秀安防工程企业、全国智能化行业百强企业、中国智能交通亿元企业40强、浙江省建筑智能化行业十强企业、浙江省标准化工作先进单位和杭州市社会责任建设先进单位、杭州市大学生见习训练优秀基地等荣誉。

丰富的经验、高效的管理、雄厚的技术和研发能力，使我们有信心为各界提供最贴心的服务，我们真诚期待与您携手共赢。

致力于开创智能建造新纪元

绿城装饰工程集团有限公司

绿城装饰集团隶属于绿城建筑科技集团，是绿城中国控股有限公司全资子公司，于2009年正式组建，其前身为成立于1993年的浙江华能装饰。集团专注于装饰工程、装配式装修、EPC总承包、幕墙工程、园林古建工程、旧城改造、智能化工程等施工业务，涵盖高档住宅、高端星级酒店、大型公共建筑、商业综合体、酒店学校等各类业态，连续8年入选中国建筑装饰行业百强。

秉持绿城"真诚、善意、精致、完美"的核心价值观，绿城装饰集团坚持以高品质、一站式服务，精心打造杭州桂冠东方城、宁波柳岸晓风、成都文儒德、杭州桃李春风、千岛湖喜来登度假酒店、西安全运村、浙江大学管理学院、嵊州市人民医院、省级机关滨江幼儿园等一大批重点工程，累计交付2000多个优质项目，持续为用户创造美好空间。

绿城装饰集团是国家高新技术企业，具备国家建筑装修装饰工程专业承包一级、建筑装饰工程设计专项甲级、建筑工程施工总承包一级、建筑幕墙工程设计乙级、电子与智能化工程专业承包二级等30项资质资信，先后荣获浙江省AAA守合同重信用企业等40余项省部级荣誉，拥有专利246项。

在江苏南通，绿城装饰集团建有30000m^2的生产基地，引进全套德国先进加工设备与技术，实现部品部件的规模化生产。为提升产业化、标准化水平，集团积极参与各项国家、地方、团体等标准编制，已累计参编标准24项（已发布8项、在编16项）。其中国家职业技能标准2项，《建筑门窗无障碍技术要求》《建筑用装配式基层吊顶通用技术要求》等国标标准5项，《浙江省全装修住宅室内装饰工程质量验收规范》等地方标准4项，《中式瓦屋面工程技术规程》《建筑室内装配式装修设计标准》《装配式室内地面系统技术应用规程》等团体标准11项，《中式瓦屋面工程技术规程》等行业标准2项。

绿城装饰集团致力于管理创新，通过完善公司管理制度、优化经营管理团队等方式，提高管理效率和管理品质，促进集团经济效益提升。集团设有"产

第八章　不忘初心　砥砺前行　浙江省建筑装饰行业领军企业篇　**领军企业**

品化装饰"现场质量管控体系，通过国家质量管理体系、环境管理体系、职业健康安全管理体系及知识产权管理体系认证。集团现有标准共38项，包含管理审批权限、成本管控及结算标准、客户满意度管理办法、装饰工程督导管理标准、工程项目财务管理办法等关键标准，覆盖综合要求、成本管理、项目管理、营销管理、供应链管理、技术管理、组织激励、财务管理8个管理模块。

2021年以来，绿城装饰集团先后与浙江理工大学、浙江科学院签订战略合作协议，与江苏建筑职业技术学院签订"订单班合作协议"，与浙江建设技师学院共建"装配式产业工人"实训基地，探索深化校企合作，加强产业工人培养；主导开展的"实测实量周期缩短"研究课题，显著解决传统精装施工现场测量周期长、数据校准慢造成的人工成本、时间投入增加等问题，并在多个项目落地推广，荣获国际绩效改进协会（ISPI）颁发的"ISPI国际杰出人类绩效干预奖"。

2022年6月，绿城建筑科技集团旗下绿城装饰"国君-联易融绿装供应链第2期资产支持专项计划"已顺利在上海证券交易所成功发行，这是绿城装饰20亿储架ABS无异议函下的第2期发行，也是绿城中国"绿城+"板块发行的第二单供应链ABS，意味着国内资本市场对绿城装饰集团经营情况、风控能力与发展潜力的高度认可。连续两期ABS项目的落地，是绿城装饰集团在创新融资方式、拓宽融资渠道方面的新突破，有利于提升企业资金融通能力、降低融资成本、提高运营效率，同时在促进产业链良性发展、实现产业整体资源优化配置等方面具有十分重要的意义。

根据战略2025指引，未来绿城装饰集团将进一步深化改革，以"科技装修"战略业务为核心，加速传统业务科技化和企业管理数字化转型，积极探索绿色建筑发展趋势，在赋能绿城房产主业的同时，推动建筑装饰行业高质量和可持续发展。

1. 绿城装饰集团办公楼
2. 杭州江南里
3. 成都凤起朝鸣
4. 成都文儒德
5. 天台山莲花小镇
6. 丽水桂语兰庭生活美学馆
7. 绿城·桃花源黄龙度假酒店

让房子越住越幸福
百合盛华人一直在努力

百合盛华建筑科技有限公司

百合盛华建筑科技有限公司（原浙江森晟建设有限公司）成立于1999年，旗下拥有浙江百合盛华家居有限公司、浙江百合盛华智慧能源科技有限公司、浙江森晟建设有限公司、宁波森华绿色建筑科技有限公司等子公司。经过二十余年的发展，已成为一家集建筑装修装饰，机电安装，消防设施，建筑智能化，环保工程，科技研发应用服务，家居设计研发、生产制造、销售服务，节能工程咨询、设计、建设、运营服务、合同能源管理于一体的综合性企业。

业绩和荣誉： 公司为中国建筑装饰行业百强企业、浙江省建筑装饰行业强优企业、宁波市建筑业骨干企业。公司目前拥有建筑装修装饰工程、电子与智能化工程、消防设施工程等专业承包一级资质，机电工程施工总承包一级资质、建筑装饰工程设计专项甲级资质和建筑智能化系统设计专项甲级资质等十余项资质。多年来，公司先后承建数百个大中型项目和政府重点项目，多项项目荣获"中国建设工程鲁班奖""中国建筑工

程装饰奖""国家优质工程奖""中国安装之星"。主要代表工程：宁波博物馆，宁波图书馆，宁波城市展览馆，宁波城建档案馆，中国保险博物馆（简称宁波"五馆"工程），宁波钱湖国宾馆一期、二期，宁波轨道交通项目和宁波地铁东鼓道商业街（被誉为中国城市地铁地下商业第一街）等。

在公司发展历程中，始终以"讲诚信、守信誉"为宗旨，连年被评为浙江省AAA级守合同重信用诚信企业、中国建筑装饰协会AAA级信用企业、银行资信AAA级企业等。

科技创新：公司坚持以科技创新引领发展。2019年，公司荣获国家高新技术企业称号，以"绿色建筑产业化"为发展目标，成立科技创新工作领导小组，下设工程技术中心，新型建筑工业化基地，合作成立"绿色建筑产业化研究院"和"创新创业百万基金"，充分借力高校先进、扎实的理论知识和教学、人才储备力量，加强技术创新，提高企业的核心竞争力。截至2022年4月，公司共获得发明专利8项、实用新型专利85项、中国建筑装饰科技创新成果奖30项、省级工法7项，参编地方标准、团体标准多项。公司成功获评浙江省建筑装饰业产业化示范基地、宁波市企业工程技术中心。

慈善事业：秉承主动担当、积极参与社会公益慈善事业，每年开展慈善一日捐、向贫困地区捐款、为大专院校提供爱心助学基金。2017年，公司成立"百合盛华爱心慈善基金"，有序推进扶贫帮困、助学扶老、助医助残抗灾等慈善项目，积极传递社会正能量。疫情期间勇担社会责任，积极向市慈善总会捐赠疫情专款用于抗疫，为战胜疫情贡献一份力量。

团队与人才建设：2014年起，公司先后与宁波大学、宁波工程学院、浙江工商职业技术学校、宁波城市职业技术学院建立一系列校企合作，在科技创新与传统装修，学校与企业之间，打通了技术障碍、人才通道。与浙江工商职业技术学校已

成功开办四期"百合盛华订单班"，通过师徒结对、传帮带，使得年轻新员工快速成长、成才，人才梯队建设为企业发展注入了活力，夯实了坚实的人才保障。先后被评为"宁波市模范集体企业""宁波市学习型企业""宁波市和谐企业"等称号。

企业文化：经过多年的发展，形成以"诚实守信、包容创新、持续匠心、团队分享"为核心的价值文化，以"责任、荣誉、创新、快乐"为企业核心价值观，以"让房子越住越幸福"为公司使命，始终把顾客的利益放在首位，以"深化创新、员工幸福"为百合盛华人的共同愿景，一如既往地扎实工作，不断开创新局面！

1. 得力集团办公楼
2. 戴维钻石酒店
3. 宁波市档案馆
4. 宁波市城市展览馆
5. 国贸11号馆

传承千年精工　缔造龙邦品质

龙邦建设股份有限公司

龙邦建设股份有限公司是一家以建筑设计甲级为龙头，建材交易网为供应链平台，建筑总承包一级为主体的企业。公司拥有注册资本1亿元，固定资产10多亿元，年产值20多亿元。公司坐落于中国杭州CBD——钱江新城，离著名西湖风景区5km，紧邻机场、火车站、地铁口，办公环境优异。龙邦诚信经营、稳固发展，以科技创新为主导，质量兴业为宗旨，多年被评为中国建筑装饰行业百强、中国AAA级守合同重信用企业、国家高新技术企业、浙江省科技型中小企业等。博物馆陈列展览设计、施工领域成绩斐然。

第八章　不忘初心　砥砺前行　浙江省建筑装饰行业领军企业篇　　领军企业

公司已拥有资质

设计资质——建筑行业（建筑工程）甲级、建筑装饰工程设计专项甲级、建筑幕墙工程设计专项甲级、博物馆陈列展览设计甲级、中国展览馆协会展览陈列工程设计与施工一体化一级、消防设施工程设计专项乙级、风景园林工程设计专项乙级、城乡规划编制乙级、商务部境外承包工程资质。

施工资质——建筑工程施工总承包一级、建筑装修装饰工程专业承包一级、建筑幕墙工程专业承包一级、博物馆陈列展览施工一级、中国展览馆协会展览工程一级、消防设施工程专业承包二级、电子与智能化工程专业承包二级、钢结构工程专业承包二级、建筑机电安装工程专业承包三级、商务部境外承包工程资质。

龙邦立足中国，放眼世界，先后在华北、华东、华中、东北、西北、西南等地成立多家分支机构，积极响应"一带一路"倡议走进东南亚，在柬埔寨金边成立龙邦东南亚国际总部。

从精心建造第一个项目至今，龙邦先后已完成1万多项各类别项目。代表项目有浙江省人民大会堂、杭州市民中心、开元度假村、浙江宾馆、南宋博物院（德寿宫）、浙江省博物馆、浙江自然博物院、三门峡庙底沟博物馆、江西省博物馆等，众多工程荣获鲁班奖、全国博物馆十大陈列展览精品奖、中国建筑工程装饰奖及各省市奖项。

龙邦成立至今20多年，风华正茂。未来龙邦人将始终秉承着"传承千年精工，缔造龙邦品质"的企业精神，不断追求更高项目品质，实现"国内领先，国际争先"的企业愿景。

1. 珠海长隆科学馆及科学酒店
2. 公司办公楼门厅
3. 恒生大楼
4. 郑州国际会展中心
5. 中渝·第一城
6. 印刷集团

转型变革　砥砺前行
浙江中天精诚装饰集团有限公司

浙江中天精诚装饰集团有限公司是中天控股集团旗下全资子公司，是一家以建筑装饰设计与施工、幕墙设计与施工为主业，集消防智能、机电设备安装、园林景观、家具制作、劳务输出等为一体的专业化集团公司，具备装饰项目总承包施工能力。凭借优良的品质和信誉，中天精诚装饰多次荣获中国建筑装饰行业百强企业、全国建筑幕墙十强企业、全国用户满意企业、全国装饰企业信用评价AAA企业等荣誉称号，先后荣获鲁班奖、中国建筑工程装饰奖等多项省部级荣誉。

转型发展　全力打造装饰产业链

中天精诚装饰集团紧紧围绕"转型发展、安全发展、创新变革、实干强企"战略，着力提升治理能力，提高企业经营水平，创新机制活力，奋力完成目标，为新一轮市场竞争与企业发展夯实基础，提升企业可持续发展的能力。

中天精诚装饰集团通过制定发展规划，遵循规模、质量、效益协调发展的原则，形成发展战略目标，为企业的健康、快速发展奠定基础。"立足大产业、深耕大市场，谋求大发展"，这是中天精诚装饰一直信奉的经营策略。近年来，公司业务已遍及全国，涉及酒店、城市综合体、地铁、公寓、医院、机场、展馆、政府机构等多个领域，持续推行大客户战略，先后与多家知名房产企业建立良好合作关系，并开拓了一批优质央企、国企标杆客户。承接了浙江省人民大会堂、杭州地铁、郑州会展宾馆、郑州绿地广场、苏州体育馆、蒙商银行、浙商银行、广州长隆酒店、上海香格里拉大酒店、上海雅居乐万豪酒店、三亚凤凰岛国际养生度假中心酒店、东阳人民医院、武汉楚天传媒大厦（幕墙）工程、浙江省人大、政协及有关厅局综合办公楼（幕墙）工程等一批有影响力的装饰、幕墙工程项目。

中天精诚装饰集团全力打造装饰产业链，形成内装、幕墙、设计、消防智能、景观园林、家具制作、劳务为一体的产业链的上下游开发，拥有了年生产能力达150万m^2幕墙门窗生产研发加工基地和木制品加工基地。已具备"设计施工一体化"的核心竞争力。积极开拓市场，转变经营模式，调整业务结构，

第八章 不忘初心 砥砺前行 浙江省建筑装饰行业领军企业篇 | 领军企业

1. 中天精诚装饰大楼
2. 郑州会展宾馆

为中天精诚装饰集团经营规模的快速发展奠定了坚实的基础。

诚信经营 铸就企业金字招牌

"真心缔造美好家园"是中天的企业使命，"满足客户需求并超越客户的期望"是中天服务理念，中天人以诚信、诚心的行为，履行对社会的庄严承诺。把每一个工程都尽全力打造成精品工程，这是对社会和客户的高度负责。

中天精诚装饰一直以来始终坚持质量兴企，恪守"诚信、质量"的行业本质，倡导"每建必优、精细管理"的工程管理方针，打造"业务优、队伍优、组织优、管理优、质量优、安全文明、用户满意、创造信誉、创造价值"全方位一体的优质工程，真正走质量效益型发展之路。

中天精诚装饰通过"项目管理标准化V1.0"筛选出四大方面共计43个小项，形成"强制性标准化动作"，并且加大标准化检查的刚性，推进标准化动作的落地。近年来，公司坚定不移地推行公司主导型业务，推行项目责任制，坚持标杆管理，注重施工文明标化建设，注重工程管理的均衡性。以样板引路，树立质量安全管理的标杆，强化企业标准化、信息化的建设与项目部文化品牌建设，在项目管理上讲创新，把工程质量做精做细。

管理没有止境，创新才能进步，公司同样注重技术创新，以"科技领先"为战略，总结提炼各种工法和技术标准，提高项目施工过程中的技术控制和支撑，使企业技术进步达到行业先进水平。采用"四新技术"，推广"集、流、插"生产工艺，加强施工标准化管理，运用BIM手段、深化设计、装配式装修，为客户提供满意的品质和服务保障，累计荣获国家发明专利6项。

以人为本 全面提高员工队伍素质

"人是中天最宝贵的财富"，中天精诚装饰集团一直秉承这一理念，以"以人为本、人才强企"的发展战略，创新人才工作机制，为各类人才脱颖而出、大显身手、施展才华提供了广阔的平台。对务工人员也是从生活上善待，精神上关爱，营造全方位的安全感，让公司成为所有中天人事业和生活的"美好家园"。

中天精诚装饰集团这些年打造出一支忠诚于企业、富有战斗力的项目经理团队与一批中、高级职称的工程技术和经营管理人员，拥有丰富经验的一级注册建造师项目经理和专业化设计人员，形成了强有力的设计、施工一体化的管理团队。

公司遵循公正、公平、公开的人才使用机制、激励机制、分配机制，逐步建立一套行之有效的人才培养体系和绩效考核体系，公司制定各级人才培养计划，对人才采用复合型经营管理人才培养模式和业务管理型专才培养模式，通过拜师制度等形式提升员工的整体素质和能力。

文化引领 匠心传承不忘初心

企业文化是企业的灵魂，是企业的核心竞争力。中天精诚装饰奉行"诚信、品质、砺新、敬责"的核心价值观，以"真心缔造美好家园"为使命，不忘初心，坚持依法经营、诚信经营、积极履行社会责任，重视社会公益慈善和企业文化建设。精诚装饰注重企业党建工作，发挥党员的先锋模范作用。党建工作为企业发展提供强有力的思想、政治和组织保证，增强了企业的凝聚力，促进了企业的不断发展壮大。

中天精诚装饰集团通过一系列活动和员工培训，开展企业作风建设、效能建设，推行目标管理，提升员工执行力，打造成学习型组织。中天精诚装饰集团倡导中天慈善文化、践行"人人可慈善"的理念，弘扬"奉献、友爱、互助、进步"的志愿精神，积极开展"中天慈善行动日"活动，利用"美好家园帮扶基金"，扶贫帮困。组建志愿者大队，参与各类社会公益志愿活动。中天精诚装饰在"真心、真诚、真实"做慈善的同时，吸引更多的社会力量参与到公益慈善事业中，为更美好的明天不懈努力。

中天精诚装饰立足大平台、大网络建设，以市场为导向、客户为中心，以创业为本、创新为动力，培育和打造核心竞争力，加快产业升级、管理升级、标准升级、技术升级、队伍升级，以"真心缔造美好家园"为使命，向着"品牌中天"和"成为具有核心竞争力和可持续发展能力的大型企业集团"的企业愿景迈进。

闪烁银建
高品质酒店装饰引领者
浙江银建装饰工程有限公司

浙江银建装饰工程有限公司成立于1995年，注册资金人民币1亿元，公司坐落于浙江省杭州市西子湖畔，公司拥有建筑装修装饰工程专业承包一级、建筑机电安装工程专业承包二级、电子与智能化工程专业承包二级、建筑幕墙工程专业承包二级、消防设施工程专业承包二级、建筑工程施工总承包三级、建筑装饰工程设计专项甲级资质。下设4家子公司、6家分公司、1个事业部、1个设计院。公司自2006年起先后通过GB/T 24001—2016/ISO 14001：2015标准、GB/T 45001—2020/ISO 45001：2018标准、GB/T 19001—2016/ISO 9001：2015和GB/T 50430—2017标准环境与职业健康安全管理体系认证。

第八章　不忘初心　砥砺前行　浙江省建筑装饰行业领军企业篇　　领军企业

1. 长沙建鸿达JW万豪酒店
2. 卓美亚Jumeirah酒店
3. 昆明万达酒店
4. 三亚亚特兰蒂斯酒店
5. 杭绍城际铁路工程

　　公司是一家从事建筑装饰装修工程设计与施工一体化的企业，位列全国建筑装饰百强第26名，专注五星级酒店装饰建设，与全球10大品牌酒店均有合作：香格里拉、凯悦、万豪（丽斯卡尔顿）、洲际、凯宾斯基、希尔顿、喜来登、索菲特等。高端精装深耕条线（以港资、国企地产为主）：香格里拉（嘉里地产）、香港置地、香港新世纪、香港新鸿基、中国金茂、越秀地产、建发、中海、华润、绿城、中粮等多家知名企业都有良好合作关系，以施工带动相关产业链。

　　公司在发展壮大的过程中，建立健全了一套完整科学的管理制度，培养了一批高素质、专业化的管理人员和施工队伍。连续多年获得鲁班奖、钱江杯、中国建筑工程装饰奖等省部市级工程荣誉和"双标化"样板工程等荣誉。本着"以人为本"的宗旨，将"专业化、高品质、低成本、可复制"的理念发扬到极致，不断寻找新的高度，创造新的辉煌。

乐享天工之美

浙江天工装饰工程有限公司

浙江天工装饰工程有限公司成立于1994年，是一家专注建筑装饰行业近三十年的现代化专业承包企业，连续十四年荣获"余杭区建筑业十强企业"称号。公司现任中国建筑装饰协会理事单位、浙江省建筑装饰行业协会副会长单位、杭州市建筑装饰行业协会副会长单位、余杭区建筑装饰行业协会会长单位。公司具备建筑装修装饰工程专业承包一级、建筑幕墙工程专业承包一级、建筑装饰工程设计专项甲级、建筑幕墙工程设计专项甲级、展览陈列工程设计施工一体化一级、电子与智能化工程专业承包二级、消防设施工程专业承包二级、防水防腐保温工程专业承包二级，集建筑工程施工总承包、建筑机电安装、城市及道路照明、钢结构、结构补

第八章　不忘初心　砥砺前行　浙江省建筑装饰行业领军企业篇　领军企业

强、安防施工等多项资质。主要从事大型公共建筑、星级酒店的室内精装修、建筑幕墙及建筑智能化工程的设计与施工。

天工装饰始终把建筑装饰当作一项"美的事业"，在施工中严把质量关，不断规范和提升工程技术标准。近年来，公司承建的浙商开元名都国际酒店室内装饰工程、杭州艺尚雷迪森广场酒店装修工程、余杭区时代广场5号楼（市民之家）装饰工程、青山湖科技城创业广场装饰工程、杭州老板电器股份有限公司综合楼装饰工程、浙江春风动力股份有限公司检验中心装修工程、浙江鼎力机械股份有限公司办公研发楼装饰工程、浙江铁流离合器股份有限公司综合楼装饰工程、杭州师范大学附属实验学校天元楼及国际交流中心装饰工程、北京航空航天大学杭州余杭创新研究院装饰工程、临平新城人才服务中心设计采购EPC总承包、浙江大学先进电气装备创新中心设计采购EPC总承包、年组装2万套数字设备项目（算力小镇）一期精装修工程、杭州未来科技城医院室内装饰工程、杭州老板电器股份有限公司年产250万台厨电产品智能制造项目幕墙工程、临海农商银行总部大楼幕墙工程、银都餐饮设备股份有限公司幕墙工程等项目，先后获得数十项省部级、地市级优质工程。

天工装饰恪守"诚实守信、文明经营"，近年来公司得到了客户的信赖，也获得了业界的好评，先后被评为"国家级守合同重信用单位""全国建筑装饰行业AAA级信用企业""全国百家科技创新型企业""浙江省AAA级守合同重信用单位""人民银行信用等级AAA级企业""浙江省信用管理示范企业""浙江省诚信企业""浙江省建筑装饰行业强优企业""杭州市建筑业优秀企业""余杭区建筑业十强企业""余杭区人民政府质量奖"等荣誉。

1. 浙商开元名都酒店室内装饰工程
2. 浙商开元名都酒店一层大堂
3. 杭州余杭时代广场5号楼（临平市民之家）
4. 临平市民之家一层办事大厅
5. 临平市民之家企业服务中心

装饰精彩　铸就品质　传承文化

浙江世贸装饰股份有限公司

一股劲，守得云开见日出

1998年，现任世贸装饰董事长陈志福，被委派筹建世贸中心下属子公司浙江世贸装饰。2001年，陈志福借着改制的东风，将世贸装饰从国有企业转变为民营企业。陈志福形容当时的境况："当年没有资本市场，只能靠原始积累。我是理工男，对商业这一块并不内行，因此原始积累比较慢，所以我当时做了一个决定就是'我们十年不分红，我个人十年不买房'。"十年积累，陈志福终于把企业资质做到了顶级：拥有装饰、幕墙、展陈等几个细分领域的一级、甲级资质。

数十载，经营气象渐次开

厚积薄发，业务广泛

如今，世贸装饰主营建筑装饰、建筑幕墙、展陈、设计四大块业务，工程足迹遍布全国。

其中室内装饰叠加了"房地产全装修"，从第一年1个亿的业务，如今已能做到10亿的业务量，代表工程如武汉绿城黄浦湾、杭房御东方。幕墙即室外装饰，自2017年开始便稳步发展，代表工程有金华科技文化广场、下沙东部湾总部基地、下沙文体中心。展陈板块，集历史、文物、人文、科普、党建、美术等元素于一体，富有文化底蕴的独特魅力，代表项目有陕西考古博物馆、中国证券博物馆、良渚博物院。

由公司承接的各类项目，屡获中国建设工程鲁班奖、中国建筑工程装饰奖等荣誉。

项目的背后是发展，发展的背后更是国家与社会的需要，世贸装饰也积极做出担当和表率：

2016年，喜迎时代峰会，改造G20峰会酒店——西湖国宾馆、西子宾馆、西湖柳莺里。承接改造西湖博物馆，向外宾展示西湖文化。

2018年，助力良渚遗址申遗打造十大精品陈列——良渚博物院，用现代化的风格和互动式体验成功实现良渚博物院的改的重量级工程，拉近了与观众的距离，在传统型的观赏中融入了更多的多媒体元素，让博物馆更接地气、更有温度。

2019年，打造浙江省内首个清廉馆——绍兴清廉文化馆，从2019年6月中标，9月确定设计方案，2020年1月18日开馆，在4个月设计施工期限内日夜奋战、不懈努力，交出完美答卷，用智慧的头脑和勤劳的双手证明只要付出努力，就一定可以！

2021年，以"双馆"献礼建党百年，策划、设计、施工中共东阳历史馆、中国证券博物馆，后者更是被列入中宣部、国家文物局庆祝中国共产党成立

100周年精品展览推介名单。

2022年,"心心相融@未来"——第19届亚运会将在杭州召开。世贸装饰秉持初心,敢于担当、积极有为,承接了亚运会场馆、酒店等项目的施工。其中杭州萧山国际机场、德清体育中心、西湖柳莺里酒店,正紧锣密鼓、日夜兼程。过不多久,它们将以崭新的姿态呈现世人面前,为盛宴喝彩!

人才完备,技术雄厚

人才是企业发展的根本。公司十分注重人才的引进和培养工作,自2015年以来,公司加大人才的引进和培养力度,建立成熟的人才激励机制,使经营管理和技术骨干队伍趋向稳定;办好企业文化建设,加强员工培训,把"做事先做人"作为企业优秀员工的第一标准,鼓励员工维护正气、诚实劳动、努力创新、和谐相处。

现如今,公司拥有一批国家资历认证、专业性强、高素质的装饰设计人才;一批经验丰富、技术雄厚、忠诚敬业的管理人员,为企业管理、科技研发、现场施工管理等关键岗位专人督导,为公司的可持续发展提供源源不断的能量。

回馈社会,永葆初心

企业是社会的企业,企业的发展是政府和社会支持的结果,只有真情地回报社会,企业才能赢得社会的信赖和支持而不断发展壮大。

在董事长陈志福的带领下,世贸装饰积极投身社会公益事业。从捐款、捐书、助学、献血到消薄结对、志愿服务,处处留下了世贸装饰人的身影。企业先后被授予"千企结千村、消灭薄弱村"专项行动先进单位,抗击新冠肺炎疫情先进浙商企业,杭州市"战疫情 促发展 稳就业"履行社会责任企业,杭州市"贯彻新发展理念"企业社会责任建设A级企业。2022年,被西湖区委、人民政府授予"模范集体荣誉称号"。

致未来,仍将砥砺前行

现在,浙江世贸装饰股份有限公司拥有近千名员工,企业正处于聚焦发展、快速发展的阶段。

世贸装饰,将本着敬业、创新、至诚、共生的价值观,致力于让空间更美好,持续创造佳绩,以一企之担当,助力国家发展、繁荣昌盛。

1. 杭州市景芳三堡单元JG 1207—25地块文化综合设施及部分历史遗存改造
2. 下沙东部湾总部基地幕墙工程
3. 陕西考古博物馆陈列
4. 武汉绿城·黄浦湾
5. 西子御荣庄酒店设计

诚信为本　质量兴企

浙江云艺装饰有限公司

浙江云艺装饰有限公司系国家甲级设计与一级施工资质企业，并通过国际质量管理体系ISO 9001、ISO 14001、OHSAS 18001一体化认证。

企业装饰配套齐全，技术力量雄厚，管理与设备先进，集建筑装饰与环境艺术的科研、设计、施工、生产为一体，企业下辖云艺装饰有限公司、云艺装饰设计院、国家大师艺术工作室、云艺环境艺术研究所、云艺瓯塑壁画研究所等。企业有各类管理人才，其中国家级艺术大师1名、省级艺术大师4名与各类高级职称人员20多名，还有建筑、结构、水电、室内、环艺、园林、古建、工艺、经贸、管理等各类配套专业人才若干。

企业历年来完成高级民用建筑室内装饰约千余项精品的设计与施工，其中有100余项工程荣获"北京人民大会堂荣誉证书""国家鲁班奖""中国建筑工程装饰奖（公共建筑装饰与设计类）"等省部市级多项荣誉，并多次参加国内外室内装饰和艺术学术交流，是中国非物质文化遗产（瓯塑）保护单位。

第八章 不忘初心 砥砺前行 浙江省建筑装饰行业领军企业篇 **领军企业**

企业历年来曾获得中国装饰业100家最大经营规模的建筑业装饰企业与施工信得过企业、中装协信用AAA级企业、中装协绿色环保设计百强企业、浙江省工艺美术品制造业最大工业企业、浙江省先进建筑施工与信用企业、浙江省工程建设用户满意施工企业、浙江省建筑装饰行业强优企业、浙江省领军企业、浙江省住宅全装修产业链示范企业、浙江省科技型中小企业、浙江省高成长科技型中小企业、浙江省成长型文化型企业、连续被评为浙江省AAA级守合同重信用企业及浙江省纳税信用A级、首届温州市轻工百强企业、温州市政府创建信用企业先进单位、温州市重点文化企业、温州市科技创新型企业、温州市装协行业AAA级信用企业、温州市建筑行业装饰业强企、温州市工艺美术行业市场诚信企业、鹿城区建筑装饰信用管理示范单位、鹿城区百强企业等荣誉。

企业奉行"诚信为本,质量兴企"的宗旨,以"优秀设计、精心施工、诚信服务、顾客满意"为质量方针,立足国内,走向世界。

1.&2. 华润·鹿岛幼儿园
3. 温职·智能大楼
4. 台州高速玉环大酒店
5. 温州东方柏宴酒店

和美装饰 美好生活

第九章

传承创新　和谐发展

浙江省建筑装饰行业品牌企业篇

开拓创新　务实求精　国际视野　一流审美
做有强烈人文关怀勇于承担社会使命的企业
筑千年建筑传承　创一世铜艺巅峰
走"专精特新"发展之路　不忘初心共筑科技梦
重塑融合再出发　展现国企新作为
智慧城市的建设者　节能减排的急先锋
以雅心做人　以初心为民
做国际领先的工程（生态）改造修复服务商
坚持诚信经营　传承中天精神　坚守匠心精神　缔造美好家园
改变传统装修模式的践行者　秉承匠心于工精神的传播者
成就百年基业　树立百年品牌
展辽阔视野　创文化多娇
用匠心　筑一方
追星逐月　风雨兼程
百年宏业　质量为基
以精心专注每一个细节　以匠心雕琢每一寸空间
以文化引领企业　以质量筑造伟业
敢于强者竞争　勇于巅峰攀登
稳步健康发展　建优质工程　创装饰之美
打造精珏创新企业　建设共同富裕时代

品牌企业

浙江工业大学工程设计集团有限公司
中国美术学院风景建筑设计研究总院有限公司
杭州金星铜工程有限公司
浙江华是科技股份有限公司
浙江省广播电视工程公司
浙江鸿远科技有限公司
浙江众安建设集团有限公司
岩土科技股份有限公司
浙江中天方圆幕墙有限公司
浙江鼎美智装股份有限公司
浙江青川装饰集团有限公司
浙江视野建设集团有限公司
浙江一方建筑装饰实业有限公司
浙江华尔达建设有限公司
东升（浙江）幕墙装饰工程有限公司
浙江年代建设工程有限公司
浙江宏厦建设有限公司
浙江广居装饰有限公司
浙江鸿顺达建设集团有限公司
金元大建设控股有限公司

开拓创新　务实求精
国际视野　一流审美

浙江工业大学工程设计集团有限公司

浙江工业大学工程设计集团成立于1987年，是一家以综合性工科大学雄厚师资及相关学科为依托，以较高的科研水平和先进的科研技术装备为优势，集设计、建设、科研三位一体的工程咨询企业；集团现有专职工程技术人员1000多名，其中具有中、高级职称的工程师800多名，国家一级注册建筑师、国家一级注册结构工程师等各类注册人员400多名。

集团现由工程设计、工程建设及工程技术研发中心三大板块构成。工程设计板块由建筑、装饰、规划、市政、园林、岩土、BIM技术、环境治理等工程设计业务及外埠分支设计机构组成；工程建设板块由工程总承包（EPC）和全过程工程咨询（PMC）组成；工程技术研发中心为设计和建设领域里的创新发展提供核心技术的支持，并拥有浙江省科技厅批准建设的"浙江省装配式混凝土工业化建筑工程技术研究中心"等两个省级科技创新平台。

近年来，集团在省内率先开展了新型装配式建筑、BIM技术及EPC模式等方向的探索与研究，承担和完成了多项国家、省级研究课题，积累了丰富的研究资料和成果，获得10余项国家发明专利，主持或参编多部装配式建筑方面的标准，荣获国家及浙江省优秀勘察设计奖400余项，以及省科学技术进步奖一、二、三等奖项，先后入选浙江省工程总承包第一批试点企业、浙江省第一批建筑工业化示范企业，并先后被评为全国建筑设计行业首批"诚信单位"、中国建筑设计百家名院、浙江省勘察设计行业"企业文化建设优秀单位"、杭州市高新技术企业等荣誉称号。

秉持"挑战、创新、引领、卓越"的企业宗旨，集团不断深化服务意识，积极参与市场竞争，在继续做精做强设计业务的同时，以EPC模式为载体、以BIM信息技术为手段、积极践行建筑工业化，努力成为全省领先、国内知名、技术先进且与国际接轨的综合型工程建设咨询公司。

第九章 传承创新 和谐发展 浙江省建筑装饰行业品牌企业篇 品牌企业

1. 张家口市民中心
2. 亚运板球馆
3. 拱墅区瓜山社区
4. 义乌妇幼保健医院
5. 湖州南太湖医院

165

做有强烈人文关怀
勇于承担社会使命的企业
中国美术学院风景建筑设计研究总院有限公司

中国美术学院风景建筑设计研究总院有限公司始建于1984年，具有建筑行业（建筑工程）甲级、风景园林工程设计专项甲级资质、室内装饰设计甲级资质、城乡规划编制甲级资质、市政行业专业乙级资质、文物保护工程勘察设计乙级资质、展览工程一级资质。2014年企业正式通过了ISO 9001、ISO 14000、GB/T 18001三合一体系认证，2019年企业通过3A认证。

依托中国美术学院雄厚的学术背景和丰富的学术滋养，以我国第一个环境艺术系的学术目标为宗旨，通过"依托学院、服务社会"的总体运作方针，利用学院强大的人才力量和优势的学科组群，使设计院具备了全方位的民族化、国际化、时代化的学术视野和研究氛围。

第九章　传承创新　和谐发展　浙江省建筑装饰行业品牌企业篇　品牌企业

经过多年的努力和发展，研究总院已形成15个设计分院、4个外地分院、4个中心、3个直属工作室。每年承接上千个项目。拥有各类注册师140多人，中级以上职称700多人，其中高级工程师级别以上200多人。人才实力雄厚，而且拥有一批具有行业影响力的知名设计师。

创业至今，在各级主管部门领导的关怀下，在自身不断探索努力下，已经具有了相当的技术和创作积累，建成项目均获得良好的社会反响。企业先后被授予"优秀文化创意企业""文化创意产业重点企业""年度经济发展工作先进企业"等荣誉称号。设计完成的优秀项目也层出不穷，多项作品获国际、省部级、市级大奖，被业界誉为"美院现象"。

未来，设计院将继续守正创新，牢记使命。以"五位一体，融合设计"为思想核心，实现规划、建筑、景观、室内和公共艺术多专业的融合和产业延伸。以"时尚的理念、完美的图纸、至诚的合作"为服务宗旨，以东方艺术学为学术支撑，以推动社会创新为己任，坚实地向更为高远的目标迈进！

1. 杭州富文乡中心小学
2. 浙江杭州灵隐景区法云古村改造规划与设计（法云安缦酒店）
3. 富春江开元乡村酒店
4. 浙江日报采编大楼
5. 中国美院中国国际设计艺术博物馆
6. 安吉天荒坪集镇·余村村纪念会址整体风貌改造提升工程

167

筑千年建筑传承
创一世铜艺巅峰

杭州金星铜工程有限公司

杭州金星铜工程有限公司，涵盖建筑、装饰装修、环境艺术、文化创意四大产业。

公司创始人朱炳仁系中国工艺美术大师、铜雕技艺国家级非遗代表性传承人、"朱府铜艺"第四代传人。董事长朱军岷，是浙江省工艺美术大师、铜雕技艺浙江省非遗代表性传承人、"朱府铜艺"第五代传人，"双大师"共同携手，共同开辟了现代铜建筑先河，成为中国铜装饰行业领军者。致力将一家传统的手工艺企业打造成为中国铜领域最大的高科技文化创意企业。

老手艺焕发新生机

金星铜工程系"中华老字号"企业，是国家级非物质文化遗产生产性保护示范基地。"金星铜工程"重新立业三十余年，敢为天下先，为行业开创了无数第一。同时，培育了一支支高精尖专业铜工程技术队伍，带领行业发展，被誉为铜装饰艺术的"黄埔军校"。公司已经成为国内规模比较大的专业化铜工程高新技术企业、浙江省铜建筑研究开发中心，集现代科技、民族文化、传统工艺于一体，在铜建筑艺术方面不断创新，并建立了有自主知识产权的创意、设计、生产制作紧密协作的经营体系。注册国家专利达56项，并获得浙江省"知识产权专利示范企业"称号，独家拥有一流的铜建筑技术和国内首家铜建筑企业标准。

第九章 传承创新 和谐发展 浙江省建筑装饰行业品牌企业篇 **品牌企业**

1. 观音法界
2. 朱炳仁大师
3. 洛阳应天门
4. 雷峰塔
5. 江苏南京园博园
6. 新郑黄帝故里
7. G20杭州主会场

专业化团队缔造现代化企业

金星铜工程在册人员849人，其中一线生产加工人员386人，管理人员55人（项目管理人员11人）。拥有一支铜装饰行业的稀缺人才队伍：30年以上资深古建筑园林专业工程师2人；10年以上铜建筑装饰工程师8人；15年以上铜建筑装饰施工主要管理人员7人；15年以上铜建筑施工班组近百人。

金星铜工程成功建成了百余座铜建筑，包括雷峰塔、峨眉金顶、桂林铜塔、东极宝塔、人民大会堂、中组部、驻外中国文化中心、杭州国际博览中心、舟山观音文化园、南京园博园紫东阁、黄帝故里等30多个获奖重点工程，承建或参建工程多次获建筑工程"鲁班奖"、中国建筑工程装饰奖等省部级荣誉。

历年来，金星铜工程多次被评为省先进建筑业企业、市先进建筑施工企业、建筑业先进企业、工艺美术突出贡献奖、信息化标杆企业，研发产品被认定为国家重点新产品，是浙江省建筑装饰行业百强之一。

辉煌属于过去，光荣更在眼前。在新时代新形势下，金星铜工程百尺竿头更进一步，自2020年至今，品牌获得多家投资公司战略投资，成功晋升为准独角兽企业。以尊重、利他和匠心为价值观，以在世界范围讲好中国故事为使命，以做中国一流的文化企业为愿景，昂扬拼搏，砥砺前行。

走"专精特新"发展之路
不忘初心共筑科技梦

浙江华是科技股份有限公司

浙江华是科技股份有限公司成立于1998年,原名为"浙江浙大华是科技有限公司",是国内专业从事智慧城市综合服务的高新技术企业,创业板上市公司,重点专注于智慧政务、智慧民生、智慧建筑等智慧城市细分领域,依托其在计算机软件、物联网、大数据及人工智能等方面的技术优势,为政府和企业提供有竞争力的解决方案、产品和服务,并致力于国家数字经济发展,构建高效的智慧新世界。

公司拥有8家子公司,设有9家分公司,自有占地40亩的办公园区。目前,建有浙江省物联网应用研究院,拥有一批高素质的管理人才和技术研发创新团队,围绕人工智能、智慧城市、智能化、物联感知和应用集成等领域开展相关技术研究工作。近年来研发投入持续增长,承担过浙江省重大科技攻关项目、浙江省交通运输厅重大科技攻关项目,研发有

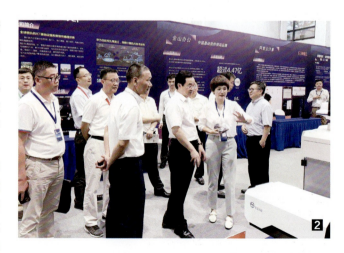

第九章　传承创新　和谐发展　浙江省建筑装饰行业品牌企业篇　　品牌企业

三维激光哨兵、电力作业安全预警系统、磁芯缺陷智能检测系统、水上智能卡口系统等产品，参与地方标准编制3项，共取得34项专利、218项软件著作权。自主研发的"自动跟踪激光热成像系统"曾获中国国际高新技术成果"优秀产品奖"，"航道智能截面管理系统"荣获中国交通运输协会科学技术奖科技进步奖三等奖。

公司资质完备，在行业具有一定的影响力，拥有电子与智能化专业承包一级、浙江省安全技术防范行业资信等级一级、建筑智能化系统设计专项甲级、音视频集成工程企业资质一级等资质，智慧港航领域相关产品和服务市场占有率居浙江省前列。公司曾荣获国家"守合同重信用"企业、国家级高新技术企业、国家级专精特新重点"小巨人"企业、中国安防百强工程（集成）商、全国电子信息行业优秀企业、浙江省隐形冠军企业、浙江省"发现双创之星"、浙江省创新百强企业等荣誉称号。

"兴我中华、求是创新"，华是科技将秉持"和气、责任、开拓"的核心价值观，践行"为科技之发展推广，为社会之高效有序，有缘一起，尽力承担一份责任"的发展使命，力争成为一家受人尊敬的有竞争力的企业，不断为客户创造价值，为社会尽一份责任！

1. 华是科技园正门
2. 浙江省副省长高兴夫参观华是科技自主研发产品展台
3. 浙江省行政中心安全保卫设施升级改造项目
4. 之江实验室智能化项目
5. 杭州至绍兴城际铁路工程万绣路车辆基地智能化项目

重塑融合再出发
展现国企新作为

浙江省广播电视工程公司

浙江省广播电视工程公司成立于1989年，注册资金2200万元，隶属于浙江广播电视集团，是一家集弱电智能化系统的技术开发、销售、服务及系统工程实施为一体的高新技术企业。在从事卫星电视网络、综合化网络系统布线、电子监控系统及防盗报警系统、智能公共广播及舞台灯光音响等传统行业的基础上，公司重点抓好融媒体中心建设项目、智能化工程项目，同时不断深入智慧社区、车联网等高新技术领域。

自成立以来，公司始终坚持以市场为导向，秉承"以新求生，立信求存"的经营理念，贯彻"深化责任意识，严格过程管理，提供优质服务，保障工程质量"的经营方针，恪守"夯实基础打造优品，持续改进奉献精品"的经营宗旨，推出"省内领先，国内一流，国际知名"的工程品牌。

公司依托浙江广播电视集团强大背景，深耕市场，统筹推进，经国家广电总局和浙江省广播电视局批准成为浙江省内唯一的境外卫星电视节目发放单位，是中视卫星电视节目责任有限公司在浙江唯一授权的境外卫星电视节目代理单位。

1. 丽水莲都智慧社区
2. 杭州亚运会"柔立方"智慧场馆
3. 建党百年党群活动
4. 融媒体中心维保1
5. 融媒体中心维保2

智慧城市的建设者
节能减排的急先锋

浙江鸿远科技有限公司

浙江鸿远科技有限公司创建于1997年，是一家全国性运营的大型智慧城市建设高新技术企业，注册资金3009万元，总部位于浙江省杭州市。目前在北京、新疆、陕西、湖南、重庆、安徽、江苏、福建、内蒙古等省区市建立了二十余家分公司和办事处。

智慧城市的建设者，节能减排的急先锋

鸿远公司运用信息化技术，物联网、云存储、云计算等智慧城市顶层设计平台技术，先后完成了杭州市下沙国家经济开发区管委会大楼、杭州市120指挥中心、杭州市延安路智能交通、乌鲁木齐市反恐中心、乌鲁木齐市地铁一号线、苏州市独墅湖医院、陕西省渭南中心医院、泉州市委党校、杭州希尔顿canopy酒店、泉州市北峰方舱医院等一大批智能化系统建设项目。

践行"工匠精神"，引领行业服务

公司现为国家高新技术企业、浙江省"专精特新"企业，拥有建筑智能化系统设计甲级资质，电子与智能化工程专业承包一级、安防工程设计与施工一级、建筑机电安装工程专业承包二级、消防设施工程专业承包二级、建筑装修装饰工程专业承包二级、音视频系统集成一级资质，获得ITSS信息技术运维服务资质、ISO 9001：2015质量管理体系认证、ISO 14001：2015环境管理体系认证、ISO 45001：2018职业健康安全管理体系认证、IEC 27001：2013信息安全管理体系认证等国际专业认证证书；系浙江省建筑装饰行业协会副会长，浙江省及杭州市信用等级AAA级企业、杭州市建筑业优秀施工企业、浙江省智能建筑行业强优企业、浙江省安防行业杰出建设奖企业、中国安装行业优秀企业。

企业报国，形成大家庭式的"雁群文化"

鸿远公司以"企业报国"为理想，致力成为一流的高科技电子系统集成企业。以"正直诚实，激情创新；团结协作，精益求精"为员工自律信念，多年以来，形成了独特的大家庭式"雁群文化"，企业领导身先士卒、做好领头雁，其专注的"工匠之路"获得业界一致好评，多次获得全国、省、市优秀企业家称号。

1. 泉州市行政中心
2. 苏州市独墅湖医院
3. 杭州希尔顿Canopy酒店
4. 鸿远公司2017年度总结大会
5. 乌鲁木齐市地铁一号线

公司在创造企业价值的同时，积极投身各项社会公益活动，并持续为行业发展贡献力量。

以雅心做人 以初心为民
浙江众安建设集团有限公司

浙江众安建设集团有限公司成立于2003年，是建筑工程施工总承包一级、建筑装修装饰专业承包一级、古建筑工程专业承包一级、建筑行业（建筑工程）设计甲级、全国建筑加固工程50强、浙江省高新技术企业、浙江省AAA级"守合同重信用"企业。

浙江众安建设集团总部位于杭州"金靴奔跑，逐梦前行"的新上城，在浙江各地区和其他部分省市设有分公司，是一家集房屋建筑、市政园林、加固改造、装饰装修、古建筑、钢结构工程、环保工程、工程设计、工程总承包EPC、工程代建、高新技术为一体的大型综合性建筑企业。历经20年发展，众安项目已进驻100座城市，在中国建设超3000个项目，过去一年，集团完成施工产值超35亿元。集团一贯秉承"让建筑更安全，让城市更美丽"的企业使命，以"众匠心同铸品牌，安为民共赢百年"为企业愿景，在建设、设计、工程总承包、城市更新（古建筑）、代建五大主营板块深耕细作，齐头并进，全力打造建设行业浙江品牌，不断将优秀建筑产品贡献社会。

二十载辉煌历程，荣誉见证

目前，浙江众安建设集团具有建筑工程施工总承包、建筑装修装饰专业承包和古建筑工程专业承包3个一级资质，同时获得建筑行业（建筑工程）设计甲级、风景园林工程设计专项乙级2个设计资质，还具有市政公用工程施工总承包二级、建筑幕墙工程专业承包二级、消防设施工程专业承包二级、防水防腐保温专业承包二级、钢结构工程专业承包三级、地基基础工程专业承包三级、环保工程专业承包三级、特种工程（建筑物纠偏和平移）资质、特种工程（结构补强）资质、建筑劳务专业承包等资质。集团始终坚持技术引领，创新驱动，不断加大专业技术力量和资金投入，在2021年成为浙江省高新技术企业，被评定为杭州市建设行业市级企业技术中心，已累积参编省级工法5项、省建设科研项目3项、省工程建设标准2项，完成实用新型专利9项、发明专利4项。集团还与浙江建院、浙江久正工程

第九章　传承创新　和谐发展　浙江省建筑装饰行业品牌企业篇　　品牌企业

1. 杭州国大城市广场写字楼
2. 杭大江东4号地块龙湖地120m超高层
3. 淳安燕山文化园——龙华禅寺
4. 杭州蒋村德信云川商务中心

检测有限公司、浙江省城乡规划设计研究院签订战略合作协议，进一步加强产学研合作，推动企业持续快速发展。集团先后荣获全国建筑加固工程50强企业、省守合同重信用AAA级企业、G20峰会先进施工企业、杭州市诚信民营企业、杭州市社会责任建设先进企业、杭州市平安示范单位、杭州市最美建设集体、区模范集体、区政府质量奖等多项企业荣誉称号。众安坚守"让建筑更安全，让城市更美丽"的集团使命，全面实施项目标准化管理，优质承建了一大批高、大、精、尖项目，屡获"西湖杯""市结构优质奖""市安全标准化示范工地"等行业奖项。

坚持党建引领，实现企业高质量发展

集团在发展过程中，开展党支部和工会建设，使党建、工会与集团工作深度融合。集团党委坚持"党建就是生产力"理念，以"永远跟党走，同心谋发展"为目标，团结带领公司全体党员、干部和职工，以高质量党建引领企业高质量发展，被中共杭州市上城区彭埠街道工作委员会授予"先进基层党组织"光荣称号。同时，集团积极投身社会公益事业，积极参与捐款、捐物，捐资助学等活动，以社会正能量的实际行动，诠释了浙江众安人的精神风采。公司深入学习习近平新时代中国特色社会主义思想，结合建筑施工企业的特点，牢固树立"安全生产警钟长鸣，质量责任重于泰山"的思想意识，严格遵守《建设工程质量管理条例》和《建设工程安全生产条例》，认真执行建设工程质量标准和施工验收规范，历年承建的工程合格率为100%。未来，浙江众安将为时代发展秉承众安使命和匠心文化，扎根浙江，迈向全国。

做国际领先的工程（生态）改造修复服务商

岩土科技股份有限公司

岩土科技股份有限公司成立于1999年，是一家集研发、勘察、咨询、设计、施工、服务于一体的高新技术企业，也是国内较早从事各类建筑物加固改造的优秀服务型企业。

公司在潘金龙、吴世明等专业领军人物的率领下，业务遍布全国，取得了良好的业绩与声誉，并积累了各类建构筑物加固和空间改造的丰富经验和技术。公司已拥有建筑加固技术专利70余项，被国家知识产权局认定为专利优势企业。公司经浙江省商务厅批准拥有对外承包工程经营权。

公司主要从事桥梁、隧道、工业与民用建筑等建构筑物改造结构加固的勘察设计施工服务（结构补强、裂缝处理、基础托换、顶升纠偏平移、加层扩建、新增地下空间防腐防渗处理、基础沉降处理、地下室抗浮等），同时从事为各类地质灾害治理、环保工程提供勘察、设计和施工服务。

第九章　传承创新　和谐发展　浙江省建筑装饰行业品牌企业篇　**品牌企业**

1. 总部大楼
2.&3. 杭州体育馆加固工程
4. 斜拉桥大桥加固工程
5. 武汉鹦鹉洲长江大桥加固工程
6. 杭氧大楼（工业遗存）维修改造工程

目前，公司已拥有20多项资质，主要有：建设部门颁发的工程勘察甲级、地基与基础工程专业承包甲级、防水防腐保温工程专业承包甲级、桥梁工程专业承包甲级、生态环保甲级、隧道工程专业承包乙级、建筑工程总承包乙级、建筑设计乙级、通用类专业承包资质，自然资源部颁发的地质灾害治理甲级、交通运输厅颁发的公路养护工程一类、二类甲乙级，以及浙江省文物局颁发的文物保护工程施工资质等。

公司专利技术优势突出。尤其在加固工程技术领域，公司技术人员研发的"泥水平衡法基坑施工技术""一种在旧建筑物下建造地下停车库的办法""一种在空地非表面开挖建地下车库的方法"和"在城市道路下暗挖地下停车库的施工方法"等专项技术是各种加固技术的综合运用，专业用于城市既有建筑、道路、公园地下空间的综合开发利用。该系列技术得到了杭州市政府的推荐支持。

作为高新企业，公司高度重视高新技术的探索与研究。与浙江大学、中国电建集团华东勘测设计研究院、浙江省交通设计研究院、浙江省建筑设计研究院、江西省交通科学研究院、上海城市建设投资股份有限公司等研究机构开展长期合作，共同开发研究建筑加固技术，确保公司在建筑加固领域处于国内领先地位。公司还拥有特种加固技术省级研发中心和浙江省岩土科技地下空间研究院（省级企业研究院）。

公司技术实力雄厚。现拥有各类技术人员200多人，其中中、高级管理人员50多人，教授级高工3人，高级工程师20余人，一级建造师29人，二级建造师21人，中、高级技工50多人。公司人员队伍稳定，从业经验丰富。

公司下属全资子公司杭州野原结构设计事务所有限公司拥有结构设计甲级、建筑工程总承包乙级、市政工程总承包乙级、装饰装修专业承包乙级和通用类专业承包等资质。

公司的目标是成为国际一流的结构改造和加固专业公司。

坚持诚信经营　传承中天精神
坚守匠心精神　缔造美好家园

浙江中天方圆幕墙有限公司

浙江中天方圆幕墙有限公司成立于2005年（以下简称中天方圆），是中天建设产业链服务的建设类子公司，是中天控股集团旗下企业。中天方圆是中国建筑装饰幕墙十强企业。

中天方圆是一家具备建筑幕墙设计专项甲级、幕墙专项施工一级、金属门窗产品制造、产品安装一级、钢结构工程专业承包三级资质，专业从事建筑幕墙和高档节能金属门窗的设计、研发、制作及安装等工作，并设有幕墙生产基地。

公司通过了质量、环境、健康三体系论证，连续获得浙江省AAA级"守合同重信用"企业称号，2010—2021年连续被浙江省评估机构评为"信用等级AAA级企业"，连续多年荣获中国幕墙行业排名第八企业、中国建筑装饰协会幕墙分会会长单位等荣誉。

公司现有员工500多人，其中项目经理100多人，幕墙设计师100多人，拥有一支高学历、高素质的专业技术管理人才队伍。中天方圆依托集团区域化网络优势，利用集团平台，在全国承接了一批标志性建筑，确立了建筑幕墙行业的核心竞

第九章 传承创新 和谐发展 浙江省建筑装饰行业品牌企业篇 **品牌企业**

1. 珠海长隆海洋科学馆幕墙工程
2. 杭州卓越傲旋城
3. 杭州银行幕墙工程
4. 杭州顺丰创新中心幕墙工程
5. 上海真如境项目5号地幕墙工程
6. 武汉绿城黄浦湾

争力。随着与中天集团"延伸产业链，深耕大市场"战略的推进，中天方圆与集团各区域市场的合作不断加强，市场网络优势正在不断凸显。

中天方圆幕墙铝合金生产研发基地位于浙江临安经济开发区，自购土地128亩，1、2、3号车间厂房面积超50000m²，设有封闭式玻璃注胶车间3200m²，引进了德国叶鲁幕墙、门窗加工生产设备，具备单元式幕墙、呼吸式幕墙、框架式幕墙、断桥隔热门窗等生产加工能力。公司加工基地配备专业生产加工技术人员，结合公司先进的生产加工工艺流程和规范的生产管理制度，严格执行质量检验标准，坚持精细管理，追求精益求精，确保产品高质量。拥有阿鲁克系统门窗生产加工的授权资质，年产量超400万m²。石材加工基地位于桐乡市崇福镇，占地面积50亩。引进了全套意大利薄板生产线及先进的石材加工机械设备，常备国内外主要矿山的花岗石、大理石荒料、板材，可以满足不同用户的需求。

中天方圆在近十五年发展历程中，凭借国际一流的生产设备，优秀的设计加工水平，强大的施工管理能力和优质服务，成长为中国建筑幕墙行业的知名企业，共创出鲁班奖、中国建筑工程装饰奖、全国建筑装饰行业科技示范工程科技创新奖、钱江杯等省部级以上优质工程多项。

公司与绿城中国、万科地产、碧桂园集团、保利发展、华润置地、宝龙地产、九龙仓、海伦堡、佳兆业集团、越秀地产、实地集团、仁恒置地、卓越地产等房企建立长期战略合作关系。在与优秀房企的合作过程中，互相学习，共同成长，积累经验。

公司一直坚持"诚信、务实、敬责、协同"的核心理念，坚持"真心缔造美好家园"的企业使命，坚持"专注、专心、专业"的经营理念，在打造城市的经典建筑作品中不断创新，在助力社会建设、投身公益事业中敢于担当，在共同富裕道路上发挥更大更积极的作用。

改变传统装修模式的践行者
秉承匠心于工精神的传播者

浙江鼎美智装股份有限公司

浙江鼎美智装股份有限公司是一家以提供工业化装配式装修解决方案为核心的国家高新技术企业。位于浙江省嘉兴市秀洲经济开发区王店镇,是集成吊顶国家标准、顶墙集成"浙江制造"团体标准的主编单位、国家绿色工厂、国家知识产权优势企业、浙江省专利示范企业、浙江省专精特新企业,拥有集成吊顶、顶墙集成、阳台集成、厨卫集成、定制家具等多品类产品体系,构建了遍布全国的专卖销售网络,近年来通过在家装、公装、商装、市政建设和外贸领域的积极开拓,市场占有率位于行业前茅。

浙江鼎美智装股份有限公司将"致力于室内环境的不断优化,通过智能科技与新材料的集成应用,以产业化的模式,满足用户的个性化需求"作为企业使命,一直深入贯穿在企业战略和创新发展路径之中。鼎美历经了浴霸(1996—2005年)、集成吊顶(2006—2017年)、顶墙集成(2013—2022年)时代,逐渐向装配式家装、商装发展。2012年公司通过创新实践,以集成整合的创新理念,以"居室顶加艺术墙"开创了装配式顶墙集成的新时代。

装配式顶墙集成是在集成吊顶的基础上,进行了产品的创新和空间的拓展。先后经历了四个阶段的产品变革:2013—2015年以框架芯板和柞木碳墙板为代表的探索阶段;2016—2018年以集成铝镁合金发泡墙板、二级顶灯槽集成、风格组件、实木墙板等产品的提升阶段;在2019—2021年的优化阶段,从装修流行趋势与消费者需求出发,创新研发的无胶蜂窝大板和蜂巢木泥墙板等新型顶墙材料,因其健康环保、美观防水、性能稳定,A级防火、简约时尚等优势深受用户喜爱。2021年鼎美成功研发卡扣式无胶大板、铝岩板、蜂窝铝岩板柜体三大行业破冰之作,不仅具有高性价比、高颜值,又能以产业化、批量化交付于公装,彻底解决了一直以来装配式顶墙集成行业进入商装吊顶与墙面领域的痛点。2022年鼎美成功研发了铝木复合的新材料,可以适用于吊顶、墙面、室内门、橱柜、衣柜的柜体和门板,形成顶墙门柜一体化的纹理和整体化的效果。表面有木制自然逼真的视觉效果,内部为铝蜂窝结构,产品整体具备环保、耐潮、防霉、抗冲击、不变形、使用寿命久、保温隔热效果好等优势。彻底解决了实木或木质复合类产品易燃、开裂、变形、翘曲、受潮胀泡等弊端。

鼎美作为顶墙集成行业的开创者,颠覆传统家装模式的践行者,承担了巨

第九章 传承创新 和谐发展 浙江省建筑装饰行业品牌企业篇　**品牌企业**

1. 鼎美一期
2. 鼎美园区鸟瞰图
3. 家装餐厅样板
4. 酒店客房样板
5. 医养病房样板

额的"领先成本"、教化市场和消费者的成本。在材料性能稳定环保、装配式干法施工缩短交期、产品价格与传统施工方式基本持平等方面,从和谐美、整体美的角度对室内装修所需的产品进行整体设计到最终产品的实现,以一种持续不断的构想和与之配套的行动,为消费者提供产业化、模块化、个性化、装配式的顶墙集成产品来改变传统装修对顶墙施工的模式,积极推动企业转型和行业变革。

面对上万亿的顶墙集成市场(家装+商装)的超长赛道,"开拓创新"的企业核心价值观是镌刻在鼎美骨髓中的变革基因,也是企业持续攀越险峰的不竭动能。鼎美坚信,在浙江省建筑装饰行业协会的支持推动下,装配式顶墙集成+数字化+定制化的落地,在家装与商装领域逐渐被认同,鼎美吊顶用卡扣式无胶大板和墙面用铝岩板、蜂窝柜体板这些跨时代的产品,被越来越多的消费者所接受,让企业在疫情常态化的新赛道上走出一条符合政府政策导向、产业发展方向的新路,同时也能为装配式装修大规模推广及向深度、广度延伸提供更多的创新产品和系统解决方案!

成就百年基业　　树立百年品牌

浙江青川装饰集团有限公司

浙江青川装饰集团有限公司创立于1998年，总部位于充满活力之城温州龙湾。公司注册资金10008万元，系住建部核准的建筑装饰装修工程设计甲级施工一级企业，专业从事大型公共建筑、星级酒店、高档会所和别墅小区等建筑装饰工程设计与施工。

创业伊始，凭借敏锐的市场洞察力和对建筑装饰行业发展潮流趋势的独到见解，与时俱进，开拓创新，以其品质化、专业化、超前化的设计施工能力，经过二十多年的努力拼搏，企业实现了跨越式发展。下辖浙江东沃建筑设计有限公司、浙江汇达文化产业发展有限公司、浙江润力建设有限公司、浙江神海建筑设计有限公司、浙江涌恒科技有限公司五大子公司，拥有高级工程师、工程师、经济师、经营师等各类专业技术人员520人，精湛卓越的技术管理团队为工程建设安全质量提供了强有力的保障。是温州装饰行业首家通过ISO 9001质量管理体系认证的企业。是中国建筑装饰协会常务理事单位、浙江省建筑装饰行业协会副会长单位、温州市建筑装饰行业协会第六届理事会会长单位、温州建筑文化研究会副会长单位、中华全国工商业联合会扶贫委员、中国光彩事业促进会理事单位、中华红丝带基金理事单位。

经典案例如中国人民银行温州市支行、温州市工商局办公大楼、乔治白服饰行政大楼、镇江香山庄园、温州喜来登酒店、温州城市大学新校区等，一大批装饰装修工程先后荣获省部级、市级

第九章　传承创新　和谐发展　浙江省建筑装饰行业品牌企业篇　品牌企业

1. 兴业银行温州分行营业办公大楼基础装修工程
2.&4. 温州工商行政管理大楼基础装修工程
3. 浙江尊豪软件科技有限公司SOHO大楼装修工程
5. 泽雅纸山小镇文化大楼工程
6. 温州城市大学新校区迁扩建项目二期装修工程
7. 温州慧中公学（三江校区）小学综合楼、宿舍装修工程——教学楼
8. 温州浙南科技城创新创业新天地（YB-046-28-1a地块）建设工程项目室内装修工程

多项荣誉。公司还拥有钢结构工程专业承包二级资质、体育场地设施工程专业承包二级资质、机电设备安装工程专业承包三级资质及建筑智能化工程专业承包三级资质，通过ISO 14001环境体系认证、OHSAS 18000职业健康安全认证。

公司始终坚持以"前瞻、睿智、和谐、创新"的经营理念，以"诚实守信、超越无限"的企业精神，以"实业励志、润泽百年"的奋斗目标，以"创建高端生态装饰品牌，缔造永恒绿色时尚空间"的美好愿景，立足温州、布局全国，不断求精创新，在省内外装饰界树立起良好的品牌形象。二十五年来，不忘初心，砥砺前行，回报社会，至今共为社会慈善捐款达5300多万元，成为浙江建筑装饰行业龙头和标杆企业。

公司先后被评为国家"守合同重信用单位"、中国建筑装饰三十年优秀装饰施工企业、中国建筑装饰协会信用AAA级企业、信用浙江A类企业、浙江省建筑装饰行业百强企业、浙江省AAA级重合同守信用单位、浙江省著名商标、温州市建筑装饰行业信用企业、温州建筑装饰行业十二强企业、温州银行资信AAA级单位、温州市政府授予温州市建筑装饰行业全面先进单位、守合同重信誉单位、纳税大户，获龙湾区区长质量奖、龙湾慈善突出贡献等殊荣。

展辽阔视野　创文化多娇

浙江视野建设集团有限公司

　　浙江视野建设集团有限公司成立于2002年，总部坐落于风景秀丽的山水之都——温州。公司本着"诚信经营、客户至上、以人为本、优质服务"的经营原则，做到管理高要求、技术高水平、质量高标准、经营多元化，并逐步完善管理模式和服务体系。

　　公司专注于公共空间、办公空间、酒店空间、休闲空间、商业展览展示、精装楼盘的设计与施工。多年深耕于装饰装修行业，拓展建筑业其他领域，现已具备装饰、幕墙、风景园林、建筑智能化及展览陈列工程等全产业链的设计施工服务能力。近年来公司通过ISO 9001质量管理、ISO 14001环境管理、OHSAS 18001职业健康安全三大体系认证；至2022年4月，共荣获国家级奖项15项、省部级优质工程奖43项，拥有国家专利10项，同时还获得鹿城区建筑业龙头骨干企业、鹿城区政府质量奖、浙江省建筑装饰行业强优企业、浙江省AAA级"守合同重信用"企业、高新技术企业等荣誉称号。

第九章　传承创新　和谐发展　浙江省建筑装饰行业品牌企业篇　品牌企业

1. 云天楼洲际瓯越大酒店
2. 瓯江口总部基地发展大厦
3. 温州原野香草园多功能厅
4. 温州市民中心
5. 温州万豪酒店
6. 温州奥林匹克体育中心
7. 龙溪艺术馆

心系公益　回馈社会

公司从事装饰行业20余年，积极投身公益事业，主动回报社会，积极承担社会责任，为共同富裕献上一份绵薄之力。通过文成县红十字会每年助学，已坚持十年；2019年，超强台风"利奇马"过境，温州永嘉、乐清等地受灾严重，作为省协会副会长单位、温州装协会长单位，带头并组织会员企业参与赈灾捐款；2020年"新冠"疫情期间，向温州市鹿城区慈善总会进行捐赠；2021年向温州市慈善总会"三助基金"定向捐赠，用于助老助残助学等公益慈善项目，参与建设养老驿站和残疾人驿站（目前已建成6个养老驿站和1个残疾人驿站），同时参与社会扶贫助困活动，为温州各县区残疾人及困难群体送上了新春慰问；2022年，第19届亚运会、第4届亚残运会举办在即，公司大力支持国家体育事业发展，成为亚运会、亚残运会官方装修服务供应商。

近年来公司立足浙江、走向全国，完成了众多大型公建装饰工程，不断创新研究工法与施工技术而优化项目管理，获得用户一致好评。

成绩属于过去，未来任重道远。公司将一如既往地贯彻"质量立本、规范管理、精心施工、优质服务"的质量方针。不断开拓创新发展，成为一个实力雄厚、管理规范、质量可靠、服务优良、信誉一流的建筑装饰业企业。

用匠心　筑一方
浙江一方建筑装饰实业有限公司

浙江一方建筑装饰实业有限公司创建于1993年，是住房城乡建设部一级资质企业。公司坚持走专业化发展道路，拥有建筑装修装饰工程专业承包一级、建筑幕墙工程专业承包一级、电子与智能化工程专业承包一级、城市及道路照明工程专业承包一级、建筑机电安装工程专业承包二级、消防设施工程专业承包二级、钢结构工程专业承包三级、建筑工程施工总承包三级、市政公用工程施工总承包三级、建筑装饰工程设计专项乙级、安防工程设计施工三级等十余项专业资质。公司是中国建筑装饰协会理事单位、浙江省建筑装饰行业协会副会长单位、台州市建筑装饰行业协会名誉会长单位。

公司始终秉承"重合同、严管理、铸精品、创信誉"的经营战略，以匠心建造精品，以实力深耕领域，树立行业品质丰碑。公司自2004年以来，连续十八年被台州市人民政府授予建筑业"十强专业承包企业"荣誉称号，自首届2019年以来，连续三年获评"台州市优秀建筑装饰企业"，先后荣获台州湾

第九章 传承创新 和谐发展 浙江省建筑装饰行业品牌企业篇 **品牌企业**

新区纳税20强企业、中国建筑装饰协会"企业信用等级AAA级""浙江省住宅全装修产业链示范企业""建筑装饰行业抗击新冠肺炎疫情突出贡献单位"等称号。李健董事长荣获2009年度中国建筑装饰协会与中国海员建设工会联合命名的"全国优秀企业家"称号。

笃行实干的29年里，公司以稳中求进为主基调，布局于安全生产、创新发展、品质提升、人才队伍建设等方面，潜心打造精品工程，持续输出经典作品，营造尽善尽美的现代化建筑空间。公司业务覆盖浙江、江苏、四川、安徽、上海、新疆、甘肃、黑龙江、海南、湖北等地，承建的工程多次荣膺"中国建设工程鲁班奖""中国建筑工程装饰奖""浙江省建设工程钱江杯奖"等优质工程奖项。公司承建的具有代表性的工程项目主要有温州市中医院、杭州萧山行政服务中心、太原太山景区舍利塔铜装饰工程、杭州明珠国际商务广场、温州电信大楼、台州神仙居康养中心、路桥公安局指挥中心、中共临海市委党校、台州市城乡规划设计研究院、华中科技大学温州先进制造技术研究院、天台人民医院、台州海关大楼、温州白象奥特莱斯广场、台州港大麦屿港区查验配套设施工程、台州市电力调度中心、华强方特HDJG1装饰工程等。公司完成主要建筑物、公园、山体、道路、桥梁、隧道的照明工程，包括湖北宜昌伍家岗大桥、武汉鹦鹉洲大桥、武汉白沙洲大桥、山东济宁科技中心、武汉光谷科技会展中心等一大批具有代表性的照明工程。

公司坚持"装饰发展、标准先行"理念，坚定践行标准化和高质量发展同步推进，积极参与《全装修住宅室内装饰工程质量验收规范》DB33/T 1132—2017、《装配式内装工程施工质量验收规范》DB33/T 1168—2019、《全装修住宅室内装修设计标准》DB33/T 1261—2021等多部地方标准的编写。公司编写的"轻钢龙骨防水面石膏板防裂防霉施工工法"被评为"浙江省2007年度省级工法"和"全国建筑装饰行业创新成果奖"，"新型阻燃轻质环保纸蜂窝隔墙施工工法"被评为"浙江省2012年度省级工法"。公司通过并执行ISO 19001质量管理体系认证、ISO 24001环境管理体系认证、ISO 45001职业健康安全管理体系认证。

大跨步向前的浙江一方，选择卓越、追求专精。面向未来，公司将与时代同行，赋能城市美好，以实力擘画崭新蓝图，匠筑和合家园。

1.&3.&4. 萧山区科技创新中心精装修工程（中国建筑工程装饰奖）
2. 浙江一方建筑装饰实业有限公司大楼
5. 中共临海市委党校迁建装修工程
6. 温州市中医院新院区新建工程室内装修（鲁班奖）

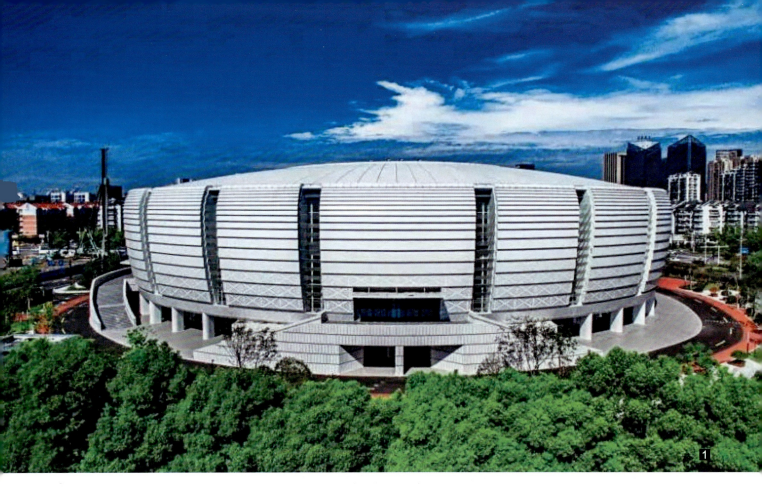

追星逐月　风雨兼程

浙江华尔达建设有限公司

浙江华尔达建设有限公司成立于1994年3月，注册资本10080万元整。公司拥有住建部、住建厅批准的多项资质，包括建筑装饰工程设计专项甲级、建筑装修装饰工程专业承包一级、电子与智能化工程专业承包一级、消防设施工程专业承包一级、建筑幕墙工程专业承包一级，还具备特种工程专业承包、建筑工程施工总承包、钢结构工程专业承包、市政公用工程施工总承包、建筑机电安装工程专业承包等资质。拥有行业资质包括建筑门窗产品安装一级、建筑门窗产品制造一级、安全技术防范三级（设计、施工、维护）、展览工程一级等。

公司秉持着"服务构筑品质、匠心铸就未来"的宗旨，培育了一大批建造师、高级工程师与技术人员。工程项目遍布省内外，涵盖上海、江苏、江西、山西、山东、云南、海南等省市，获得"鲁班奖""中国建筑工程装饰奖"等多项工程荣誉。创多项地市、省级安全生产文明施工样板工地，公司成立至今保持无重大质量安全事故，受到业主和当地主管部门的高度赞扬。

公司先后被评为百强企业、抗击新冠肺炎疫情突出贡献单位、AAA级"守合同重信用"企业、浙江省诚信企业、浙江省强优企业、浙江省信用管理示范企业、浙江省科技型中小企业、浙江省住宅全装修产业链示范企业、杭州市先进建筑业企业、服务保障G20峰会先进施工企业、萧山区十强建筑业企业、萧山区平安创建企业、北干街道"先进集体"等。

第九章　传承创新　和谐发展　浙江省建筑装饰行业品牌企业篇　　品牌企业

1. 滨江体育馆（亚运会场馆）
2.&3. 桐庐县社会治理综合服务中心提升改造工程
4.&5. 桐庐富春江科技城孵化园工程
6. 万潮控股有限公司浙江商会大厦办公室装修工程
7. 乐清市文化中心
8. 萧山区科创会议中心
9. 临浦体育馆（亚运会场馆）

公司致力于担当社会责任、实现社会价值。心系公益、不忘初心。积极参与春风行动捐款；西部助学，响应大开发战略；圆梦爱心，捐助浙江省中医药大学、浙江建设职业技术学院寒门学子；关爱"小候鸟"，相伴共成长；响应萧山区慈善总会号召，捐赠留本冠名慈善基金300万元。新冠肺炎疫情期间，自发捐款捐物，购买医用防疫用品和食品，捐赠给萧山区世纪城管委会、萧山区北干街道社区、萧山区第一人民医院、萧山区中医院。

面对新挑战，公司以"拼搏、务实、诚信、创新"的企业精神持续提供一流的质量、一流的速度、一流的管理、一流的服务，用实际行动为浙江省建设共同富裕示范区做贡献。

百年宏业　质量为基
东升（浙江）幕墙装饰工程有限公司

东升（浙江）幕墙装饰工程有限公司始建于1984年，由杭州东升铝幕墙装璜有限公司更名而来，前身为杭州铝质工程总公司。公司是集节能环保门窗幕墙产品的研发设计、精益制造、安装服务、咨询服务于一体的系统承包商。公司主营业务是承接城市公共建筑和住宅的大型建筑门窗幕墙及室内装饰工程，为客户提供门窗幕墙系统及室内装饰整体解决方案，主要产品为门窗幕墙及室内装饰系统相关产品，包括建筑幕墙及系统门窗、建筑遮阳和幕墙钢结构。公司定位于中高端市场，主业务遍布国内经济发达城市，是浙江省门窗幕墙十强企业。公司拥有一整套系统的管理模式、完善的管理制度、完整的考核评价体系、实行标准化和规范化的管理，下设总工办、综合办、设计部、预决算部、质安部、财务部、加工基地、施工部等管理部门和多个项目部。

公司注册资金7000万元，工程专业技术人员达150余人，其中高级工程师15人，一级建造师20人，二级建造师15人，深化设计人员15人。公司具有建筑幕墙工程专业承包一级资质、门窗工程制作、安装一级资质、建筑幕墙工程设计专项甲级资质、建筑装饰装修工程专业承包一级资质和钢结构工程专业承包三级资质。公司在50余亩的现代化加工生产基地内，建筑面积约25000m^2，拥有数条生产流水线，能够设计、生产和施工各种类型的玻璃幕墙、金属幕墙、石材幕墙和建筑门窗。

公司已取得GB/T 19001、GB/T 24001、GB/T 45001等管理体系认证证书，连续多年获得了浙江省AAA级守合同重信用企业，银行AAA企业。多年来，公司积极开拓、勇于竞争、奋发进取、敢争第一，先后承接了大量的建筑幕墙工程和室内装饰装修工程，创出了诸多的省市级荣誉。总体优良品率达到98%以上。企业目前已与绿城、融创、宝龙、蓝城、绿地、保利、融信、世茂、金茂、中南等企业建立了长期合作关系，曾多次获得融创、绿城等优秀合作伙伴的奖项。

在激烈的市场竞争中，公司将一如既往坚持以"诚实、信用、可靠"的方针和"做一个工程，树一块样板，交一方朋友，增一分机会"的宗旨立足于建筑市场。

1. 黄龙御公馆
2. 湖滨一期名品街塔楼
3. 杭州清真寺

以精心专注每一个细节
以匠心雕琢每一寸空间

浙江年代建设工程有限公司

浙江年代建设工程有限公司成立于1999年，以建筑装饰设计和施工、建筑幕墙设计和施工为主业，拥有良好的口碑与美誉度，公司注册资金5000万元人民币。已成为浙江省内装饰、幕墙行业一线品牌企业。公司高标准严要求，历年来多项工程荣获"鲁班奖"、中国建筑工程装饰奖等多项荣誉。

公司以建筑装饰设计和施工、建筑幕墙设计和施工为主业，具有专业建筑装饰工程设计专项甲级、建筑幕墙工程设计专项甲级、建筑装饰装修工程专业承包、建筑幕墙工程专业承包、中国展览馆展览工程，并具备市政公用工程总、建筑智能化专业承包、消防设施工程专业承包、钢结构工程专业承包等资质。

2021年公司快速发展，现有场地已不能满足办公、生产需求。总投资超1亿元、占地面积约22亩的新科创大楼建成并投入使用，提高了公司的核心竞争力，是年代建设高质量发展里程碑事件。二十二年来的锐意进取，公司在ISO 9000质量管理体系认证的基础上，承建了众多大型重点装修幕墙工程，并成就了无数经典装饰、幕墙典范。

幕墙类工程有：中科院、法检大楼、市公安局大楼、乌镇旅广大厦、金融广场、兴汇广场、南湖区商会大厦、嘉兴银行大楼、嘉兴戴梦得大厦整合改造项目外立面、良友商务大楼、云东公寓幕墙、东方大厦、晶晖广场、浙江省荣军医院迁建项目、南湖资产经营中心商务综合楼、浙江（嘉兴）物流科技创业园、嘉兴市食品药品监督检测中心、嘉悦大厦综合楼、恒丰大厦、环球国际等幕墙工程。

金融网点室内装饰工程有：中国工商银行、中信银行、中国银行、平安银行、交通银行、农业银行、嘉兴银行、招商银行、湖州银行、民生银行、中国光大银行、绍兴银行、民泰村镇银行、金华银行等多个营业网点装饰工程。

酒店商场住宅精装修项目有：银泰百货、杭州百悦商务酒店、万豪酒店、江南大厦、嘉兴市新东方假日中心、嘉兴亿代商务酒店、嘉兴市南湖区紫景轩酒庄、中关村长三角创新园商务功能区住宅公共部位、嘉兴戴梦得大厦整合改造项目酒店装饰等精装修工程。

办公大楼室内装饰工程有：嘉兴市体育中心、湘城大厦、大视野教育谷、中国桐乡移动、嘉兴市秀洲区公共卫生中心、嘉兴市人才市场、嘉兴市广电中心、嘉兴市人力资源和社会保障局、嘉兴科技城软件园孵化楼等室内装饰工程。

有限的空间，无限的创意，是公司创新的永恒理念。公司将提供最佳的产品与服务，不断与新老客户建立诚信的合作关系，互惠互利，共同发展。

---

1. 年代办公楼
2. 百年百项嘉兴城市品质提升工程建国路

以文化引领企业　以质量筑造伟业

浙江宏厦建设有限公司

浙江宏厦建设有限公司位于嘉兴海宁市，创建于1993年，现拥有建筑装饰工程设计专项甲级、建筑幕墙工程设计专项甲级，建筑装修装饰工程专业承包一级、建筑幕墙工程专业承包一级，以及施工总承包、钢结构、电子与智能化、机电设备安装、消防等多项专业承包资质。公司注册资金5800万元，专注于建筑装饰行业20余年，一直是嘉兴地区龙头企业。在金融、工商信用评价、企业信用评价方面均为AAA级。荣获全国优秀装饰施工企业、全国百家优秀科技创新型企业和中国建筑幕墙行业百强企业。现为中国建筑装饰协会常务理事、浙江省建筑装饰行业协会副会长单位。

公司坚持走装饰产业化发展之路，以产业化助推建筑工业化，成立注册资金6000万元的海宁宏厦装饰新材料科技有限公司，成为节能门窗、生态幕墙和高档装饰材料研发制造基地，研发中心开发的系统门窗已走向市场。

以人才为根本，以市场为导向，以技术为优势

公司具有工程技术和经济职称的专业管理人员近200名，建造师20多名，固定的施工作业人员千余人。

在经营战略上以设计引领施工，以产业基地开拓市场业务。在杭州、北京、上海、南京、成都、济南、昆明等地相继设立了分支机构，积极参与全国建筑装饰市场的竞争。

以创新为动力，以服务为宗旨，以品牌为支撑

2019年度公司上线皓峰装饰信息管理ERP系统，成立信息化项目小组。ERP信息化软件上线启用后，对公司所有业务板块的资源一体化管控和数字化跟踪。系统对业务信息进行全面采集、互联互通和智能处理并转化成多维图表、预警提醒、预测决策等，不断消除企业多余消耗。

在项目管理上，运用BIM等先进技术，实行模数化、标准化、装配化和精细化施工，并成立工程事业部，由事业部负责工程项目从经营前期投标、施工、竣工结算、维保全过程管理，有效提升项目管理水平。

天地为怀，人文为本

公司高度重视党的建设和精神文明建设，以党建促发展，于2010年10月成立党支部，现有党员19人。党组织建设中，组织党员群众开展党史学习教育，提高管理层的政治理论素质，把握社会主义新发展阶段。精神文明建设方面，公司连续几年为慈善机构捐款，在疫情期间捐款捐物，员工自愿成为抗疫志愿者。每逢节假日，积极开展文化娱乐活动并定期组织职工旅游活动。公司并设立"职工业余培训学校"，每年制定年度学习计划，聘请专业老师授课，提高员工综合素质。

第九章 传承创新 和谐发展　浙江省建筑装饰行业品牌企业篇　**品牌企业**

承质量重托，建信誉精品

近年来，公司装修施工类型均衡发展，与众多知名房地产企业形成战略合作，承建的项目涉及高星级酒店、办公楼、住宅批量精装修、场馆、医院、综合体。代表项目有：平湖市公安局业务技术用房工程、农金大厦、桐昆集团总部大楼项目1号楼B楼及地下室室内精装修工程、明士达大厦幕墙工程等。公司对所承接的工程项目，严格按照国家规范精心施工，牢牢把握质量关，保质按期地完成工程施工任务。

公司承建工程先后荣获中国建筑工程装饰奖等省部级多项荣誉，参建工程"浙江省人民医院海宁医院"荣获国家优质工程奖，"平湖公安局""农金大厦"项目荣获"鲁班奖"。

公司始终本着"以质量求生存，以信誉求发展"的宗旨，秉承"宏才匠心，至精泽厦"的企业精神，与社会各界热忱合作，共创美好未来！

1. 海宁开元名都大酒店室内精装修工程外观
2. 银河国际大厦（企业总部大楼）内装饰工程
3. 平湖市公安局业务技术用房内装修
4. 农金大厦装饰工程外观
5. 平湖市公安局业务技术用房外观

敢于强者竞争　勇于巅峰攀登

浙江广居装饰有限公司

浙江广居装饰有限公司创立于2005年，注册地为国内闻名的建筑之乡、木雕之城、影视之都——东阳，办公地位于美丽西子湖畔——杭州，公司注册资金1亿元，现有建筑装修装饰工程专业承包一级、建筑装饰工程设计专项甲级、建筑幕墙工程专业承包一级、建筑幕墙工程设计专项甲级、消防设施工程专业承包、消防工程设计专项乙级，并具有机电设备安装工程、建筑工程施工总承包、钢结构工程专业承包等资质。是一家以"广居"为品牌，集大型公共建筑、酒店、楼盘住宅建筑、装修、幕墙、消防、机电的设计与施工企业。

公司旗下有浙江广居木业有限公司、浙江广居设计院、浙江大闾装饰工程有限公司。为响应国家一带一路倡议，在各级政府的大力支持下，2017年在印度尼西亚首都雅加达市投资成立了印尼耀伟建设集团有限公司（PT YAOWEI CONSTRUCTION GROUP INTERNATIONAL）。

公司为浙江建筑装饰界知名企业，中国建筑装饰协会理事单位、浙江省建筑装饰行业协会副会长单位。企业荣获"建筑业龙头企业""政府特别奖""浙江省建筑装饰行业明星企业""全国建筑装饰行业百家优秀科技创新型企业""浙江省建筑装饰强优企业""浙江省住宅全装修产业链示范企业""浙江建筑装饰业产业化示范基地""先进集体""十强专业企业""金华市建筑业重点培育企业""浙江省守合同重信用AAA企业""浙江省信用等级AAA企业""全国信用等级AAA企业""杭州市建筑业优秀企业"等荣誉数百余项。

公司参编了多项浙江省工程建设地方标准：《浙江省建筑饰装修工程质量评价标准》DB33/T 1077—2011、《浙江省装配式内装工程施工质量验收规范》DB33/T 1168—2019、《全装修住宅室内装修设计标准》DB33/T 1261—2021、《装配式内装评价标准》DB33/T 1259—2021等。

广居装饰以为社会提供优质的作品和服务为己任，不懈探索企业发展规律，不断提升专业化水平，全面实施品牌战略，由传统的装饰企业转型发展成

第九章　传承创新　和谐发展　浙江省建筑装饰行业品牌企业篇　　品牌企业

1. 临汾图书馆
2. 安吉凯承温德姆酒店全景
3. 奥克斯皇冠假日酒店

为理念先进、管理科学、核心能力突出的新型专业公司,在建筑装饰行业牢固地树立了广居的品牌形象。

广居装饰始终坚持"3512"发展战略目标,并以"精、细、严、实"的工作作风为社会各界服务。参与了酒店宾馆类、金融类、房产精装类、医疗类、娱乐文化等领域工程,树立了良好的品牌地位。公司承接代表工程有:杭州奥克斯洲际皇冠假日酒店、安吉凯承温德姆酒店、余姚阳明温泉山庄、杭州海外海皇冠假日酒店、杭州新开元酒店、杭州JW万豪酒店、浙江世贸君澜酒店、绍兴世贸君亭酒店、杭州歌山品悦酒店、东阳宾馆、浙江医院、杭州邵逸夫医院下沙院区、杭州红十字会、杭州九龙仓君玺、杭州金地自在城、苏州九龙仓尹山湖项目、临汾图书馆、杭州迪凯国际中心、无锡嘉业国际城、杭州奥克斯商业广场项目、宁波东部新城TC办公楼、苏州苏纶广场、澳大利亚珀斯天鹅河别墅、印尼雅加达PURI项目、南京雅居乐江宁会所等。荣获了鲁班奖、中国建筑工程装饰奖等省部级荣誉百余项。

展望未来,公司将不懈努力,发挥优势,立足市场,走科技创新发展之路。公司将每建必优,为社会、为"广居"的明天续写浓墨重彩的篇章。

稳步健康发展
建优质工程　创装饰之美

浙江鸿顺达建设集团有限公司

浙江鸿顺达建设集团有限公司成立于1997年，是一家从事以装饰和幕墙施工为主，兼建筑施工总承包和市政施工总承包的综合性建筑企业。公司注册资金10180万元，现有国家建筑装饰装修专业承包一级、建筑幕墙工程专业承包一级、建筑装饰工程设计专项乙级、建筑幕墙工程设计专项甲级资质，还具备电子与智能化工程专业承包、消防设施工程专业承包、机电设备安装工程专业承包、钢结构工程专业承包、建筑工程施工总承包、市政公用工程施工总承包和特种工程（结构补强）专业承包等资质。公司拥有强大的施工团队和雄厚的资金实力。

公司本着"惟实"的企业精神和"管理求严、安全求实、质量求精、环保求佳"的管理方针，连续多年获得质量管理体系认证、环境管理体系认证、职业健康管理体系认证。

公司先后荣获多项中国建筑工程装饰奖等省部级奖项，被评为浙江省"守合同重信用"AAA级单位、银行AAA级信用企业、浙江省建筑装饰行业强优企业、G20杭州峰会服务保障先进单位、"平安杭州"平安示范单位、杭州市社会责任评价A级企业、杭州市劳动保障信用A级企业、中国建筑装饰协会理事单位、浙江省建筑装饰行业协会副会长单位、杭州市建筑装饰行业协会副会长单位等荣誉。同时也是浙江省工程建设地方标准《建筑装饰装修工程质量评价标准》和《全装修住宅室内装饰工程质量验收规范》的编制单位。

公司始终坚持"质量第一、用户至上、铸造精品、超越自我"的服务宗旨，不断采用推广四新技术，应对市场竞争和挑战。

公司以"源以社会，回报社会"为己任，积极参加社会公益事业。公司连续多年为慈善机构捐献善款，每年组织留守儿童爱心公益行、慰问留守老人、战高温送清凉等公益活动。疫情期间，公司参与多个防疫隔离点的建设项目，为疫情重灾区捐款捐物，干部职工自愿

第九章　传承创新　和谐发展　**浙江省建筑装饰行业品牌企业篇**　品牌企业

投入到社区志愿者行列中。回馈社会，用善行义举诠释人文关怀和使命担当，积极弘扬社会主义核心价值观，传播社会正能量。

公司追求科学管理，以人才战略为依托，确立了具有高度社会责任感的企业形象，以优质、创新、诚信的理念服务于社会各界。

主要办公楼代表项目：

中国移动浙江信息产业园、杭州巨星科技总部办公楼、欧美中心办公楼、上海研祥计算机生产基地、杭州市公共资源交易中心、沿江区块公共服务中心、杭州东部大学科技园、海康威视办公楼、青山湖科技城办公楼等。

主要医疗用房代表项目：

浙江大学医学院附属妇产科医院、浙江中医药大学附属医院、浙江大学医学院附属第二医院、西安人民医院、西安市红十字会医院、杭州市红十字会医院等。

主要酒店精装代表项目：

浙江宾馆、东部国际希尔顿酒店、雷迪森酒店、天元大厦、杭州中维歌德大酒店、东方大酒店、井冈山凌云宾馆、36都商务大酒店、世外桃源大酒店、华辰大酒店等。

主要商场代表项目：

杭州大厦、银泰百货西湖店、万达广场城北店、万达广场舟山店、杭州天虹购物中心、红星美凯龙、欧蓓莎购物中心、南宁电影院等。

主要科教类代表项目：

中国刀剪伞博物馆、近代工艺博物馆、浙江黄龙体育中心、杭州市市民中心（杭州市图书馆、杭州市青少年活动中心）、浙江省诸多高等教育类学校装修（浙江大学、省工商大学、旅游学院、计量大学等）等。

主要幕墙代表项目：

杭州市上城区行政中心及科技文化馆、浙江大学医学院附属妇产科医院、杭州市妇女医院、杭州大厦、银泰百货、万达广场、萧山机场、浙江华海生物科技、千岛湖汽车客运北站幕墙工程以及各类房产公司项目幕墙工程等。

主要房产类代表项目：

绿城房产金华春熙明月项目、绿城房产宁波明月江南项目、碧桂园·风澜熹园、宁波碧桂园、衢州碧桂园、招商地产雍华府、招商地产雍兰府、祥生房产群贤府、祥生房产京杭府以及中粮房产、万达房产、金华保集地产等房产公司项目等。

1. 上城区行政服务中心
2. 天目里
3. 新中宇维萨
4. 巨星科技

打造精珏创新企业
建设共同富裕时代

金元大建设控股有限公司

金元大建设控股有限公司成立于1996年7月，现具有建筑装修装饰工程专业承包一级、建筑幕墙工程专业承包一级、消防设施工程专业承包一级、建筑门窗产品制造安装一级、建筑装饰工程设计专项甲级、建筑幕墙工程设计专项甲级，还具备电子与智能化工程专业承包、建筑工程施工总承包、市政公用工程施工总承包、建筑机电安装工程专业承包、浙江省安全技术防范行业设计、施工、维护三级、特种工程（结构补强）专业承包等资质施工企业。

公司已通过ISO 9001质量管理体系认证、ISO 14001环境管理体系认证、ISO 45001职业健康安全管理体系，并多次荣获国家、省、市行业主管部门颁发的"守合同重信用""诚信企业""杭州市优秀建筑业企业""G20峰会先进施工企业""浙江省信用管理示范企业""杭州市信用管理示范企业"等荣誉称号，现为浙江建筑装饰行业协会工程分会副会长单位，杭州市建筑装饰行业协会副会长单位。

完成的主要代表性工程有：浙江贝达医药科技有限公司海创园项目幕墙、门窗工程，萧政储出（2009）12号地块商业项目A楼（浙江农信科技大楼）室内装修工程，浙江贝达医药科技有限公司公共区域装修装饰工程，嘉文商务大楼装修工程，西湖城投大楼精装修工程，紫橙国际创新中心、下沉广场装修工程1号楼装修，杭州第二中学萧山分校配套提升项目EPC工程装修内包工程，星民大厦装修工程，浙江贝达医药科技有限公司海创园2号楼单身公寓装修工程，东航浙江分公司杭州运营保障基地项目精装修工程，原杭州金马国际酒店室内精装修工程EPC工程总承包，萧政储出（2016）14号地块裕隆汽车大楼精装修工程项目，桐庐县第一人民医院工程，新塘街道姑娘桥村城中村改造安置房项目智能化工程，大立科技创业园外立面幕墙工程等工程，其中多项工程荣获中国建筑工程装饰奖等省部、市、区等荣誉，工程合同履约率100%，合格率100%。

质量为先、信誉为重、管理为本、服务为诚、不忘初心、砥砺前行。企业始终把质量信誉列为最高理念，追求"接过手中的蓝图，交付完美的产品"为目标，创造美好品牌工程奉献给社会。

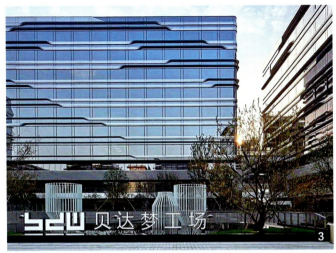

1. 海峡两岸商品交易物流中心装修工程
2. 公司内景
3. 浙江贝达医药科技有限公司海创园项目
4. 浙江农信科技大楼室内装修工程

第十章

和美装饰　美好生活

浙江省建筑装饰行业明星企业篇

北新建材　绿色建筑未来
带你认识一个不一样的方太
塑造无限可能
恪守卓越品质，传承工匠精神
细节决定品质
由精而深，由博而大
大道弥坚　履而后宽
立足数字化改革　于新时代谋新发展
深耕大浙江　坚持稳中求进
砥砺前行　谱写百年篇章
一张好板，装配未来
高质量标准做装修　以放心家装赢未来
重塑家装行业　做难而正确的事
践行双碳政策　服务美好生活
倾注坚持　追寻家装环保梦想
全球领先的高端装饰材料系统服务商
新无止境　别有洞天
精琢人居佳境　融汇百年梦想
装饰风采展示　系统赋能管理

明星企业

北新集团建材股份有限公司
宁波方太营销有限公司
元和装饰集团股份有限公司
浙江嘉华建设有限公司
浙江深美装饰工程有限公司
圣大控股有限公司
九鼎建筑装饰工程有限公司
浙江南鸿装饰股份有限公司
杭州东箭实业集团有限公司
百年翠丽股份有限公司
千年舟新材科技集团股份有限公司
浙江铭品装饰工程有限公司
圣都家居装饰有限公司
浙江传化涂料有限公司
浙江升华云峰新材股份有限公司
杭州诺贝尔陶瓷有限公司
浙江新天建筑装饰有限公司
浙江佳汇建筑装饰有限公司

深圳市皓峰通讯技术有限公司（风采展示企业）

北新建材　绿色建筑未来

北新集团建材股份有限公司

北新集团建材股份有限公司（简称北新建材）是世界500强中央企业中国建材集团所属绿色建筑新材料产业平台，1979年成立，1997年在深交所上市，目前已发展成为中国比较大的绿色建筑新材料集团、全球最大的石膏板轻钢龙骨产业集团。两次荣获全球石膏行业突出贡献奖并三次荣获最佳年度公司，荣获中国工业企业质量标杆、国家级企业管理现代化创新成果一等奖、中国最佳股东回报上市公司等荣誉；2016年经国务院批准，荣获中国工业领域最高奖项——中国工业大奖；作为中央企业提质增效转型发展新典范上报国务院；被清华大学经济管理学院作为第一个"文字+视频"中英文企业案例全球发布；2019年和2021年分别被全球权威评级机构穆迪和标普授予A3评级和A-评级，成为全球建材行业唯一获得"双A"国际评级的企业；2019年荣获中国质量管理领域最高奖——全国质量奖，是我国建筑材料行业第一家荣获中国工业大奖，同时荣获"全国质量奖+中国杰出质量人"的企业；2021年荣获"亚洲质量卓越奖"，成为墙体吊顶、防水材料、涂料行业第一家荣获亚洲质量最高奖的中国企业，实现了高质量发展。

一体两翼　全球布局

2020年，北新建材开启新四十年征程，实施"一体两翼、全球布局"发展战略。"一体"就是以石膏板业务为核心，做好轻钢龙骨、粉料砂浆、矿棉板、保温材料、纤维水泥板等"石膏板+"配套系统业务，推广全球原创的"鲁班万能板"全屋装配系统，为客户提供"内墙外墙吊顶地面"一揽子创新产品技术解决方案；"两翼"就是发展防水材料和涂料业务，进入"十倍+"市场，培育战略级主营业务；"全球布局"就是以石膏板为龙头产品，逐步开展全产品系列全球布局。

高质量经营

2004—2021年，北新建材实现年均净利润复合增长率约30%（扣除非经常性损益），资产负债率26.52%。在一个充分竞争、完全开放的制造业赢得60%的市场份额。

北新建材以"绿色建筑未来"为产

第十章　和美装饰　美好生活　浙江省建筑装饰行业明星企业篇　明星企业

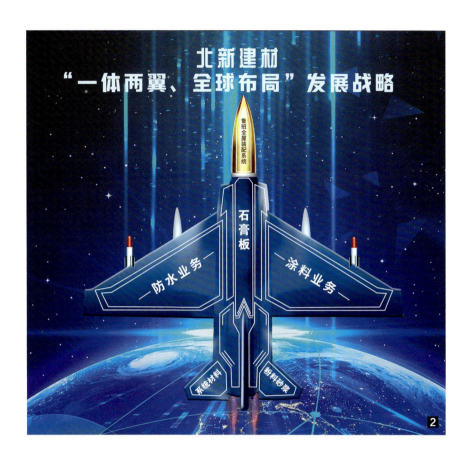

2. 北新建材"一体两翼，全球布局"发展战略

业理念，为各类建筑提供"鲁班万能板""净醛石膏板系统"等创新产品和墙体革新、内装工业化、装配式建筑解决方案；实施"制高点"战略，以"技术创新、品牌建设"为战略引擎，开创出一条中国传统制造业自我革新转型升级之路；是国家级创新型企业。全面贯彻"双线择优"管理模式，全面推行"投资1亿、净利润5000万"的六星标杆企业计划，其中广安北新实现"投资1亿，净利润1亿"的红色标杆企业。

北新建材成功打造了质量、技术、效益、规模全面领先的中国高端自主品牌"龙牌"，按照国际先进标准进行生产，先后荣获中国名牌、中国驰名商标、国家免检、国家环境标志产品认证、全国建筑工程装饰奖选材之最、鲁班奖工程功勋供应商、中国五星级饭店装饰材料首选品牌、中国房地产500强墙体吊顶首选品牌等多项国家及行业顶级荣誉，广泛服务于人民大会堂、奥运会、世博会、天安门城楼粉刷等国家重点工程，应用于北京城市副中心建设、雄安新区建设、中关村示范区基地建设，北京国贸建筑群、上海陆家嘴建筑群等各地地标建筑，中国工商银行、腾讯、阿里巴巴等企业总部，香格里拉、万豪、威尼斯人酒店等五星级酒店，奔驰、三星、华为等工业园区，乃至千家万户房地产和住宅装修。据统计，获得国家建筑工程奖90%的建筑都采用了北新建材"龙牌"石膏板系统。龙牌净醛石膏板系统成为APEC、G20等国家重点工程独家指定产品，为全球领导人打造"零甲醛空间"。

北新建材以"推进建筑、城市、人居环境的绿色化"为使命，致力于发展成为拥有自主品牌、自主知识产权、核心业务排名世界第一、具有世界水平的跨国公司，打造360度无死角的财务报表，打造世界级品牌，打造世界级工业标杆。

带你认识一个不一样的方太

宁波方太营销有限公司

方太集团（以下简称"方太"）创建于1996年。作为一家以智能厨电为核心业务的幸福生活解决方案提供商，方太长期致力于为人们提供高品质的产品和服务，打造健康环保有品位有文化的生活方式，让千万家庭享受更加幸福安心的生活。

方太（FOTILE）专注于高端厨电的研发与生产，现拥有集成烹饪中心、吸油烟机、水槽洗碗机、嵌入式洗碗机、净水机、嵌入式灶具、嵌入式消毒柜、嵌入式微波炉、烤箱、蒸箱、燃气热水器等多条产品线。

方太始终坚持"专业、高端、负责"的战略性定位，品牌实力不断提升。2012年1月，方太幸福家上海体验馆落成；2016年1月，方太幸福家北京体验馆落地三里屯；2019年9月方太幸福家APP上线，分享和传递幸福家庭建设的智慧。2015年，方太进一步完善品牌价值体系，提出了全新品牌主张——因爱伟大。截至2021年，方太以独特的创新模式、优越的品牌价值，连续八年荣登亚洲品牌500强。近年来，在使命驱动下，方太提出了新时代的"家庭幸福观""幸福社区核心理念"及

第十章 和美装饰 美好生活 浙江省建筑装饰行业明星企业篇　　明星企业

1. 方太集团总部——方太理想城
2.&3. 方太理想城一角
4. 方太理想城圣贤堂

"创新科技观",以及"五个一"和"五句话"幸福法,品牌价值获得进一步的广泛认同。

方太目前在全国已有员工超17000人,除雄厚的本土设计实力,方太还拥有高端厨房生产设备及国际工业制造先进技术。方太坚持每年将不少于销售收入的5%投入研发,拥有包含厨房电器领域专家在内近900人的研发团队,国家认定的企业技术中心和中国合格评定国家认可委员会认可的实验室,同时在德国、日本等地设立研究院。方太坚持高价值专利支撑高质量发展,截至2022年3月,方太拥有近7600件国内授权专利,其中发明专利数量近1900件;此外,方太拥有41件海外授权专利,其中发明专利数量36件,上榜《全球智慧家庭发明专利TOP20》;2013年被国家知识产权局评为第一批国家级知识产权示范企业,2019年位居浙江省专利申请量10强企业前三名,并于2020年斩获省政府颁发的"浙江省专利金奖"。雄厚的科研力量,确保了方太的创新实力。

作为全国吸油烟机标准化工作组组长单位,方太积极参与国际、国家、行业标准化工作,引导行业标准制定,已参与修/制定各项标准130余项。已发布的标准90余项,主持完成了"十一五"国家科技支撑计划课题"厨房卫生间污染控制与环境功能改善技术研究",并顺利通过验收;并于2017年成为"十三五"国家重点研发计划项目"油烟高效分离与烟气净化关键技术与设备"的承担单位,2020年项目成果在全国重点地区的餐饮与食品企业减排改造中被示范应用,2021年顺利通过验收。除此之外,方太还主导完成IEC(国际电工委员会)《家用和类似用途电器的安全/吸油烟机和其他油烟吸除器具的特殊要求》国际标准的修订,使中国吸油烟机行业在国际舞台上拥有了更多话语权。这表明方太在吸油烟机行业国际舞台中已占有一席之地,为整个中国吸油烟机行业在全球赢得更多的市场话语权。

目前,方太在全国设立了117个分支机构,并建立了涵盖专卖店、家电连锁、传统百货、橱柜商、电商、工程精装等全渠道销售通路系统。方太致力于打造符合用户购买体验的高端电子商务模式,天猫平台DSR评分连续六年(2015—2020年)居行业翘楚地位。方太创新推进"高端电商战略",于产品结构、渠道结构、在线客服、交付安装等各方面专注于提高用户体验。

工程渠道方面,方太已经在全国200多个城市,配合近千家房地产企业伙伴完美交付了12000+精装项目,与万科、恒大、碧桂园、绿地等诸多百强企业在内的200余家知名房地产企业,签订了战略合作协议,以高端品质产品与高效系统的服务助力精装地产行业繁荣发展。为推进行业整体方案标准化,方太先后参与《家用厨房设备》国家标准、《整体厨房》住建部标准和《住宅集成化厨房建筑设计图集》编制,并连续7年成为万科厨电类A级供应商。

方太,一家以"人品、企品、产品三品合一"为核心价值观;以"为了亿万家庭的幸福"为企业使命;以使命、愿景、价值观驱动;以26年来对高品质厨电的专注与坚持;向着"成为一家伟大的企业"宏伟愿景大步迈进。

塑造无限可能

元和装饰集团股份有限公司

元和装饰集团股份有限公司创立于2002年1月1日，注册资本1.25亿元，在董事长章建平的带领下，专注装饰装修行业，恪守"一切让品质说话"的企业精神，推行"品质和品牌"双驱动战略，聚焦技术、人才和创新优势，不断发展、变革、图强，"元和"品牌影响力和集团核心竞争力与日俱增。

元和装饰集团，具有建筑装修装饰专业承包一级、建筑幕墙工程专业承包一级和建筑装饰工程设计专项甲级资质，同时具备电子与智能化、建筑机电安装、消防设施、钢结构、环保等专业承包资质，并通过ISO 9001、ISO 14001和ISO 45001三大管理体系认证。

风格在变，品质不变。20年来，元和人一路栉风沐雨，披荆斩棘。集团连续三届被宁波市人民政府授予"宁波市建筑业骨干企业""宁波市建筑业最具影响力企业家"，是宁波市建筑装饰行业协会会长单位，也是宁波公认的装饰行业"单打冠军"；集团连续十年被银行评为信用AAA级企业，连续八年被评为浙江省"守合同重信用"AAA级企业；同时荣获全国住宅装饰装修行业百强企业等荣誉；多次获得省部级奖项。

空间在变，匠心不变。从设计到施工，完整的产业链更能精准判断客户项目需求，为客户提供专属解决方案。秉持"高起点、严要求、专业化、创精品"的经营方针，元和装饰集团建立起由行业骨干精英汇集而成的优秀管理团队，以及经验丰富、技术过硬的施工队伍。

近年来，随着住宅全装修政策的出台，集团迅速聚焦商品房精装修市场，强化对住宅全装修工程实施全过程精细化、标准化"六严格"管理，真正做到让客户放心、省心、安心，成为融创、绿城、滨江、信达、金茂、雅戈尔、大发、华润、保利、万科、荣安等知名房地产企业的优秀合作伙伴，铸造出元和在商品房精装修市场的过硬口碑。

元和装饰集团，以锐意创新精神和一流服务在满足客户需求同时，不断加强对新材料、新工艺的科研开发；大力推行实践先进的设计和施工理念，引领国内装饰行业最新潮流；积极开拓装饰行业的工业化、装配化建设，注重绿色环保施工、SHE施工管理和施工质量精细化管理，全面提升工程品质，有效缩短施工周期，进一步延伸价值链，推动行业进步。

元和装饰集团，以文化为本，重视员工的学习和发展，与员工共建共享共发展；以党建为根，将党建文化内化于心，外化于形，设立鄞州区慈善总会"元和"爱心慈善基金1000万，积极参与社会公益事业。

元和用真诚与担当，努力开创建筑装饰领域辉煌的未来，于宽度和高度中成就元和的不平凡！

1. 杭州滨融府
2. 杭州湾医院
3. 宁波绿城凤起潮鸣
4. 宁波市第七中学
5. 宁波东钱湖融创信达·宜和东方

恪守卓越品质,传承工匠精神

浙江嘉华建设有限公司

浙江嘉华建设有限公司成立于2000年,是国家建筑装饰工程设计专项甲级、国家建筑装修装饰工程专业承包一级,集建筑幕墙、建筑机电、消防设施、建筑智能、钢结构、防腐保温工程等专业设计、施工承包资质等于一体的企业。

经过二十多年的发展壮大,公司已成为中国建筑装饰行业知名企业,先后被评为"中国建筑装饰行业信用等级AAA级企业""全国建筑装饰行业最佳专业化装饰企业""全国建筑装饰行业百家优秀科技创新型企业""全国质量安全管理先进企业""中国建筑装饰质量服务满意单位""全国重点高职院校技工学校见习就业基地""浙江省AAA级'守合同重信用'单位""浙江省建筑装饰行业强优企业""浙江省建筑装饰行业明星企业""浙江省优秀民营企业""浙江省著名商标""质量、环境、职业安全健康体系认证企业"。

开拓创新 做专做强

为"放大格局,做精、做专、做强"夯实了基础。公司致力打造施工项目的"过程精品、质量精品、服务精品"。面对激烈的市场竞争,传统的质量合格工程已逐步被淘汰,个性化定位不断涌现。只有建立公司自身的管理优势、技术优势、服务优势才能在激烈的市场竞争中站住脚。公司已基本实现一套完整的管理制度和服务制度,拥有一定的技术优势,能确保实现公司高、中端装饰工程战略的定向发展。并完成了一批精、大、难装饰装修工程,工程质量深受建设单位和相关部门的好评。

以人为本　以诚取信

人才资源是品牌的脊梁和支柱，人才争夺的序幕悄然开启。公司全面启动了各级执业/职业资格培训、取证的工作，充分挖掘各区域市场人力资源，已初见成效。建造师、结构师、工程师，各类技工、技师充实了技术队伍，是嘉华未来品牌的脊梁和支柱。同时在进城务工人员学校开展了形式丰富的技能教育和精神文明教育，造就了思想过硬，技术水平先进、施工一流的项目专业队伍。多年来公司积极参加公益活动，参与向困难户送温暖的年度活动，发放现金及其他生活必需品。疫情期间积极捐款捐物，配合政府部门做好各项工作。在此过程中公司不仅尽到了企业的担当，还培养了公司员工的社会责任感，提高了公司团队凝聚力。

精工精艺　缔造完美

嘉华建设一贯坚持"态度决定一切，细节决定成败的精神"；坚持"开拓创新，超越经典"的理念；坚持"质量第一，信誉至上"的宗旨；坚持"尽心尽意，至真至诚"的服务，不断挑战与超越。

长期以来，嘉华在每项工程中努力使装饰装修功能达到合理和完美。在企业发展过程中积累了丰富的设计和施工经验，建立了从方案、设计与审核、工程施工与管理、质量检查和验收到后期维护和客户回访等一整套细致完善的质量服务管理体系。嘉华始终坚持打造绿色、环保、健康的装饰行业，努力追求成为客户首选与信赖的公司，员工值得依托和实现自我的公司。

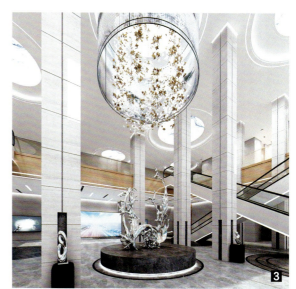

1.&2.&5. 江西温德姆至尊豪庭酒店
3. 诸暨数智安防产业园
4. 绍兴国金大悦城

细节决定品质

浙江深美装饰工程有限公司

浙江深美装饰工程有限公司成立于1997年，原名杭州中威建筑装饰工程有限公司，注册资金5080万元。是一家专注于建筑装饰施工的建筑装修装饰工程专业承包一级企业，并同时具备建筑幕墙工程专业承包一级、建筑装饰工程设计专项甲级、幕墙工程设计专项乙级和消防、机电安装、电子与智能化工程专业承包二级、钢结构专业承包三级等资质。

二十年多来，秉着"质量第一，服务至上"的工作理念，以做精做专为导向，承接的工程合同履约率和施工质量合格率均达到100%，树立了"深美"在建筑装饰行业的品牌地位。

聚焦主业，多元发展

公司以建筑室内外装饰施工及设计为主营业务，通过多年的发展，公司已经形成了以大型公共建筑、医疗服务、宾馆酒店、办公环境、金融系统、住宅精装修等公建项目为主的品牌道路，尤其擅长医院等医疗卫生类建筑的装饰装修的设计与施工。同时涵盖建筑幕墙、消防设施、建筑智能化工程、机电设备安装施工及装饰用木制品的研发、生产与施工。

立足浙江，辐射全国

公司秉承立足浙江、面向全国、走向世界的业务发展战略，在北京、上海、陕西、新疆、湖南、重庆等地设立了分公司（办事处），工程项目遍及北京、上海、浙江、江苏、四川、湖北、陕西、山东、重庆、湖南、内蒙古等地。

致力于企业核心竞争力建设

企业想要在日益激烈的竞争中立于不败之地，离不开核心竞争力。深美公司一直以来都将企业的核心竞争力建设放在企业发展的首要位置。

核心竞争力一：建立完备的质量监管体制。

水电泥木油，每个工种都有班组长。每个项目都单独成立项目经理部统筹管理现场施工，负责对每个工种的协调和管理，以达到承前启后，工程有序进行的效果。项目经理部配置有经验丰富的质检员负责现场监管，当要求的工艺在没有执行到位时，由质检员监管返工执行。另外，公司总部设总师办，指导技术工作、协助解决技术难题，为项目经理部的现场施工管理进一步保驾护航。以上多道质量监管程序，保障了整个工程顺利效率的竣工，更进一步确保了工艺效果。

1. 公司大楼外立面
2. 浙江建设科技研发中心
3. 浙江萧山农商银行
4. 宁波上湖城章
5. 上虞城南医用综合中心
6. 众合科技青山湖总部园区
7. 浙江影视后期制作中心

核心竞争力二：打造高素质、高凝聚力的施工团队。

施工实力是一个装饰企业的灵魂，是企业的发展之本，是否有一个好的施工团队直接关系到业主的切身利益！目前公司有1000多名施工人员，这些施工工人经公司严格挑选，经公司严格培训考核，合格后才能上岗，直属公司统一管理。深美公司工人不分工种都以公司为荣，有极强的集体荣誉感，对工作任务负责、对公司负责、对业主负责。通过公司严格管理，凭借公司实力和信誉，所有施工人员把做好工程、服务好客户作为最高宗旨，工程质量、服务质量得到了客户一致认可。

核心竞争力三：建立稳定可靠的材料供应链和产业配套。

细节决定成败，装饰行业的细节在于材料供应链及产业配套服务是否完善。在材料供应和产业配套方面，深美公司高屋建瓴、提前布局，在完善材料供应链和产业配套上下功夫。早在2006年公司就投资设立了自己的木制品配套加工企业——浙江圣美木业有限公司，提供从设计、施工、安装、后期维保全方位、一体化的木制品产品服务，通过工业化生产、装配化施工保证了工程的质量、环保、工期等。同时，公司与一批经过严格筛选的优质材料供应商建立了长期、稳定的战略合作关系，在价格、品质、交期上都进一步得到了可靠保证。既更好地服务了客户，也给公司带来了良好的经济效益。

核心竞争力四：强烈的创新意识。

创新永远是社会进步的动力，是企业发展的源泉。深美公司坚定走创新发展之路，截至2021年底，深美公司共获得发明专利、实用新型专利近60项，这些专利在施工中得到广泛应用，在为公司带来经济效益的同时，也带来了良好的社会效益。

这几年，公司建立、完善了公司法人治理结构，建立了六个统一的管理模式：即合同签订统一、材料采购统一、劳动力安排统一、资金调配统一、工程投标结算统一、施工方案审核统一。现代企业管理理念正在按方案稳步推进，凝聚了公司的经营管理团队，公司核心竞争力得到市场认可。

由精而深，由博而大

圣大控股有限公司

"圣大"——由精而深，由博而大！在商业经济蓬勃发展的今天，敢称"博大精深"者唯有品牌，圣大控股创业三十余载，潜心于圣大品牌的建设之路，已成为中国建筑装饰行业最具影响力企业之一，深深扎根于中华大地之上。连年入选中国建筑装饰行业百强，中国建筑幕墙行业百强。圣大控股先后荣膺"中国建筑装饰行业十大诚信品牌""全国企业信用评价'AAA'级""全国百家安全文明施工先进单位""全国质量安全管理先进单位""浙江省建筑幕墙装饰行业强优企业"等众多荣誉，同时也连续跻身于"萧山区百强企业"。是全国幕墙行业主要规范标准起草单位，先后参与了《装饰行业环保标准》《建筑装饰装修工程施工安全管理标准》《建筑装饰装修工程维修与保养标准》《租赁住房装饰装修技术规程》《博物馆室内装饰装修技术规程》《老年人照料设施建筑装饰装修设计规程》《建筑幕墙工程技术规程》等标准、行业规范的起草和编制。

三十余载的锐意进取，圣大控股不断励精图治，正阔步向前，书写着一幅又一幅的圣大"盛世蓝图"。完成了大量国家级、省部级重点重大建设工程的施工。如：国家级重点项目2008年北京奥运会中国国际新闻发布中心、三亚凤凰岛、天津市重点工程天津地铁3号线、包头市重点工程内蒙古包头机场、合肥新桥机场、安徽省广电中心、杭州市"十一五"期间十大重点工程之一杭州市科技馆、阿里巴巴软件园、华东地区最大会展中心合肥滨湖会展中心、沈阳市第一高楼沈阳东森总部商务广场、新世界财富中心雷迪森铂丽饭店、2022年亚运配套项目运河中央广场、丽水体育馆等众多项目。同时先后多次获得"鲁班奖""中国建筑工程装饰奖"等省部级奖项，已完成各类公建装饰及幕墙的设计施工业务4000余项，施工业务已全面布局于浙江、安徽、辽宁三大区域市场，同时已延伸至海南、江西、广西、天津、北京、山东、江苏、湖北等全国主要省市。

近年来，经历了疫情、市场等不利因素，对每个工程人来说都尤为艰辛！

第十章 和美装饰 美好生活 浙江省建筑装饰行业明星企业篇　明星企业

1. 阿里巴巴杭州软件生产基地二期增资扩建项目幕墙工程
2. 杭州运河中央公园二期工程中央大剧院幕墙施工专业分包
3. 丽水市体育中心游泳馆、体育生活馆幕墙工程

但是，在各级政府政策支持下，公司有理由相信，只要团结一致，兢兢业业，保持坚如磐石的信念，凝聚万众一心的合力，就能激发豪情满怀的斗志，踔厉奋发、笃行不怠，无惧风雨、勇攀高峰。同时公司还将注重科技投入，勇于技术改革，敢于技术创新，融合高端的施工技术，积累优秀的施工经验，秉持匠心精神，精细施工，为社会雕琢更多精品工程，为国家、为社会创造巨大价值。

大道弥坚　履而后宽

九鼎建筑装饰工程有限公司

九鼎建筑装饰工程有限公司，成立于1998年，是专业从事住宅、别墅、酒店、商铺、写字楼等设计与施工的全国性大型装饰装修公司。

公司立足浙江，全面开发苏、皖、湘、鄂、赣、闽、沪等二十余个省市，相继成立100余家分、子、联营公司。旗下拥有九鼎别墅装饰、九鼎金邸、九鼎软装、物流中心等机构，与淘宝、天猫、极有家等专业互联网平台建立战略合作伙伴关系，已形成集团化、网络化的经营规模。

成立以来，九鼎装饰秉持"口碑相传，永续经营"的经营理念，坚持匠心精神，以优秀的设计、严格的管理、精湛的工艺、环保的材料和真诚的服务，让每一位客户都享受到独特而快乐的装修之旅，在服务客户的过程中实现企业价值，坚持创新与奋斗，一步一个脚印把九鼎装饰的事业推向前进。

专业认证　值得信赖
建筑装修装饰工程专业承包一级资质

全国规模　透明管理
各省市100+分公司
物流配送中心
集团化管理

专注家装　始终如一
专注家装24年
1000+资深设计师
自有施工团队工程不外包

匠心工艺　品质保障
12项国家工艺专利
20大标准工艺技术
10万+累计工地

即时售后　五星服务
2年整体保修
5年隐蔽工程保修
专业客服24小时全天响应

硕果累累　实力见证

公司秉承"口碑相传，永续经营"的经营理念，力求达到"设计零缺憾、施工零缺点、材料零抱怨、品质零投诉"的"四零"服务；以优秀的设计、严格的管理、精湛的工艺、真诚的服务，让每一位客户都享受九鼎独特而快乐的装修之旅。

荣获多项省部、市级荣誉，设计施工、装饰服务走在行业前沿。

1. 九鼎建筑工程有限公司总部
2. 九鼎建筑工程有限公司荣誉室

第十章 和美装饰 美好生活 浙江省建筑装饰行业明星企业篇　明星企业

立足数字化改革　于新时代谋新发展

浙江南鸿装饰股份有限公司

提升客户满意度　聚焦产品交付

浙江南鸿装饰股份有限公司创立于1998年，历经24年，南鸿装饰已经发展为一家拥有29个直属住宅装饰分公司，6个直属事业部门的大型头部装饰企业。目前南鸿装饰以杭州、宁波为中心，周边城市为依托，为消费者提供多样化、全品类和更环保的高质量家装服务，自持物业高达90%，企业实力雄厚。

从规模扩张转向精耕细作，南鸿装饰苦练内功进入发展的新阶段，南鸿不再过度追求规模增长，而是将工作重心放在完善组织架构、健全全周期服务、供应链发展、数字化转型等方面。

近几年，南鸿装饰构建了集硬装、软装、定制、智能家居、家电等全案链路，建立了从选材、下单、运输、入库到配送至家的一体化供应链家装生态体系，业务类型覆盖整个家居产业，让广大消费者真正享受到全方位的家装服务，为真正实现一站式家装和拎包入住提供坚实基础。

在行业竞争的浪潮中，南鸿深知了解用户需求，优化用户体验，不断提升用户满意度和服务品质，才是企业发展的核心。因此优化了以下几方面的装修服务。

聚焦产品：南鸿装饰做了更精细化的需求划分，对全线产品升级更新。为客户提供更舒适的生活体验和更健康的全屋环保体系。

聚焦交付：南鸿装饰致力于解决用户不放心、不省心、不安心的装修痛点，不断升级工艺水平，打造了多项专利技术、严格实施108项标准工艺、让装修品质更可靠。

聚焦服务：南鸿装饰提供的全周期服务，配备专属服务人员，快速响应用户需求，全面保障用户售前、售中、售后权益，让装修不再难。

浙江南鸿装饰股份有限公司总部大楼

瞄准数字化转型，瞄定高质量发展

为了坚定向数字化装企转型，全力深耕数字化，把"一切业务都数据化"，南鸿装饰无论在前台的数字化营销、流量、设计、施工、交付，还是中后台的数字化供需链、财务、人力、绩效，都进行了深度改造。

由数据和科技驱动供应链的经营和管理，能够在装修过程中更好地把控需求，在设计、生产、营销、流通等一系列环节中降本增效。通过建立全局订单处理中心，打造指挥中枢，指挥运输和发货，实现全局库存可视化管理，集成各个环节的实时库存信息，打造供应链数字化平台助力企业高质量发展。

荣誉汇聚成磅礴力量

从1998年成立至今，南鸿装饰在24年中获得的成绩斐然。始终秉承"做装修、交朋友"的核心经营理念，以"致力于满足人们对家的一切美好向往"为企业宗旨，把"让天下没有难做的装修"的使命融入企业发展血脉，以卓越的设计实力和施工工艺、严格的管理制度、完善的服务体系，全心全意为客户打造更环保的高品质装饰。获得的国家级、省市级设计、工程奖不计其数，设计实力和施工水平突出，在浙江省家装市场有口皆碑，深受广大消费者高度认可和肯定。

南鸿荣获首批"全国家装企业信用评价"五星企业和《家装行业自律公约》履约企业双荣誉，这些既是极具含金量的信用背书，更是一份值得社会信赖的品牌承诺。

今天，站在新的历史起点，南鸿立足新时代，瞄准新定位，谋划新蓝图，明确新目标，以产品化、数字化、智能化、物联网的转型发展思路，以"传统"和"新兴"产业双轮驱动持续推动转型升级，实现高质量、跨越式发展，奋力将南鸿建设成为一流的家居解决方案服务商。

深耕大浙江　坚持稳中求进

杭州东箭实业集团有限公司

东箭集团创立于1997年，是一家以多品牌、全品类家装建材销售为龙头，以全渠道销售运营为依托，以标准化供应链服务为核心的多元化集团公司，总部位于浙江杭州。多年来集团臻于品质、打磨专业，精耕服务，致力于为客户提供优质的产品和服务体验，是业内首屈一指的综合性家装建材品牌服务商。

东箭集团现有职工人员1600多人，年销售额超20亿，经销范围覆盖卫浴、瓷砖、橱柜、水槽龙头、厨电等各品类建材产品，代理运营包含TOTO、箭牌、摩恩、安华、东鹏、金意陶、威乃达等多个国内外知名品牌，综合实力位居浙江领先，全国前列，先后荣获"浙江省装饰行业强优企业"等省部级荣誉称号。2020年，集团组建研发中心，聚焦产品，深挖产品"极致属性"，创新空间内产品组合，全方位为客户及合作伙伴赋能。

东箭集团深耕运营家装建材全渠道，形成了"全国项目综合服务、零售家装批发服务、电子商务运营服务"三大销售运营体系，在项目服务领域与万科、绿城、滨江、华润、保利等知名强企达成战略合作；在零售家装批发领域，建设传统自营门店100多家、布局分销商门店500多家，实体门店遍布华东；电商领域在天猫、淘宝、京东、苏宁等平台运营店铺40多家，历年销量排名居垂直领域前列。

东箭集团始终秉承为客户创造有价值的服务为宗旨，提供从设计、仓储、加工、配送、安装、维修、保养、局部换新等一站式服务体验。先进的仓储管理模式、13万m²的仓储总面积、华东地区具备专业资质的瓷砖加工厂、布局供应链配送仓、设置城市中转仓，自有物流直达专线覆盖浙江全境……东箭集团凭借强大的仓储物流体系、六大建材品类配件仓和专业的客服平台，为每一位客户提供最完美的交付服务。

从物质到精神，从传统到智能，从关心好产品到关注每一位客户的消费体验，东箭集团始终以为客户创造更大价值为追求，秉承永远领先一步的企业精神，做到经验创新、执行创新，以客户有效需求为创造动力，不断创新经营模式，竭诚为每一位客户提供优质的产品和周到的服务，满足客户对美好生活的各方面需求。

1. 东箭产业楼
2.&3. 东箭样板房

第十章 和美装饰 美好生活 浙江省建筑装饰行业明星企业篇 | 明星企业

砥砺前行　谱写百年篇章
百年翠丽股份有限公司

百年翠丽股份始创于1994年，总部位于浙江杭州，是一家专业从事国际高端橱柜、卫浴产品、厨房电器、不锈钢和铜管活水管道、建筑装饰五金的销售服务渠道商，现有员工300余人。代理包括德国唯宝、德国汉斯格雅、雅生、铂浪高、西曼帝克、嘉格纳、意大利捷仕、德房家、金牌橱柜等国际一线卫浴、橱柜、电器品牌，累计服务客户100余万家。

扎根家装建材行业近30年，百年翠丽股份形成了完整的销售体系。在工程领域，和30多家知名房产企业达成了战略合作，其中代表性工程项目有湘湖一号、武林一号、三亚凤凰岛、博鳌金湾、蓝色钱江、金色海岸、阳光海岸、上海外滩15号项目、悦府、杭州国际会议中心等；零售领域，在杭州、上海、宁波、厦门等地全方位推出了数十个汇集奢华、艺术、前卫的高品位实景体验卫浴空间，并拥有数十家有实力的分销商；电商领域，在天猫、京东、唯品会、考拉等平台运营门店10多家，在同品类领域销量名列前茅，实现了百年翠丽股份在工程、零售、电商等多渠道销售领域的全面发展。

2021年，百年翠丽物流中心正式投入使用。自配仓库通过自动化仓内管理系统（WMS）、快速下单分拣出库、24小时即时配送等方面的不断优化，搭建形成了强大的仓储物流体系。百年翠丽股份凭借先进的售后技术水平、丰富的行业经验和积累、优质的售前售中售后服务以及强大的物流配送能力，数十年如一日诚信经营，收获了消费者的一致好评，已经成长为高端卫浴市场中颇具规模与影响力的优秀企业之一，并荣获"浙江省建筑装饰行业强优企业""浙江省建筑装饰行业协会G20装饰之美""优秀商贸企业"等荣誉称号。

在深耕建材行业的同时，百年翠丽股份投资建设的位于钱江世纪城的甲A级商务写字楼——"悦盛国际中心"于2018年顺利落成，成功吸引了中国（杭州）5G创新谷，及其5G产业涉及的工业互联网、智慧城市、大数据等领域30余家企业的正式入驻，基本形成上游研发、中游平台搭建、下游应用的完整产业链条。百年翠丽股份在萧山区戴村镇投资建设、面积达5500m^2的"铎诚智创产业园"于2022年下半年正式投入使用，将成为引进和发展高、精、尖产业的聚集区。

"实干兴邦，其道大光"。百年翠丽股份始终以"百年传承·奢美生活"为经营理念，不驰于空想、不骛于虚声，携手浙江省建筑装饰行业协会风雨兼程近30年。未来，百年翠丽将继续撸起袖子加油干，以一流的团队，为高端客户提供最优质的的产品和服务。

1. 悦盛国际——百年翠丽总部大楼
2. 百年翠丽旗下实体卫浴空间展示

一张好板，装配未来

千年舟新材科技集团股份有限公司

千年舟始创于1999年，属于国家高新技术企业，公司是一家以多品类中高端板材的研发、生产、销售为一体的装饰材料企业，致力于向终端消费者提供绿色、环保、高品质的装饰板材及其配套产品。公司主要产品包括多层板、刨花板、OSB、LSB等基础板材、生态木工板等生态板材以及五金件等配套产品。在以板材业务为核心的同时，公司积极向下游定制家居、装配式建筑木质构件等业务延伸，定制家居产品包括衣柜、橱柜、地板、木门等。

自设立以来，公司秉持"为人民造一张好板"的初心，深耕板材产品研发，在行业内较早推出了杉木芯细木工板、生态木工板、生态多层板等产品，因市场需求推出了抗菌、防虫、难燃板材及OSB、LSB等新产品。公司高度重视产品能力建设，专注于打造专业装饰板材产品线，累计有6个产品获得浙江省"品"字标认证，12项产品获得浙江省省级工业新产品称号，刨花板、LSB产品通过了"儿童安全级产品认证"。公司参与了"无醛级细木工板环保技术应用及推广"国家级星火计划项目，共主持或参与制定国际标准1项，国家标准11项，行业标准9项，团体标准11项，"浙江制造"标准3项。截至2021年12月31日，公司共拥有授权专利138项，其中发明专利11项。公司被认定为2021年度浙江省"专精特新"中小企业。

基于消费市场的变化，公司积极布局OSB、LSB、刨花板产能建设，引进连续平压自动生产线，在山东日照、郯城两地建成刨花板、OSB、LSB生产基地，完成了公司在自有产能上的战略布局，助力公司在碳达峰、碳中和目标推动OSB等低碳木竹建材应用的背景下形成差异化的产能优势。

千年舟以"缔造健康居家 引领品质生活"为企业使命；秉承"绿色健康家"的品牌理念，围绕"家"联结绿色供应、绿色设计、绿色智造、绿色产品、绿色服务、绿色公益6大维度，引领行业倡导无醛生活方式，做中国建材家居行业的百年企业。

1. 千年舟新材科技集团总部
2.&3. 千年舟工厂

第十章　和美装饰　美好生活　浙江省建筑装饰行业明星企业篇　　明星企业

高质量标准做装修
以放心家装赢未来

浙江铭品装饰工程有限公司

铭品装饰成立于2002年，是提供室内装饰设计和工程服务一站式整体解决方案的现代优化装饰企业，以德系理念为核心，实现大型地产、办公商用、商业住宅等空间多元化装饰设计与施工。目前企业经营业务已涵盖家装，公装等诸多板块，是浙江省建筑装饰行业协会住宅和家庭装饰分会副会长单位、中装协住宅装饰装修和部品产业分会副会长单位。

"装修房子找铭品，铭品装饰真放心"

铭品设计实力雄厚，是浙江家装设计界的"梦之队"；施工精益求精，对家装行业工艺推动具有创造性的意义。

铭品装饰开创了德系精装，以全球集采，德系品质精神理念打造每一户家居，成为以品质和工艺为标杆的浙江省家装知名企业。实现"美、好、家"的梦想是铭品装饰的初衷，"装修房子找铭品，铭品装饰真放心！"是铭品装饰对所有业主的承诺。

铭品装饰乘风破浪，聚力向前，经过20年的沉淀，获得无数荣誉，诸如杭州2022年亚运会官方装修服务供应商、CBDA标准参编单位、首批家装信用五星级企业、《中国家装行业自律公约》履约企业、先后被评为浙江省放心消费示范单位、浙江省家庭居室装饰装修行业十大品牌企业等。

在铭品装饰创始人杭州市首席设计师张一良带领下，铭品装饰设计梦之队在浙江和美竞赛中名列前茅。

设计师队伍

铭品董事长张一良荣获杭州首席设计师称号，铭品的设计师队伍极其庞大，500多名科班出身设计师，国内外专业院校毕业，平均从业时间达10年，客户满意度连续15年领先！

匠心设计品质

住宅室内装饰装修工程质量验收标准参编单位，各项发明专利及实用专利达到70余项；用温暖设计，建温暖家居。

12维度

从12个维度全方位打造未来家：空间维度、风格维度、动线维度、色彩维度、收纳维度、工学维度、文化维度、软装维度、环境科学维度、照明维度、设备维度、安全维度。通过这12维度全方位打造放心舒适的家居环境，所见即所得！

铭品"3W"设计服务标准

"Weekend1"：每周到工地现场一次实地跟单

"Weekend2"：每周最少跟业主电话联系一次

"Weekend3"：每周最少跟项目经理电话联系一次

浙派精工，标化工艺

铭品在行业首推浙派精工的家装理念，制定9大节点工法、60大工艺项毫米级标准、128个质量控制点标准。同时拥有73项国家级施工技术专利，包括精准PC放样技术、龙骨吊顶加固技术、房门脚防水处理技术等。通过标准化工艺推动产业工人建设，扎扎实实地通过放心家装、放心工程的交付理念，打造企业品牌与口碑。

铭品工地监管制度

六重质量巡检：项目经理、质检、设计师、工程部经理、分总、总裁。

四道垂直质检，十项节点验收，坚持标本兼治举一反三，家装无小事，一钉一锤为品质落实，一言一行对客户负责！

铭品无忧售后承诺

20年质保：铭品是家装行业率先提出"隐蔽工程20年质保"的品牌。

售后处理机制：阳光8小时快速响应机制。"一次装修，一生朋友！"

铭品在20年的发展过程中始终秉承"以人为本"的理念，弘扬铭品"家"文化。

为了传递公司的关怀与慰问，铭品每年都会开展优秀员工家访活动，深入优秀一线员工家中，通过了解他们的生活和思想等状况，把铭品的关怀和温暖送到每位铭品人及家属心中，将员工关怀从"工作圈"延伸到"生活圈"。

2022年杭州亚运会官方装修服务供应商签约仪式暨铭品装饰亚运品牌战略启动新闻发布仪式

重塑家装行业
做难而正确的事

圣都家居装饰有限公司

圣都家居装饰有限公司办公大楼

圣都家居装饰有限公司（简称"圣都家装"），创始于2002年，总部坐落于杭州，是一家以"设计为入口，工程为基石"的大家居集成服务商。历经20年发展，已成为集"圣都家装、圣都精工装、圣都金义产业园"等服务于一体的大家居企业，完成江、浙、皖、沪三省一市的核心地级市场全覆盖，及武汉、成都等全国多个一、二线省会城市直营体系市场布局，并深耕华东、布局全国，致力于成为服务3亿家庭的品质居住平台。

20年深厚积淀，圣都家装已成为中国建筑装饰协会住宅装饰装修和部品产业分会副会长单位、浙江省建筑装饰行业协会住宅和家庭装饰分会副会长单位，企业先后荣获浙商全国500强、2019中国行业领军品牌、家居界奥斯卡"大雁奖"、中国家居产业家装领军品牌等多项殊荣。凭借出色的设计能力、过硬的施工质量以及个性化的品质整装服务，根据相关第三方机构调研与数据分析，圣都家装、整装销售走在浙江乃至全国的前列。同年，圣都家装被授予"杭州2022年第19届杭州亚运会官方装修服务供应商"称号。

圣都家装秉承"走正道"的核心价值观，一直以创新态度不断努力，满足消费者日新月异的家装需求。20年来，累计服务超15万个家庭，为客户打造"环保、品质、轻松、超值、收纳、美学"的整装产品，让装修真正变得省时、省力、省心、省钱。携手国际设计大师郑仕樑，国内新锐设计师李雪、卜天静，全力打造设计师IP，让名师作品走入千家万户；为客户提供个性定制设计，从港式轻奢到田园美式，从古典中式到现代简约，充分满足客户不同风格、质感的居家美学需求。

圣都家装施工团队，以标准化管理打造透明化工地，在传承鲁班工艺精髓的基础上，创获62个实用新型专利、19个发明专利；服务方面，圣都创立了"十怕十诺"的服务体系，包含"无恶意增项""20项工程不达标砸无赦""2小时快速响应，48小时达成方案""客户的评价决定员工的收入"等，确保圣都家装整装品质。并已形成独立的装企通SaaS系统，可以在线浏览报价，在线监工。每个客户都有相对应的项目经理，项目经理每天与客户保持沟通、汇报装修进度，并邀请客户定期对原材料和施工质量进行检查。同时，参加行业标准的制定，参编《住宅室内装饰装修工程质量验收规范》《住宅装饰装修施工技术规程》，发布家装系列白皮书，解决家装过程中的工程施工及验收问题，力求打造更标准、更透明、更轻松的家装时代。

圣都家装深化供应链，开启大家居产业链升级，打造整装+新零售模式，全国范围内130多家分公司累计开设近百万立方米整装体验场景，结合各新零售生态平台，为客户提供多触点、便捷化的多元场景消费解决方案。

创始人颜伟阳以"我就是想为你装修一座好房子"为个人使命，立志重塑家装行业，引领行业健康发展，愿为百万工匠效犬马之劳，帮助工班兄弟成长为具有工匠精神的认证工人。

圣都家装探索全新3.0战略，以"心宽屋就宽，爱出者爱返"为企业哲学总则，以"有尊严的服务者、更美好的居住"的企业使命，搭建行业信任生态，做难而正确的事，让圣都人温暖中国660多座城市，让每一个圣都人，都成为受人尊重的人、成为家庭的骄傲；让家居装饰行业成为受人尊重的行业；让圣都成为百姓尊敬、消费者信赖的伟大企业！

圣都家居装饰有限公司创始人颜伟阳所作《我的肺腑之言》

践行双碳政策　服务美好生活

浙江传化涂料有限公司

浙江传化涂料有限公司（简称"传化涂料"）隶属于中国500强的传化集团旗下全资子公司，2001年创立，2014年进入上市公司平台（证券代码：002010）。长期专注于建筑漆、地坪漆、工业漆等业务领域，是一家集研发、生产、销售于一体的现代化涂料企业。

今年4月，传化智联发布2021年度报告，其中传化涂料实现营业同比增长40%。何以取得如此的成绩？既是源自坚持绿色产品创新，也是源自老百姓对美好生活的追求。

落实"双碳"实践　大力推广水性产品

2021年，传化涂料成功跻身"浙江省隐形冠军企业"榜单，同时获评"专精特新"中小企业荣誉称号。"这是对传化涂料自主创新能力、技术研发实力的肯定，也是对传化涂料业务专业化、精细化、特色化、新颖化的认可。"传化涂料总经理陈波表示。

作为"国家高新技术企业"，传化涂料组建实验室、引进人才。根据市场需求，对准未来方向，组建了真石、多彩、乳液三个实验室，引进行业专家等关键人才，在技术领域争取突围。多年来承担多项国家火炬计划项目和星火计划项目，共有50多项技术和产品通过国家和省级验收，并拥有多项授权发明专利。参与20多项国家级行业标准、团体标准制修订，为促进涂料行业技术进步做出积极贡献。

其次，产学研深度融合，为企业科技发展助力。传化涂料与浙江大学、华中师大、国家化学建材质量监督检验中心、常州涂料研究院等院校机构建立了紧密合作关系；拥有行业首个"应用研究实验室"，并与绿城建研中心、国内多家知名设计院等成立联合课题组，通过产品研发与应用有机结合，在与客户深度交互的基础上，不断地创新产品和服务，持续为客户创造价值。

传化涂料还始终持续开发绿色、节能、环保产品。比如，针对近年来广泛使用的真石漆"含天然彩砂多且较重"等不足，通过应用技术升级，开发出"传化轻彩石漆"，为外墙提供了"更轻质、更绿色"的涂装解决方案——以有机硅改性丙烯酸乳液为黏结剂，以轻质柔性彩粒和少量白砂作为填充料复合而成的新型仿石材涂料，天然矿物耗量仅为真石漆的1/6，施工简便、修补无痕，施工效率高于真石漆30%以上。一经推出便获得市场关注，并成功入选《2021中国房地产建筑产业链黑科技应用手册》。

助力城市更新　打造服务生态系统

民生工程具有可持续性，给建材市场带来较大规模增长。传化涂料作为城市建设、美丽乡村建设的行业践行者，积极推动绿色建材发展，整合产业链生态资源，打造出了高要求、高标准、高交付的服务生态系统。

2010—2020年，传化涂料倾情助力浙江省首批小城市试点"美丽瓜沥"改造升级项目。秉承"传承""创新"的核心理念，传化涂料先后分五期，针对沿街店铺、银行、政府办公楼、医院、居民小区等逐一进行旧墙翻新、旧房改造、城中村回迁安置等一系列更新工程，为建筑带来高品质外观和全生命周期的持久守护。

杭州即将召开第19届亚运会，这是时代赋予杭州的发展机遇，也对杭州城市界面提出了更高品质的要求。如今，传化建筑涂料、工业涂料、地坪涂料被运用到了杭州亚运会运动场馆建筑、设施上，这是"传化涂料"品牌助推城市高品质发展的精神落地，也是每一位传化涂料人的骄傲。

此外，传化涂料还与浙江交控、浙建集团、杭州城投、台州城投、乐清城发、衢州城投、余杭城建、萧山城投等建立了深度的合作伙伴关系，助力城市形象和美丽乡村的创新建设，共同打造城市形象名片。总经理陈波表示，接下来，传化涂料将再接再厉，不断打磨产品的研发力与交付力，在设计、工程、服务等重点方面规范与升级，为城市肌理建设和人们的生活理想提供更多的精彩与可能。

浙江传化涂料有限公司总部

倾注坚持　追寻家装环保梦想

浙江升华云峰新材股份有限公司

浙江升华云峰新材股份有限公司（以下简称：升华云峰）创始于1995年，隶属中国制造业500强企业浙江升华控股集团有限公司。历经二十余年创新发展，公司成为一家以"板材、地板、全屋定制、科技木"四大板块为核心主业，集设计、研发、生产、加工和销售于一体的现代化大型股份制企业，旗下拥有"莫干山""森泉"等多个品牌。

公司先后荣获国家重点高新技术企业、中国林业产业诚信企业、国家知识产权示范企业、国家绿色供应链示范企业、中国木业百强企业等多项荣誉，并通过ISO 9001质量管理体系、ISO 14001环境管理体系认证、中国环境标志产品认证、FSC绿色供应链认证、美国CARB认证等权威资质认证。

公司以板材为核心，持续推进大家居战略，销售网络遍及全球，产品相继亮相G20峰会、故宫博物院、中央电视台、北京大兴机场等重大工程。

第十章　和美装饰　美好生活　浙江省建筑装饰行业明星企业篇　　明星企业

汇集人才之力　驱动科技创新

为了进一步加快促进产品创新与服务升级，升华云峰以环保为基点，拓展企业核心技术水平，为企业发展注入源源不断的动力。自2000年开始，先后与中国林科院木材工业研究院、浙江农林大学等高等院校建立密切合作。同时，携手中国科学院与国内一流科研院校的专家学者，深入开展产学研合作。打造省级企业研究院、省级企业技术中心、院士专家工作站、南京农林大学博士后工作流动站等多家研发机构。公司先后参与制定、修订国际标准5项、国家标准46项、行业标准45项，承担国家十二五、十三五重大科技项目3项，完成省级以上重大科研项目14项，国家木竹产业技术创新战略联盟课题8项，技术成果达国际先进水平6项。通过省级新产品鉴定157项，并于2019年获得浙江省科学技术进步奖（二等奖）。2018年，"浙江省云峰莫干山家居研究院"和"浙江省院士专家工作站"的正式揭牌标志着公司创新发展踏入更加科学化、规范化、专业化的道路。

聚力智能制造　加快绿色发展

随着工业4.0和智能制造时代的到来，升华云峰在不断加大科技创新成果转化力度的同时，加快企业向"中国智造"和"中国质造"迈进的步伐。2012年，公司引进国际顶尖地板生产线；通过软件与硬件完美结合，实现真正意义上的数码化生产；2020年，全进口智能化油漆流水线正式入驻工厂。多年来，公司拓宽品类，升级生产设备，建立了南北两大生产基地，不断推进生产绿色智能化升级，开拓云峰研发——生产——销售——售后创新生态链，陆续推出各类ENF级环保产品，引领健康环保家居建设。

品质永远是企业立身之本，升华云峰致力于打造一个高品质、智能化、全品类、一站式的标杆品牌，通过科技创企、产品立企、品牌兴企和文化强企，推动科技创新与绿色发展，从"浙江制造"迈向"中国质造"。

1. 总部大楼
2. 营销公司大楼
3. 工厂机械臂
4. 研究所
5. 研究院

全球领先的高端装饰材料系统服务商

杭州诺贝尔陶瓷有限公司

诺贝尔瓷砖创立于1992年，总部设在中国杭州。诺贝尔一直坚持技术领先，专注高端瓷砖，旨在成为"全球领先的高端装饰材料系统服务商"。公司集研发、生产、销售和服务为一体，拥有三大生产基地，总投资超12.3亿美元。

诺贝尔瓷砖旗下包含诺贝尔瓷抛砖、诺贝尔瓷砖、塞尚印象瓷砖、诺贝尔岩板、汉为岩板等多个品牌，分别涵盖瓷抛砖、岩板、瓷质板材、釉抛砖、陶质釉面墙地砖、瓷质釉面墙地砖、完全玻化抛光砖、经典与现代仿古砖等系列及各种装饰配件。全系列产品以多元的设计和过硬的品质，致力于满足人们对高品质工作与生活环境的需求，深受中国乃至全球消费者喜爱。

诺贝尔引进意大利44000t超大吨位压机、数字自动喷釉机、超大宽幅数码喷墨印刷机等先进设备，拥有多条世界一流水平生产线，包括著名的大板瓷抛砖生产线。精选国内外优质原料，采用国际先进的工艺标准，以高于欧标和国标的内控标准组织生产，确保每一块瓷砖的卓越品质。

诺贝尔以科技创新带动产品创新，以产品创新驱动企业发展。凭借强大的研发实力和设计力量，诺贝尔在同行业中率先被国家五部委授予"国家认定企业技术中心"称号，连续十四年被认定为国家重点支持领域的高新技术企业，主持并参与制订多项国家及行业标准。同时，诺贝尔拥有"浙江省博士后科研工作站""浙江省诺贝尔材料工程研究院""浙江省诺贝尔陶瓷岩板研究院""中国建筑卫生陶瓷行业瓷抛板材/岩板研究中心"等科研平台，通过自主创新和整合国内外先进科技资源，加强技术研究，获得了系列突破性成果，研发的新一代瓷抛砖更解决了诸多行业关键难题，引领行业变革，成为行业率先通过CTC"技术领先产品认证"的产品。

诺贝尔注重多平台、多渠道的协同创新，分别与上海大学、中国美术学院、陕西科技大学、景德镇陶瓷大学等成立联合研发（设计）中心；与全球顶尖的设备厂商、原材料供应商、设计公司、陶瓷研究院所等平台共同合作，加强多领域融合创新，持续保持诺贝尔的设计和制造技术处于领先水平。

诺贝尔累计开展科研项目近千项，累计申请国家专利近千项，其中，列入国家重点新产品计划2项，获得中国专利奖1项、省部级科学技术奖近50项。荣获"消费者信得过品牌"、中国建筑陶瓷标杆品牌等荣誉。

诺贝尔秉承"1.001"精神，以"创造健康优质生活"为使命，为客户打造绿色健康的生活环境！

1. 诺贝尔科技文化中心：全球首个陶瓷岩板体验空间
2. 诺贝尔德清生产基地
3. 诺贝尔集团杭州总部

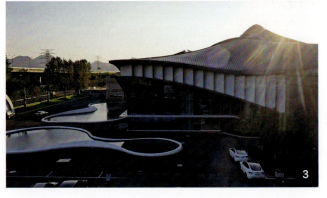

新无止境　别有洞天

浙江新天建筑装饰有限公司

浙江新天建筑装饰有限公司成立于1993年，是一家拥有国家建筑装修装饰专业承包一级、建筑装饰工程设计专项甲级，集建筑工程施工总承包、城市及道路照明、幕墙、建筑智能化、消防等资质为一体的综合型企业。

公司下设人事部、质安部、工程部、设计部、经营部、财务部、核算部、供应部、后勤部。经过公司的不懈努力，已培育一大批一级建造师、二级建造师、高级工程师、工程师、造价师等人才。公司装备齐全精良、技术力量雄厚、施工工艺纯熟，通过了ISO 9001质量管理、ISO 14001环境管理、GB/T 28001职业健康安全管理"三证一体系"的国际体系认证，实现了"规范化施工、标准化管理"的运营体系。

公司致力于公共建筑装饰二十余年，专业为客户提供全方位的装饰解决方案。公司先后被评为百强企业、抗击新冠肺炎疫情爱心企业、浙江省建筑装饰行业强优企业、金华市建筑装饰行业五强企业、金华市先进建筑业企业、永康市市先进建筑业企业、AAA级守合同重信用企业。

近年来，公司先后承建完成了多项大型工程的设计与施工，其中代表性工程有：杭州萧山机场、杭州香溢大厦、杭州临安湍口众安氡温泉度假酒店、青田体育馆、义乌国际会展中心、义乌国际商贸城、嘉兴市南湖世合（双语）学校、永康市人民法院、永康市中医院、永康市看守所、永康市房管大楼、永康总部中心、永康国际会展中心、中梁永康解放街项目住宅小区等工程。在设计、施工质量及工期保证上，均得到了业主的肯定和专家的好评。项目经理注重施工工艺与质量，多项工程荣获"中国建筑装饰工程奖""浙江省钱江杯优质工程奖""金华市双龙杯优质工程奖""金华市茶花杯优质工程奖"等奖项。

公司在确保平稳健康发展，致力于实现社会价值。心系公益、不忘初心。在永康市人社局举办的行业协会助力永康无欠薪创建推进会中积极参与，为永康无欠薪提出建议、协助市住房和城乡建设局做好"云房展"工作。齐聚"云端"，盛大开启房产营销新模式，积极开展捐资助学、扶贫帮困等回报社会的公益活动。新冠肺炎疫情期间，自发捐款捐物，用于购买医用防疫用品和物品。

公司坚持将实现建筑空间的生态平衡作为我们的发展方向，确定了"和谐、互生、共赢"的核心价值观，以"诚信、务实、创新"的企业精神来提升自我，为顾客、为社会创造更多的财富，实现梦想！

1. 新天大厦
2. 信雅达国际
3. 颐和君悦酒店

精琢人居佳境　融汇百年梦想

浙江佳汇建筑装饰有限公司

浙江佳汇建筑装饰有限公司成立于1998年，注册资金10118万元，是具有建筑装修装饰工程专业承包、建筑幕墙专业承包双一级资质、建筑幕墙及装饰工程设计双资质，同时具备建筑智能化工程、房屋建筑工程、市政公用工程、消防工程、机电安装设备工程、钢结构工程专业承包等资质的综合性企业。

公司追逐"精琢人居佳境，融汇百年梦想"目标，经过二十多年的发展，培育了一大批建造师、工程师、技术人员，下设子公司永康市美卓建设有限公司，注册资金为1151.8万元，在杭州、衢州、丽水、西安、安徽、无锡、乌鲁木齐、西宁等地成立分公司，通过了ISO 9000质量、环境、职业健康安全管理体系认证，荣获中国建筑业AAA信用单位、浙江省信用等级AAA级证书、浙江省守合同重信用AAA级单位、浙江名牌企业、浙江知名商号企业等。现为浙江省建筑装饰行业协会工程分会副会长单位、金华市建筑装饰协会会长单位、永康市建筑装饰协会会长单位，并连续荣膺浙江省建筑业诚信企业、浙江省建筑装饰行业强优企业、金华建筑业行业诚信企业、金华市先进建筑业企业、金华市勘察设计行业诚信单位、金华市建筑业技术中心企业、永康市纳税优胜企业、永康市劳动者信得过单位、永康市建筑业诚信企业、永康市建筑业先进企业、永康市政府质量奖提名奖等。

多年来，公司创建了多项"中国建筑工程鲁班奖""中国建筑工程装饰奖"等省部级荣誉工程。公司成立至今保持无重大质量安全事故记录，受到业主和当地主管部门的高度赞扬。

公司在确保自身平稳健康发展的同时，不断致力于担当社会责任、实现社会价值。心系公益，不忘初心。积极参与抗洪救灾，为灾区捐款；新冠肺炎期间，自发捐款捐物，被评为"浙江省建筑业新冠肺炎疫情防控工作先进单位"，董事长刘飞龙个人也被评为"浙江省建筑业新冠肺炎疫情防控工作先进个人"。

公司一如既往地奉行"严谨、创新、高效、共赢"的企业文化，以标准化、规范化、模式化的管理不断提升公司的综合实力，把工程质量视为市场竞争的核心和企业的生命线，以品牌建设为目标，继续为人们营造完美的生活空间！

1. 高山头古城旅游开发项目（万佛塔）室内装修工程
2. 西安海珀兰轩
3. 永康市中医院迁建工程

第十章 和美装饰 美好生活 浙江省建筑装饰行业明星企业篇　明星企业

装饰风采展示　系统赋能管理
深圳市皓峰通讯技术有限公司（风采展示企业）

深圳市皓峰通讯技术有限公司成立于2004年，位于深圳市高新技术产业园，是经国家认定的"双软"和"国家高新技术"企业，拥有一项国家发明专利（智能服务器网关）和多项软件认证。公司致力于建筑施工行业管理系统的研发、实施工作，通过众多资深专家顾问的专业指导，结合行业内百家知名企业先进的管理经验，为建筑施工企业提供了信息化一体化解决方案。在中国建筑装饰互联网大会上荣获"最具创新力品牌"，是中国建筑装饰协会及福建、浙江、安徽、江苏、陕西、北京等全国多家省市协会信息化产品的推荐品牌。

经过近二十年的发展，公司已成为一家集土建、幕墙、装饰、园林、机电、电力、智能化等建筑行业多元化ERP软件的供应商，为行业内多家上市企业提供了高效的信息化管理平台，合作的建筑行业企业多达500余家。使多家客户企业分享了行业内先进高效的经营管理模式和企业发展经验，助力企业持续、稳定发展和经济效益的不断提高。

公司现有员工200余人，在北京、上海、南京、杭州、重庆等地设有分公司，其他的省会城市均设有办事处，以便更好地服务全国各地的客户。同时建立了成都研发中心，不断进行产品的创新与迭代升级。

授人以鱼，不如授人以渔

深圳皓峰不仅注重自身的软件系统不断进行更新迭代升级，更致力于行业先进管理经验和解决方案的传播。始终坚持软件除了管理之外还应推动企业未来不断发展这一特性。在发展过程中不断满足客户自营业务成本精细化管理、合作业务资金、风险管控等，是客户企业未来稳定、高速发展的强有力后盾。

研发为根，服务为本

深圳皓峰深耕于建筑施工行业，研发出了适合施工企业特点的多款软件，始终坚持"研发为根，服务为本"的服务理念，历年来为深圳建艺集团、深圳宝鹰集团、南京国豪集团、珠海华发集团、深圳维业集团、深圳文业集团、上海嘉春、上海康业等集团公司和上市企业提供了信息化管理软件，同时也成为深圳科源集团、江苏环亚集团、福建合力盛集团、浙江银建装饰、浙江圣都集团等企业上市筹备的战略合作伙伴，在国内施工行业客户中具有良好的口碑。

多年来公司积累了一支经验丰富的研发、实施、服务团队，为客户企业提供了专业的信息化发展战略规划，并为企业现在以及未来不同发展阶段提供具

有前瞻性的信息化解决方案，满足企业多层级高效运营、有效管控。

荣耀属于过去，深圳皓峰将秉承"专业服务、勇于创新"的精神，使产品不断完善、升级，全力推进行业信息化水平再上新的台阶。以为企业传播先进管理经验为己任，一如既往，砥砺前行。

1. 皓峰信息化建设项目总结会
2. 深装集团——皓峰信息化项目启动大会

和美装饰　美好生活

附录
致力服务行业　建和谐之家

30
ZBDIA

2017年起从事协会的秘书长专职工作，深深地体会到秘书处工作要有高度的责任心和敬业精神、全身心投入。秘书处要做的工作和起到作用就是联络、协调、服务。重要的是摆正位置，当好角色，履行好自身职责，为协会发展尽力尽责。只要恪尽职守、坚持不懈，一定能开拓出一片广阔的天地。

当今社会已进入一个快速变化的时代，随着科技发展和市场变化，建筑装饰行业发展出现了许多新的特点，要顺应时代的变化，把握时代发展的脉搏，关注行业发展的前沿动态，积极为装饰企业发展提供行业指导、人员培训和工作经验交流，善于发现、分析和解决问题，致于服务企业、内外关系的协调与行政人事的规范管理，才能更好地为企业提供指导和服务，推进行业持续健康发展。

在工作中，要把"真诚、周到、认真"当作自己做好服务工作格言。真诚地与企业家们沟通，倾听他们的心声，理解企业家们肩上的担子和责任，急企业之所急，主动为企业出谋划策，提供周到的服务。认真做好每一件事，努力创造协会优良的服务品牌。同时，要认真学习领会上级有关会议文件精神和行业相关知识，不断提高业务水平主动深入各会员单位调查研究，及时了解行业动态和特点；虚心向协会老前辈和企业家们学习，不断增强管理能力。努力提高自己和团队的理论政策水平，增强处理事务的能力。

协会是联系企业的纽带，是信息沟通的平台。秘书处工作人员要把协会看成一个"家"，加强自身建设，进一步完善工作机制，提高服务水平和工作绩效，建立和谐的文化氛围，打造出一个更加温暖的"家"。学习是源动力，这个"家"更是内生动力。

建筑装饰行业涉及建筑装饰设计、工程施工、工程材料、软装家居配饰等多个专业，只有具备较为丰富的专业知识和管理经验，才能在行业中有话语权。协会工作人员不仅要学习相关理论知识，而且要积极调研，增强行业协会服务能力，更深入地了解行业的状况、企业的现状、市场的需求，进行一些专题调研，为政府和上级主管部门提供信息、提出建议、提出意见，切实发挥行业协会的桥梁纽带、监督管理、技术引导、行业规范作用。

展望未来，任重道远，我们要牢记几代装饰人的初心和梦想，薪火相传，秉承服务行业的使命，充分发挥协会对行业的引领和助推作用，推动浙江建筑装饰业的高质量发展。

吴建挺

浙江省建筑装饰行业协会秘书长 | 高级工程师
浙江省民政厅授予"2019年度优秀党务工作者"

附录　致力服务行业　建和谐之家

装饰之美
协同奋进

金　睿

建筑装饰三十年，融入建筑工业化进程，走智能建造之路，实现绿色、低碳、人本的装饰之美！

方　浩

喜迎三十华诞，弘扬装饰之美。伴随浙江省建筑装饰行业协会的成长，见证了浙江省建筑幕墙起步、发展、壮大、提升的过程。展望未来，依旧万丈豪情，为幕墙高质量发展继续努力。

袁海泉

朝霞暮雨，南来北往，亲历着协会的发展，感受着行业的变化，见证着自己的成长。未来在"浙里"共筑装饰新美好！

李　楠

一分耕耘，一分收获。陪伴协会走过了四年，在不断创新中，学习成熟。让我们再携手，为行业发展贡献力量。

张　琦

在协会工作十五年，经历了协会的发展壮大以及成为全国表彰的5A级社团组织，作为协会秘书处的一名老员工，在三十年会庆之际，倍感骄傲与自豪。

朱群丹

"君子贵人而贱己，先人而后己"。工作后的三十余年，在与各行业朋友的交流过程中，不但共享了知识，也获得了丰富和宝贵的经验。"赠人玫瑰，手有余香"，分享的结果不是失去，而是更加丰富的回报。

沈筱红

金秋桂子，十里荷花，三十春秋风雨路。看今朝，凝心聚力共携手，智慧城市谱新篇。

王玉伟

三十年来，浙江省建筑装饰行业协会不断推陈出新，为行业和企业的发展营造了良好的环境。未来，圣都将继续与协会一起并肩作战，共同成长，让我们一起期待下一个更美好的三十年！

叶 琳

如果设计是光，那行业就是光源。让我们携手用设计的个性光芒和共性思想，折射出同一个名字——浙江省建筑装饰行业协会设计分会。祝愿我们的协会和美永存，祝福我们的行业和美永续！

王小文

百舸争流，从无到有创历史，风华正茂，一枝独秀显雄风。展未来，改革创新永不停歇，展雄姿，再启新程初心不变。三十载辛勤耕耘，三十载春华秋实，愿一路同行谱华章。

朱 良

三十载风雨兼程，三十年砥砺前行。作为一名行业协会的青年工作者，我们一定砥砺初心使命，勇于开拓创新，只争朝夕、不负韶华，在筑梦建筑装饰的征途上奋发青春活力，为浙江省建筑装饰行业高质量发展贡献青年力量。

李依蔚

风华三十载，装饰新领航，行业前辈们以智慧与光芒指引着我们坚定理想信念，奋发勇毅前行。星途璀璨，探索不止；青衿远志，笃行不怠。未来，将以我们青年人的热爱与激情来描摹新的蓬勃力量。

房树仁

你好，装饰之美

热爱文学、热爱生活的我，很高兴与同事们一起为装饰行业服务，并做一个内心有光的人。我们坚信只要大家共同努力，一定会创造一个又一个浙江建筑装饰行业光辉三十年。

陈 超

你好，装饰之美

一片丹心向行业，装饰是美好事业，设计是我热爱的工作，有幸参与协会成立三十周年纪念活动的相关工作，深感协会是一个大家庭。祝福我们的协会和建筑装饰行业越来越好，越来越美！

附录　致力服务行业　建和谐之家

装饰之美
协同奋进

洪斯君

用心服务，科技创新。装饰之美，诗画浙江。欲穷千里目，更上一层楼。祝浙江省建筑装饰行业越来越好。

韩章微

三十年光景，弹指一挥间；三十载耕耘，硕果累累。恭祝浙江省建筑装饰行业协会越来越好，在新征程中再谱新篇章。

林青春

三十年春华秋实，铸就装饰里程碑；三十年孜孜不倦，谱行业峥嵘岁月；三十年心心相印，新起点你我同行；励精图治拳拳心，再续美好新辉煌。

魏秋仙

三十年春华秋实，三十年日新月异。坚持以人民为中心，不断满足人民对美好生活的向往，坚持科技创新和技术进步，促进建筑装饰业绿色低碳健康发展。

曾　威

一切成就，均始于一个意念，认识了自我，就算是成功了一半。感恩三十载，奋进新时代，让我们铭记光荣，珍惜今天，祝福未来。

朱　昊

三十年历练，三十年腾飞，三十年华诞。我们在协会会长和各位秘书长带领下，协同奋进，开拓进取，继往开来，再谱新篇章！

附录1

真诚服务　开拓创新
浙江省建筑装饰行业历届发展指导思想
（1992年—2022年）

第一、二、三届理事会

1992年　搞好"双向服务"提高浙江省建筑装饰水平
1995年　坚持"双向服务"加快浙江省装饰业的发展
1999年　坚持"双向服务"提高浙江省装饰水平而努力
2001年　"新世纪　新机遇"引导建筑装饰行业新发展
2002年　"与时俱进　开拓创新"推进浙江省装饰行业新发展
2003年　"大力改革　弘扬创新"将浙江省建筑装饰业做强做大

第四、五届理事会

2008年　"坚持科学发展观"
　　　　——迎接行业发展新机遇
2009年　"包容诚信　合作共赢"
　　　　——构建装饰美好行业
2010年　"传承创新发展　共建行业和谐"
　　　　——推进建筑装饰行业绿色可持续健康发展
2011年　"抓大扶小"
　　　　——促进浙江建筑装饰业又好又快发展
2012年　"加强协调服务　促进转型升级"
　　　　——全面推进浙江省建筑装饰行业科学发展
2013年　"改进作风　提升水平""顺应形势　创新发展"
　　　　——推进浙江省建筑装饰业安全科学发展
2014年　"迎接挑战　排除困难"
　　　　——推进浙江省建筑装饰行业创新发展稳步前进
2015年　"拥抱互联网"
　　　　——实施建筑装饰网络兴业战略
2016年　"绿色先行　精益求精""诚信敬业　创新发展"
　　　　——提升浙江省建筑装饰行业整体水平

第六届理事会

2017年　"开拓创新　真诚服务""绿色先行　装饰之美"
　　　　——为创建和美装饰和美浙江而努力
2018年　"诚信互惠　盘活资金　开拓创新"
　　　　——引导全行业加强诚信建设高质量发展
2019年　"认清形势　增强信心　坚定决心"
　　　　——为建筑装饰业发展做出新贡献
2020年　"凝心聚力　转危为机　创新发展"
　　　　——为浙江省建筑装饰业发展而奋斗
2021年　"凝聚装饰奋进力量""增强先行示范使命"
　　　　——融入新时代推进建筑装饰业高质量发展

附录2

2020年度中国建筑装饰行业综合数据统计结果
（浙江省建筑装饰行业企业）

装饰类排序

浙江亚厦装饰股份有限公司
浙江中南建设集团有限公司
浙江银建装饰工程有限公司
杭州圣大控股有限公司
绿城装饰工程集团有限公司
浙江世贸装饰股份有限公司
浙江省武林建筑装饰集团有限公司

幕墙类排序

浙江中南建设集团有限公司
浙江亚厦幕墙有限公司
浙江中天方圆幕墙有限公司
杭州圣大控股有限公司
浙江宝业幕墙装饰有限公司
浙江建工幕墙装饰有限公司
浙江南方建设工程有限公司
浙江宝龙建设有限公司
浙江互创建筑工程有限公司
浙江世贸装饰股份有限公司

设计类排序

浙江亚厦装饰股份有限公司
浙江中南建设集团有限公司
浙江世贸装饰股份有限公司

说明：此数据仅限申报单位，不代表浙江省建筑装饰行业协会所有单位排序。

来源：中国建筑装饰协会

附录 3

2021 年度全国建筑装饰行业信用评价工作汇总
(浙江省建筑装饰行业企业)

AAA级

三方建设集团有限公司
子城联合建设集团有限公司
龙邦建设股份有限公司
平安建设集团有限公司
宁波建工建乐工程有限公司
杭州圣大控股有限公司
百合盛华建筑科技有限公司
华煜建设集团有限公司
纵达控股有限公司
杭州正野装饰设计有限公司
杭州观澜建筑装饰工程有限公司
杭州金顺建设有限公司
杭州通达集团有限公司
杭州铭成装饰工程有限公司
浙江中工联合工程有限公司
金元大建设控股有限公司
浙江三石建设有限公司
浙江大丰建筑装饰工程有限公司
浙江大东吴集团建设有限公司
浙江大自然建筑装饰工程有限公司
浙江万川装饰设计工程有限公司
浙江万邦建筑装饰工程有限公司
浙江万邦智能科技股份有限公司
浙江万鑫装饰工程有限公司
浙江广艺建筑装饰工程有限公司
浙江广成建设发展集团有限公司
浙江广居装饰有限公司
浙江天工装饰工程有限公司
浙江天绘建筑装饰有限公司
浙江云艺装饰有限公司
浙江艺美建筑装饰工程有限公司
浙江艺峰装饰工程有限公司

浙江互创建筑工程有限公司
浙江中天方圆幕墙有限公司
浙江中天精诚装饰集团有限公司
浙江中南建设集团有限公司
浙江中特幕墙工程有限公司
浙江中雅装饰有限公司
浙江升浙建设集团有限公司
浙江正华装饰设计工程有限公司
浙江世贸装饰股份有限公司
浙江东来建设集团有限公司
浙江东晟建设工程有限公司
浙江东鹰装饰工程有限公司
浙江立高建筑装饰工程有限公司
浙江汉斯建筑装饰工程有限公司
浙江圣夏装饰设计工程有限公司
浙江亚厦装饰股份有限公司
浙江亚厦幕墙有限公司
浙江屹立建设有限公司
浙江年代建设工程有限公司
浙江乔兴建设集团有限公司
浙江华尔达建设有限公司
浙江丽佳建筑装饰工程有限公司
浙江宏恩装饰工程有限公司
浙江宏厦建设有限公司
浙江环影装饰工程有限公司
浙江青川装饰集团有限公司
浙江卓成智能科技有限公司
浙江凯厦装饰工程有限公司
浙江佳汇建筑装饰有限公司
浙江金辰建设有限公司
浙江金鼎建筑装饰工程有限公司
浙江金鹭集团装饰有限公司

附录 致力服务行业 建和谐之家

**装饰之美
协同奋进**

浙江宝龙建设有限公司
浙江宝业幕墙装饰有限公司
浙江视野建设集团有限公司
浙江建工幕墙装饰有限公司
浙江经典建筑装饰有限公司
浙江南方建设工程有限公司
浙江省一建建设集团有限公司
浙江省三建建设集团有限公司
浙江省武林建筑装饰集团有限公司
浙江省建工集团有限责任公司
浙江省装饰有限公司
浙江恒昇建筑装饰工程有限责任公司
浙江振杰建设有限公司
浙江高明幕墙装潢有限公司
浙江浩天建设集团有限公司
浙江悦容建设集团有限公司
浙江梦怡建筑装饰有限公司
浙江硕博建设有限责任公司
浙江银建装饰工程有限公司
浙江银洲装饰工程有限公司
浙江鸿翔建设集团股份有限公司
浙江深美装饰工程有限公司
浙江森海建设有限公司
浙江湖建装饰工程有限公司
浙江富海建筑装饰工程股份有限公司
浙江瑞基建设集团有限公司
浙江腾泰建设有限公司
浙江解放装饰工程有限公司
浙江新天建筑装饰有限公司
浙江新中环建设集团有限公司
浙江新概念装饰设计工程有限公司
浙江福田建筑装饰工程有限公司

浙江嘉华建设有限公司
海峡创新互联网股份有限公司
浙江鸿顺达建设集团有限公司
绿城装饰工程集团有限公司
辉迈建设集团有限公司
港立建设（浙江）有限公司
湖州大秦建筑装饰工程有限公司
湖州宇翔装饰有限公司
温州东方装璜工程有限公司
温州乐豪建设有限公司
温州市天马建筑装璜工程公司
温州金来建设有限公司
温州恒舟装饰有限公司
嘉兴新宇装饰工程有限公司

家装推荐五星

九鼎建筑装饰工程有限公司
圣都家居装饰有限公司
浙江南鸿装饰股份有限公司
浙江铭品装饰工程有限公司
杭州良工装饰有限公司

来源：中国建筑装饰协会

附录 4

标准引领装饰科学发展

浙江省建筑装饰行业协会标准技术发展工作

为促进浙江省建筑装饰业标准化发展，协会于2019年5月28日成立了标准技术发展办公室，以更好地为标准技术发展提供服务，指导建筑装饰业生产实践。**一流行业企业做标准，二流行业企业做技术，三流行业企业做产品，行业企业的核心竞争在于产品竞争、技术竞争、标准竞争、品牌竞争**。现将协会联合会员单位主编的相关标准、著作书籍进行汇总。

一、《全装修住宅室内装修设计标准》DB33/T 1261—2021
2021年12月6日发布，2022年4月1日施行。
主编单位：浙江省建筑装饰行业协会、浙江省建设工程造价管理总站、杭州铭成装饰工程有限公司

二、《装配式内装评价标准》DB33/T 1259—2021
2021年10月29日发布，2022年4月1日施行。
主编单位：浙江省建筑装饰行业协会、浙江亚厦装饰股份有限公司、浙江工业大学工程设计集团有限公司

三、《建筑幕墙工程技术标准》DB33/T 1240—2021
2021年4月9日发布，2021年9月1日施行。
主编单位：浙江省建筑装饰行业协会、浙江中南建设集团有限公司、浙江亚厦幕墙有限公司

四、《建筑装饰装修工程施工质量验收检查用表标准》DB33/T 1214—2020
2020年9月22日发布，2021年1月1日施行。
主编单位：浙江省建筑装饰行业协会、浙江省建工集团有限责任公司、浙江省武林建筑装饰集团有限公司

五、《装配式内装工程施工质量验收规范》DB33/T 1168—2019
2019年5月27日发布，2019年10月1日施行。
主编单位：浙江省建筑装饰行业协会、浙江亚厦装饰股份有限公司

六、《全装修住宅室内装饰工程质量验收规范》DB33/T 1132—2017
2017年1月22日发布，2017年7月1日施行。
主编单位：浙江省建筑装饰行业协会、浙江亚厦装饰股份有限公司、杭州铭成装饰工程有限公司

2021年7月30日，《装配式内装评价标准》评审会在之江饭店召开，专家组表示该标准的制定体现了实用性和可操作性的原则，并一致同意通过评审。

七、《建筑装饰装修工程质量评价标准》DB33/T 1077—2011
2011年1月14日发布，2011年6月1日施行。
主编单位：浙江省建筑装饰行业协会、浙江省一建建设集团有限公司

八、《家庭居室装饰装修服务规范》T/ZBDIA 0002—2021
2021年7月28日发布，2021年7月31日施行。
主编单位：浙江省消费者权益保护委员会、浙江省建筑装饰行业协会、浙江省标准化研究院

九、《多功能装配式铝合金门窗系统》T/ZBDIA 0001—2020
2020年12月29日发布，2021年1月1日施行。
主编单位：浙江省建筑装饰行业协会、浙江绿城建筑幕墙工程有限公司、浙江省建筑设计研究院

2018年9月19日，《装配式内装工程施工质量验收规范》编制组工作会议在莲花宾馆召开，编制组根据专家意见对标准进行调整与修改，形成征求意见稿。

附录5

浙江省建筑装饰行业协会主编的相关著作书籍

一、浙江省住房和城乡建设领域现场专业人员岗位培训系列教材一套（ISBN：978-7-5178-1243-2）

《装饰装修专业基础知识》

《装饰装修施工员专业管理实务》

《装饰装修质量员专业管理实务》

出版单位：

浙江工商大学出版社（2014年）

主编单位：

浙江省建筑装饰行业协会

二、《浙江省建筑装饰文明标化科技示范工程实施指南》（ISBN：978-7-5178-0627-1）

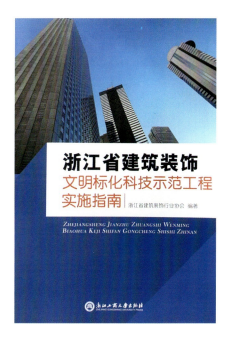

出版单位：

浙江工商大学出版社（2014年）

主编单位：

浙江省建筑装饰行业协会
浙江亚厦装饰股份有限公司
浙江中南建设集团有限公司
浙江省武林建筑装饰集团有限公司
圣大建设集团有限公司

附录6

对话青春　装饰精彩
浙江省建筑装饰行业"青年榜样"选树工作

"青年兴则国家兴，青年强则国家强"，为贯彻习近平总书记关于青年工作的重要思想，鼓励青年创新创业，充分发挥新时代青年在建筑装饰行业中的作用，为建筑装饰行业带来新动力、新活力。协会面向会员企业开展了四届浙江省建筑装饰行业"青年榜样"选树活动，选树一批在"亚运攻坚、共富示范、我为群众办实事、高质量发展"等方面作出积极贡献的新时代装饰新青年，为开创浙江省建筑装饰行业高质量发展新局面贡献青春力量。（按姓氏笔画排序）

一、2019年第一届青年榜样名单

青年榜样

姓名	单位
丁泽成	浙江亚厦装饰股份有限公司
包振程	浙江省武林建筑装饰集团有限公司
吕董军	杭州金顺建设有限公司
刘师航	杭州正野装饰设计有限公司
李依蔚	浙江省建筑装饰行业协会
吴长根	杭州青鸟电子有限公司
吴　伟	浙江中南建设集团有限公司
沈海峰	浙江天工装饰工程有限公司
张其童	浙江中南建设集团有限公司
张　滢	杭州亿夫力环境科技有限公司
陈　佳	宁波市建筑装饰行业协会
陈敏璐	浙江建工幕墙装饰有限公司
陈静波	海宁安捷复合材料有限责任公司
杨　威	浙江中天精诚装饰集团有限公司
林聪聪	浙江建工幕墙装饰有限公司
郭连涛	畅众环保科技有限公司
姜美琴	浙江建工幕墙装饰有限公司
傅建平	龙邦建设股份有限公司
解　婷	浙江亚厦幕墙有限公司
蔡岳松	宁波建工建乐工程有限公司

二、2020年第二届青年榜样及提名名单

青年榜样

姓名	单位
王　刚	浙江中天精诚装饰集团有限公司
王　剑	浙江省建工集团有限责任公司
王伟军	宁波建工建乐工程有限公司
王　勐	航天科工广信智能技术有限公司
吴校凯	岩土科技股份有限公司
张加铖	浙江省一建建设集团有限公司
陈晓华	湖州市建筑业行业协会
陈敏鸿	浙江中南建设集团有限公司
陈　喆	嘉兴新宇装饰工程有限公司
周　帅	九鼎建筑装饰工程有限公司
盛维鑫	浙江南鸿装饰股份有限公司
谢尚松	浙江亚厦装饰股份有限公司

青年榜样（提名）

姓名	单位
苏　力	温州华派装饰工程有限公司
杜红斌	浙江众安建设集团有限公司
张　伟	百合盛华建筑科技有限公司
赵峰云	浙江省建筑装饰行业协会
柯慧芬	浙江金辰建设有限公司
贾朋朋	绿城装饰工程集团有限公司
徐建赟	浙江麦丰装饰设计工程有限公司
曹　波	圣都家居装饰有限公司

三、2021年第三届青年榜样及提名名单

青年榜样

戚恒昊	浙江省武林建筑装饰集团有限公司
代　翔	浙江省建工集团有限责任公司
王　琰	杭州通达集团有限公司
胡正平	宁波建工建乐工程有限公司
吴　臣	浙江工业大学工程设计集团有限公司
姜刘中	浙江省武林建筑装饰集团有限公司
陈祝令	浙江亚厦装饰股份有限公司
陈　博	浙江绿城联合设计有限公司
万雷军	九鼎建筑装饰工程有限公司
斯　琦	浙江中天精诚装饰集团有限公司
黄洪柯	浙江省建工集团有限责任公司
李国松	浙江众安建设集团有限公司
金　阳	浙江大东吴集团建设有限公司
陈黄建	杭州东箭实业集团有限公司
田茂华	千年舟新材科技集团股份有限公司
封雨薇	浙江天工装饰工程有限公司
王　腾	银江股份有限公司
寿　丽	龙邦建设股份有限公司
陆丽婷	杭州千年舟家居销售有限公司
徐洁媛	浙江斯泰新材料科技股份有限公司

青年榜样（提名）

雷　霞	浙江省建工集团有限责任公司
王喆冰	航天科工广信智能技术有限公司
尹洪波	浙江安达系统工程有限公司
胡炜恺	浙江省东阳第三建筑工程有限公司
杜虎龙	浙江浙耀建设集团有限公司
陈飞鸿	浙江时间新材料有限公司
刘　敏	浙江视野建设集团有限公司
罗　勇	绿城装饰工程集团有限公司
杨凌云	杭州广众建设工程有限公司
顾　昀	浙江浙耀建设集团有限公司

四、2022年第四届青年榜样及提名名单

青年榜样

吴　伟	浙江中南建设集团有限公司
贺文杰	杭州百年翠丽实业有限公司
沈怡强	德华兔宝宝装饰新材股份有限公司
杨淑娟	浙建集团工程研究总院
来椿洋	浙江中南幕墙科技股份有限公司
范鸿立	浙江亚厦装饰股份有限公司
吴晓峰	宁波建工建乐工程有限公司
曹永杰	杭州兴达电器工程有限公司
程萌颖	浙江省建工集团有限责任公司
罗广杰	绿城装饰工程集团有限公司
陈伟伟	浙江中天精诚装饰集团有限公司
沈韫洁	浙江省武林建筑装饰集团有限公司
俞鹏飞	浙江大东吴集团建设有限公司
应佳航	浙江省一建建设集团有限公司
范斌斌	浙江世贸装饰股份有限公司
周　琦	浙江鸿顺达建设集团有限公司
丁建坡	浙江天工装饰工程有限公司
张一骏	浙江建工幕墙装饰有限公司

青年榜样（提名）

杜红斌	浙江众安建设集团有限公司
吴梦婕	浙江省武林建筑装饰集团有限公司
邵东杰	浙江中南幕墙设计研究院
徐　超	宁波建工工程集团有限公司
高国强	浙江亚厦幕墙有限公司
张宝军	浙江省武林建筑装饰集团有限公司
蔡少栋	绿城装饰工程集团有限公司
胡武豪	杭州古晨空间设计有限公司
朱　亚	九鼎建筑装饰工程有限公司
朱玉彬	圣都家居装饰有限公司

后记

1992年7月24日,浙江省建筑装饰行业协会在时任建设部副部长叶如棠、时任浙江省人民政府副省长叶荣宝以及浙江省建设厅、浙江省民政厅相关领导的支持下,在美丽的西子湖畔杭州成立,中国建筑装饰协会、省建筑业行业协会领导发来贺信,祝贺浙江省建筑装饰行业协会成立。董宜君会长以"双向服务"为中心,为推动装饰业发展奠定了基础。

时任建设部副部长叶如棠发来贺词——"沟通信息,交流经验,努力提高技术与管理水平,促进建筑装饰业的健康发展。"

浙江省建设厅原厅长谈明月在协会喜迎三十周年之际发来贺词——"浙江建筑装饰业精工巧作高品质"。

行业需要领路人,恽稚荣会长担任理事会会长期间,提出坚持"走出去"战略,引导浙江装饰企业走自主创新道路,做精做专,做大做强。浙江装饰产业集聚日益凸显,品牌效应逐步形成。

自协会成立以来,历任省建设厅领导勉励建筑装饰专业从业者追求"精益求精、巧夺天工"。省民政厅历任领导要求理事会班子成员团结奋进,秘书处加强自身建设。时光飞逝,我们一直在追求并实现美好健康的浙江建筑装饰业,从无到有,从小到大走过了光辉的三十年。在这里特别感谢中国建筑装饰协会历任会长对浙江省建筑装饰行业协会发展的支持。在此感谢所有关心浙江省建筑装饰业发展的领导、老师、社会各界朋友。

为全面总结过去三十年浙江建筑装饰业的发展情况,本书编委会邀请了知名企业家、设计师、技术工匠等,搜集了大量的素材,形成了五十余万字的文字材料,在此基础上中国建筑工业出版社责任编辑、文字编辑认真进行整理完善,并反复修改订正,最终得以成稿。本书不但凝聚了编委会全体人员的辛勤付出,而且是所有浙江装饰人智慧和力量的结晶。

古语曰:"明镜所以照形,古事所以知今。"回顾历史,不是为了从成功中寻求慰藉,而是为了总结历史经验、把握历史规律,增强开拓前进的勇气和力量。

协会成立的三十年见证了浙江建筑装饰业不断发展壮大,目睹了浙江建筑装饰企业不断奋发图强。让我们一起,继往开来,求实创新,总结经验,勇毅前行,坚持"创新、协调、绿色、开放、共享"的发展理念,为推进建筑装饰业高质量发展,奋力打造"中国建造"重要窗口贡献更多的智慧和力量!

浙江省建筑装饰行业协会

绿色先行　装饰之美

你好，浙里装饰，
拓发展之路，镌装饰之美，
谁能揽住一束光，让城市和谐发展。

西子湖畔，装潢格调，
钱塘江潮，气势恢宏，
同样的理想与信仰，红船领航浙里装饰成长。

诗画江南，活力浙江，
天蓝山绿水清，城乡鸟语花香，
助力乡村振兴，和美装饰美好生活。

绿色装饰，百花齐放，
坚持创新发展，倡导绿色低碳节能减排，
凝聚装饰奋进力量，增强先行示范使命。

不忘初心，不负韶华
每一次潮起波涌，装饰人勇立潮头，
环望景物，建筑装饰由你而精湛！

继往开来，接续奋斗，
同心同行三十载，砥砺前行再出发，
装饰和美，和美浙江，由你更精彩！

和美装饰　美好生活

特别感谢

浙江亚厦装饰股份有限公司	浙江青川装饰集团有限公司
浙江中南建设集团有限公司	浙江视野建设集团有限公司
宁波建工建乐工程有限公司	浙江一方建筑装饰实业有限公司
浙江宝业幕墙装饰有限公司	浙江华尔达建设有限公司
浙江广艺建筑装饰工程有限公司	东升（浙江）幕墙装饰工程有限公司
浙江省建工集团有限责任公司	浙江宏厦建设有限公司
浙江省一建建设集团有限公司	浙江年代建设工程有限公司
浙江省三建建设集团有限公司	浙江广居装饰有限公司
浙江省武林建筑装饰集团有限公司	浙江鸿顺达建设集团有限公司
杭州之江有机硅化工有限公司	金元大建设控股有限公司
浙江大东吴集团建设有限公司	宁波方太营销有限公司
航天科工广信智能技术有限公司	元和装饰集团股份有限公司
绿城装饰工程集团有限公司	浙江嘉华建设有限公司
百合盛华建筑科技有限公司	浙江深美装饰工程有限公司
龙邦建设股份有限公司	杭州圣大控股有限公司
浙江中天精诚装饰集团有限公司	九鼎建筑装饰工程有限公司
浙江银建装饰工程有限公司	浙江南鸿装饰股份有限公司
浙江天工装饰工程有限公司	杭州东箭实业集团有限公司
浙江世贸装饰股份有限公司	百年翠丽股份有限公司
浙江云艺装饰有限公司	千年舟新材科技集团股份有限公司
浙江工业大学工程设计集团有限公司	深圳市皓峰通讯技术有限公司
中国美术学院风景建筑设计研究总院有限公司	浙江铭品装饰工程有限公司
杭州金星铜工程有限公司	圣都家居装饰有限公司
浙江华是科技股份有限公司	浙江升华云峰新材股份有限公司
浙江省广播电视工程公司	杭州品木森鹿装饰材料有限公司
浙江鸿远科技有限公司	杭州诺贝尔陶瓷有限公司
浙江众安建设集团有限公司	浙江传化涂料有限公司
岩土科技股份有限公司	浙江新天建筑装饰有限公司
浙江中天方圆幕墙有限公司	浙江佳汇建筑装饰有限公司
北新集团建材股份有限公司	全体会员单位
浙江鼎美智装股份有限公司	……